Ronald Park Bobroff

·

Roads to Glory

Late Imperial Russia and the Turkish Straits

I. B. Tauris & Co Ltd, New York

2006

Рональд Боброфф

·

Пути к славе

Российская империя и Черноморские проливы в начале XX века

Academic Studies Press

Библиороссика

Бостон / Санкт-Петербург

2022

УДК 94(47).083
ББК 63.3(2)53+ 63.3(5Туц)5
Б72

Перевод с английского Арсения Черного

Серийное оформление и оформление обложки Ивана Граве

Боброфф Р.

Б72   Пути к славе: Российская империя и Черноморские проливы в начале XX века / Рональд Боброфф ; [пер. с англ. Арсения Черного]. — Бостон / Санкт-Петербург : Academic Studies Press / Библиороссика, 2022. — 327 с. — (Серия «Современная западная русистика» = «Contemporary Western Rusistika»).

ISBN 978-1-6446981-0-5 (Academic Studies Press)
ISBN 978-5-907532-13-7 (Библиороссика)

Вопросы принадлежности, контроля и дальнейшей судьбы черноморских проливов — Босфора и Дарданелл, — связывающих Черное море со Средиземным, были одним из ключевых в европейской геополитике в преддверии Первой мировой войны. Проливы являлись важнейшей артерией для торговой и военной навигации в обоих направлениях у южных границ Российской империи. Р. Боброфф в своем исследовании обращается к политике России в отношении проливов и анализу достигнутых С. Д. Сазоновым соглашений, не разделяя общепринятого мнения о них как о триумфе русской дипломатии.

УДК 94(47).083
ББК 63.3(2)53+ 63.3(5Туц)5

ISBN 978-1-6446981-0-5
ISBN 978-5-907532-13-7

Посвящается Марии

и светлой памяти Билла Скотта

Сокращения

деп. / dep. — депеша
док. — доклад
(док., пам.) зап. — (докладная, памятная) записка
рап. / rep. / desp. — рапорт
прим. / n. — примечание
псм./ ltr. — письмо
тел. / tel. — телеграмма

Слова благодарности

От всего сердца я хотел бы поблагодарить всех, кто оказал поддержку в претворении настоящей работы в жизнь. Я глубоко признателен профессору Мартину Миллеру, моему научному руководителю в Дьюкском университете, а ныне — говорю с радостью — и другу, который терпеливо опекал меня на протяжении всей нескорой работы, подбадривая и помогая как мудрым советом, так и добрым словом. С его великодушной помощью мне удалось изыскать собственный исследовательский путь, не теряя при этом из виду намеченную цель.

Также я обязан упомянуть недавно ушедшего профессора Уильяма Эванса Скотта: именно благодаря его семинарам по истории европейской дипломатии я заинтересовался фигурой С. Д. Сазонова и в целом проблематикой той эпохи. Билл Скотт был заботливым преподавателем и добросердечным человеком; я скорблю, что мне уже не удастся поделиться с ним конечными результатами своей работы.

Я благодарен коллегам, согласившимся уделить время и ознакомиться с отдельными главами, а в некоторых случаях — и со всей рукописью на разных стадиях ее готовности. Так, наряду с уже упомянутым профессором Миллером, весьма ценными замечаниями и поддержкой я обязан и другим членам диссертационного совета: Тами Биддль, Уоррену Лернеру, Дональду Рэли и Уильяму Редди. Кроме того, я крайне признателен профессору Алексу Роланду и профессору Оресту Пелеху, чья помощь отнюдь не ограничивалась их должностными обязанностями и рамками данной работы.

Помимо сотрудников Дьюкского университета, я хотел бы также поблагодарить научного руководителя моей магистерской диссертации в Лондонской школе экономики (LSE) профессора Дэвида Стивенсона, не раз с тех пор помогавшего мне в работе: помимо ценных указаний касательно тех или иных нюансов довоенного времени, профессор Стивенсон виртуозно ориентировал меня в лабиринтах дипломатических архивов. Его советы и личный пример были для меня поистине бесценны. Также я должен поблагодарить профессора Дэвида Макдональда, профессора Бена Эклофа и профессора Еву Левин за оказанную моральную поддержку.

Особую роль в появлении настоящей работы сыграли мои родители — Бонни и Роберт Боброффы, заботливо воспитавшие во мне любовь к истории и заострившие интеллектуальное любопытство, при этом с терпением и пониманием поддерживавшие меня в годы учебы, даже когда я то и дело от нее отвлекался.

Появлению этой работы весьма способствовали также и мои друзья из Дарема (штат Северная Каролина): Мэри Джейн Морроу, Сэм и Стефани Поли — каждый по-своему: добром и чувством локтя, смехом, советом и угощением — помогали мне не сбиться с намеченного пути. Я также признателен коллегам с исторической кафедры Университета Уэйк-Форест в Уинстон-Сейлеме за дружеское ободрение и ценные советы, в первую очередь Джеймсу Уилсону и Мишель Гиллеспи, чьи энтузиазм и вера в миссию ученого и учителя помогли мне куда легче освоиться в роли приглашенного профессора. Будучи в Москве, я обрел второй дом благодаря Гелию и Галине Земцовым.

Я благодарен сотрудникам множества разных библиотек и архивных фондов за понимание и помощь в сборе необходимых для работы материалов. Особую благодарность мне бы хотелось выразить сотрудникам Архива внешней политики Российской империи (и прежде всего — Наталье Владимировне Бородиной), Российского государственного исторического архива, Российского государственного военно-исторического архива, Российского государственного архива военно-морского флота, Военно-морской исторической службы Министерства обороны Франции

(*Service historique de la Marine*) и Государственного архива Великобритании (*Public Records Office*, ныне части Национального архива Англии, Уэльса и Соединенного Королевства). Я также признателен Архивному фонду Министерства иностранных дел Франции, Государственному архиву Российской Федерации, Гуверовскому институту и отделу рукописей Российской национальной библиотеки им. Салтыкова-Щедрина. Отдельно я бы хотел поблагодарить сотрудников по межбиблиотечному обмену Библиотеки Перкинса Дьюкского университета и Библиотеки Захарии Смита Рейнолдса в Университете Уэйк-Форест.

Работе над настоящей книгой отчасти поспособствовали исследовательский грант Совета международных научных исследований и обменов (IREX), а также средства, выделенные Национальным фондом гуманитарных наук и Государственным департаментом США. Ни одна из вышеперечисленных организаций не несет ответственности за выраженные здесь взгляды. Также мою исследовательскую деятельность поддерживали следующие подразделения Дьюкского университета: отделение аспирантуры, исторический факультет, Центр славистских, евразийских и восточноевропейских исследований и Центр международных исследований.

Также мне бы хотелось выразить горячую признательность всем, кто помог довести эту работу до логического завершения — это Лестер Крук, Кейт Шерратт, Элизабет Маннс и другие сотрудники издательства *I. B. Tauris*. Я благодарен Джулии Эдельсон из университета Уэйк-Форест за мягкую, но при этом чрезвычайно внимательную редактуру текста, даровавшую ему столь необходимую ясность. Средства на подготовку рукописи к изданию были выделены Фондом научных публикаций и исследований при отделении аспирантуры гуманитарных и естественных наук Университета Уэйк-Форест.

Но, конечно, всего более я благодарен Марии Парк Боброфф — моей жене, всегда дарившей мне дружбу, поддержку и здравомыслие, благодаря чему я не только пережил годы работы, но и сделал это с превеликим удовольствием, коего без нее было бы куда меньше. Более того, отложив работу над собственной диссертацией, Мария критически вычитала рукопись, в результате чего последняя освободилась от множества самых разных недочетов.

С помощью всех этих людей — а с ними и тех, кто упомянут не был, но чья помощь отнюдь не осталась недооцененной, — настоящая работа стала стократ сильнее. Слабости же ее исключительно мои собственные.

Джеймстаун, Северная Каролина
Декабрь, 2005 год

Введение

Один из центральных вопросов европейской геополитики в преддверии Первой мировой войны заключался в принадлежности, контроле и дальнейшей судьбе Черноморских проливов: Босфор и Дарданеллы, связующие Черное море со Средиземным, являлись важнейшей артерией для торговой и военной навигации в обоих направлениях у южных границ Российской империи. Проливы и ныне сохраняют свое значение в силу экспорта нефти, добываемой в Каспийском бассейне. Однако же столетие назад вопрос о проливах был неотъемлемой составляющей целого комплекса более глобальных проблем, совокупно именовавшихся восточным вопросом[1]. В данном контексте европейские державы — главным образом Россия, Австро-Венгрия, Великобритания, Франция, а затем и Германия — стремились закрепить свое влияние на Османскую империю и контролируемый ею Балканский полуостров. Все эти государства жаждали поживиться добром «больного человека Европы» — как тогда именовали одряхлевшую Османскую империю, — полностью или частично взяв под контроль те или иные ее территории. Проливы же являлись тем средоточием, вокруг которого и разворачивались все перипетии восточного вопроса.

В исследованиях, посвященных внешней политике и истории Российской империи начала XX столетия, значение проливов до сих пор оставалось недооценено, а также истолковывалось превратно; в настоящей работе подробно изучается политика России

---

[1] Пожалуй, лучшим обзором восточного вопроса остается работа [Anderson 1966].

в отношении Босфора и Дарданелл в тот переломный исторический момент. О коренной смене в отношении России к данному региону возвестило назначение министром иностранных дел в конце 1910 года Сергея Дмитриевича Сазонова. После столетия разного рода двухсторонних соглашений с Константинополем, посвященных защите российских интересов, в Петербурге решили, что настало время прибегнуть к многостороннему подходу в решении данного вопроса; подобно большинству своих предшественников на посту, Сазонов считал, что, покуда Россия недостаточно сильна, чтобы самолично навязать Турции свою волю, ради сохранения *status quo* проливов ей следует объединить усилия с великими европейскими державами. Он руководил внешней политикой России и во время Первой мировой войны, предвидя судьбоносные англо-франко-русские дипломатические обсуждения касательно будущего данного региона. Так, одним из важнейших его достижений явилось заключение весной 1915 года трехстороннего соглашения, согласно которому после победы Антанты над Центральными державами Российская империя получала в свое безраздельное владение бывшие турецкие проливы. Однако после отставки Сазонова в июле 1916 года русской дипломатии уже не суждено было вернуться к реализации соглашения, поскольку вскоре царский режим рухнул.

Как будет показано далее, Россия проводила последовательную политику в отношении проливов вплоть до заключения в марте-апреле 1915 года вышеупомянутых соглашений. Вся деятельность Сазонова в предвоенное время и в первые месяцы войны была сосредоточена как раз вокруг поддержания *status quo* Черноморских проливов. Россия выступала против влияния прочих государств, помимо турецкого и своего собственного, на важнейший морской путь. В то же время она никогда не позволяла своим интересам в регионе вмешиваться в политику сдерживания и противостояния немецкой экспансии. До сих пор существовало превратное понимание сути такой политики в широком контексте российского государства и общества — и, пожалуй, наиболее весомым фактором здесь являлась недооценка реального значения трехстороннего соглашения о проливах.

Хотя принято считать, что заключенные Сазоновым соглашения были его выдающейся победой и серьезнейшим достижением всей русской дипломатии, я утверждаю, что этот «триумф» обернулся величайшей трагедией, усложнившей военные усилия России и внесшей ощутимый вклад в крушение державы, на благо которой столь усердно трудился Сазонов. Его непрестанное стремление достичь назначенной цели, в то время как война обостряла внутренние нестроения в самой России, явно указывает на смену восприятия общественной сферы многими чиновниками и офицерами. Эти «государевы мужи» понимали, что власти придется прислушиваться к мнению общественности, возможно даже созвав новое правительство, подотчетное законодательному органу страны — Государственной думе. И когда депутаты с трибуны стали требовать добиться передачи России Черноморских проливов, Сазонов последовал их увещеваниям, хоть на тот момент и нес ответственность лишь перед царем. В силу этих причин Сазонов отверг идею заключения сепаратного мира с Османской империей, даже несмотря на то, что это могло бы решающим образом склонить чашу весов на сторону союзников в противостоянии Центральным державам. Именно эта решающая ошибка и является основой для всех дальнейших оценок роли Сазонова в российской и европейской истории и, следовательно, в целом геополитической системы, в которой он эту роль играл.

Когда в конце XVII столетия на московский престол взошел Петр I, Турция безраздельно владычествовала над всем Черным морем. Были еще слышны отголоски османского могущества, однако в последующие столетия черноморские границы империи неуклонно сдвигались. Петр мечтал о том, чтобы Россия закрепилась на Черном море, и к концу следующего столетия ее положение там было окончательно утверждено усилиями Екатерины II. В XIX веке — в особенности после разгрома Наполеона — баланс сил между Петербургом и Константинополем все больше склонялся в пользу России. Когда же балканские народы — греки, сербы, румыны, болгары и другие — стали активно восставать против турецкого правления, Россия быстро освоилась в роли покровителя славян и православных на турецких землях; весьма активно подпитывали общественный интерес к судьбам славянских народов, воспринимаемых в качестве братских, и идеологии славянофильства и панславизма[2]. Балканы для России оказались очагом напряженности не только из-за турок, но и из-за Австро-Венгрии, по мере ослабления Османской империи серьезно усиливавшей свое влияние на европейский Юго-Восток. И если в девяностые годы XIX столетия австро-русское противостояние постепенно затихло, то во многом с его новой вспышки на заре XX века и разгорелась Первая мировая война.

Важность Балкан для России состояла не только в поддержании собственного реноме и обеспечении безопасности на границах империи, но также и в том, что полуостров выступал естественным преддверием к турецким черноморским проливам. Именно контроль над проливами стал центральным направлением российской внешней политики начала нового столетия ввиду кратно возросшего стратегического и экономического значения региона на пороге Первой мировой войны.

С точки зрения военной стратегии ни русский, ни иностранный корабль не мог бы достичь южных границ Российской империи без прохода через турецкие проливы; проход же нетурецкого военного флота без санкции султана воспрещался целой серией международных соглашений, заключенных в течение XIX века. Данный режим обеспечивал безопасность южных границ России от нападения, за исключением случаев, когда Россия и Турция сами находились в состоянии войны[3]. Большую часть столетия Россия полагала, что главная угроза для нее исходит от Британской империи, стремящейся обезопасить каналы

---

[2] Разумеется, для краткости я сильно упрощаю две эти многослойные и сильно рознящиеся идеологии. Подробнее по данному вопросу см. работы [Walicki 1979] и [Neumann 1996]. Об интересах России на Балканах см. [Jelavich 1991].

[3] Так, во время Крымской войны (1853–1856), когда Турция, Великобритания, Франция и Сардиния объединились против России, суда турецких союзников беспрепятственно курсировали через Босфор и Дарданеллы; см. [Goldfrank 1994].

коммуникаций со своей индийской колонией через Средиземное море. Тем не менее уже Русско-японская война 1904–1905 годов с очевидностью показала, что невозможность прямого морского сообщения куда более мешала, чем помогала: Петербург оказался попросту не способен оперативно перебросить подкрепление из Черного моря в Тихоокеанский бассейн. Заключенная впоследствии в 1907 году Англо-русская конвенция[4] приглушила традиционные опасения России о возможном британском нападении, однако ситуация осложнялась общим технологическим прогрессом вкупе с возобновившимся интересом Турции к военно-морскому вооружению. Так, недавно изобретенные линкоры класса «дредноут» — более быстроходные, лучше вооруженные и бронированные, чем прежние военные корабли, — уже вскоре сделали необходимой полную модернизацию устаревших черноморских кораблей. Когда офицеры-реформисты, известные как «младотурки», пришли к власти в Османской империи в 1908 году, они заказали за границей новые военные корабли и добились международного разрешения на введение их в бассейн Черного моря. Это вынудило и Россию строить свой Черноморский флот в южных портах, не имевших, однако, вплоть до 1911–1912 годов столь мощных верфей, а даже и с появлением таковых — ввиду малой скорости работы на них — не имевших возможности на равных конкурировать с западным и центральноевропейским судостроением[5]. Таким образом, режим Черноморских проливов самым критическим образом оказывал влияние на национальную безопасность Российской империи.

С экономической точки зрения проливы составляли конкуренцию северным судоходным маршрутам из Санкт-Петербурга; ко времени же Сазонова значение Черноморского пути возросло еще сильнее, в особенности по причине роста экспорта нефти,

---

[4] Эта конвенция разделила Персию на сферы влияния: север отходил России, юг — Англии, центр оставался нейтральной буферной зоной. — *Примеч. пер.*

[5] SHM. BB7. 131 d. c. Castelet — Ministre de la Marine, 22 December 1910, dep. 173; [Gatrell 1994: 231–232, 286, 303]. К 1914 году Россия уже серьезно нарастила темпы судостроения; см. [Stevenson 1996: 349].

марганцевой руды и угля с юга России[6]. В период с 1906 по 1913 год на южные порты приходилось в среднем 26,1 % от внешнеэкономической деятельности Российской империи, в то время как на балтийские — 30,4 %. Но, что еще важнее, если через северные порты шла большая часть импорта страны, то черноморские порты выступали главным очагом ее экспорта — как раз в то время, когда правительство старалось экспортировать как можно больше, чтобы иметь возможность импортировать критически важные технологии. Полное закрытие турками навигации по проливам в апреле-мае 1912 года в ответ на итальянское нападение на Дарданеллы в ходе Итало-турецкой войны (см. главу вторую) вынудило Россию еще более обеспокоиться безопасностью своей столь уязвимой связи со Средиземноморьем.

Все возрастающее экономическое значение проливов привлекло внимание не только государственных чинов, но также и общественных деятелей и групп. Произошедшие после революционных событий 1905 года конституционные изменения предоставили общественным движениям прежде отсутствовавшее у них право голоса в государственных делах. Издавна русское общество интересовалось судьбой Константинополя — главной обители восточного христианства с одной из наиболее почитаемых православных церквей — собором Святой Софии, уже несколько столетий как обращенным турками в мечеть. То была заветная мечта русского православия: освободить Константинополь, вновь водрузить на законное место крест над Софией, утвердив раз и навсегда Российскую империю в качестве преемницы Византийской. По мере роста коммерческого оборота в южных портах все большее значение приобретали и сами проливы. После 1905 года занимавшиеся торговлей и финансами получили возможность — и охотно пользовались ею — донести свою позицию с трибуны нового представительского органа страны — ее Государственной думы, равно как и со страниц более свободной и смелой, чем прежде, прессы, бурно развивавшейся

---

[6] См. [Spring 1992: 217–218]. Приведенные далее данные взяты из этой же статьи; см. [Spring 1992: 209–210].

в предвоенные годы. Все эти люди давили на правительство, требуя обезопасить для себя эту важнейшую морскую артерию, когда что-либо угрожало ее закупоркой; когда же разразилась война, к требованиям взять под контроль проливы добавился и Константинополь — в награду за понесенные в войне потери и в целях обеспечения будущих интересов России[7].

Были заинтересованы в проливах также и иные великие европейские державы. Традиционным визави России в регионе являлась Великобритания, однако к началу XX столетия ряд факторов снизил ее опасения касательно влияния России на ее сообщение с Индией. Так, Франко-русский союз означал, что теперь война с Россией обернется также и войной с Францией. Новое военно-стратегическое равновесие снизило роль Черноморских проливов, поскольку даже в случае их закрытия французский флот все равно угрожал бы королевскому. Кроме того, тщательнейшим образом продуманная морская доктрина, вкупе с прочными позициями, занятыми в Египте, позволяли Адмиралтейству Ее Величества меньше тревожиться за безопасность азиатской части Британской империи. Некоторые дипломаты уже тогда связывали британские позиции в Персии с российскими позициями в Константинополе, однако отчетливая готовность к размену проявилась лишь с началом Первой мировой войны [Monger 1963: 116–117, 294–295; Neilson 1995a: 114–115, 233, 284; Miller 1997, pt. 3 «Oil»].

Французские власти, со своей стороны, были куда более озабочены финансовым положением Турции, а также своими интересами в регионе, ныне являющемся территорией Сирии и Ливана [Keiger 1983: 74]. Французы десятилетиями инвестировали в различные турецкие предприятия — от сельскохозяйственных и легкой промышленности до горнодобывающих и инфраструктурных, — благодаря чему обладали крупными, часто контрольными пакетами акций. Так что Париж весьма чувствительно относился ко всему, что могло бы задеть турецкое правительство, поставив под угрозу как французское влияние на него, так

---

[7] Об этих движениях и призывах см. в особенности [Fox 1993; Pearson 1977; Ананьич и др. 1984; Дякин 1967].

и французские инвестиции — в особенности если в результате в выигрыше оказывалась Германия. Франция также надеялась, что проливы останутся закрыты для русских кораблей, дабы не нарушать сложившийся баланс сил на море, что неминуемо произошло бы, сумей Россия закрепить на Черном море свой флот [Fulton 1984]. Франко-русский союз, заключенный за два десятилетия до начала Первой мировой войны, оказался для России даже более серьезной препоной, чем ее давний противник — Великобритания.

Германии и Австро-Венгрии Османская империя представлялась потенциальным партнером в сдерживании российской экспансии, ограничивающим ее панславистскую деятельность, поскольку все три державы лишь теряли в случае успеха России. К тому же Турция являлась ареной колониальной активности Германии, уже не тешившей себя грезами об «Африканской империи». Германия вкладывала серьезные средства в железнодорожные проекты — и в первую очередь магистраль Берлин — Багдад, — посредством которых чаяла распространить на слабеющую Османскую империю как экономическое, так и политическое влияние [Trumpener 1984; Wolf 1936]. Австро-Венгрия испытывала к туркам гораздо более сложное отношение, чем Германия: она выступала против раздела Османской империи, и в значительной степени оттого, что Россия, скорее всего, выиграла бы куда больше от аннексии проливов и территории Армении, чем от каких-либо иных территориальных приобретений; более же всего Австрия была заинтересована в турецкой помощи в сдерживании балканских государств [Bridge 1984]. Таким образом, любой шаг России оказывался чреват вероятным насилием в дальнейшем.

Историография вопроса

Если влияние Черноморских проливов на политику Российской империи и нечасто оказывалось центральной темой исторического исследования, то хотя бы мимоходом «вопроса о проливах» касались весьма многие работы, посвященные причинам и ходу

Первой мировой войны. Отчасти из-за острых дебатов по поводу вины Германии в разжигании войны, отчасти же из-за того, что с началом войны дипломатические маневры уже более не представляли такого интереса, — так или иначе, зачастую обсуждение внешней политики Российской империи относится именно к довоенному периоду, хотя примечательные и важные дипломатические шаги, предпринятые во время Первой мировой войны, также не были оставлены историками без внимания. Но довольно редко оба этих периода — и довоенный, и непосредственно военный — рассматривались учеными вместе. По причине же подобного разделения из виду упускались важнейшие причинно-следственные связи (равно как и отсутствие таковых), которым и посвящено настоящее исследование[8].

В первые послевоенные десятилетия западная и советская историография обращалась к проливам исключительно в качестве примера российских империалистических амбиций, даже несмотря на совершенно различные трактовки понятия «империализм» в этих научных школах. Наиболее заметная тенденция в западной науке сформировалась в ответ на суровые условия Версальского договора, возлагавшего вину за развязывание войны на Германию. Пытаясь опровергнуть данные обвинения, немецкие историки при поддержке иностранных коллег искали подтверждения тому, что в войне были повинны либо иные, либо же вообще все европейские державы, а подчас и вовсе не какая-то из них, но целый ряд системных факторов, неизбежно приведших Европу к катаклизму. Крупнейший американский ревизионист Сидни Фей прямо — но, впрочем, ошибочно — связывал заинтересованность России в проливах с ее готовностью к всеобщей мобилизации в июле 1914 года, в свою очередь подтолкнувшей к мобилизации Германию, а Европу — к войне [Фей 1934: 307][9]. Его самым непри-

---

[8]   Примечательным исключением здесь является работа Мартины Фокс [Fox 1993]. См. также [Игнатьев 1997].

[9]   Фокус внимания более поздних исследователей смещается с непосредственно фактора мобилизации на решения, предварявшие ее объявление. См., например, [Lieven 1983, chap. 5].

миримым оппонентом являлся Бернадотт Шмитт, признававший важность проливов для России, однако же настаивавший, что ради них она не готова была спровоцировать глобальный кризис [Schmitt 1930, 1: 98]. И если упомянутые монографии касались вопроса проливов лишь вскользь, то подробные работы Уильяма Лангера и Роберта Кернера были специально посвящены именно ему [Langer 1928; Kerner 1927–1928]. Тщательно исследуя дипломатические аспекты событий эпохи, эти авторы, однако же, вовсе не касаются более широкого контекста образования самой российской политики. Противостояние ревизионистов с антиревизионистами продолжилось и в 1930-е годы: к уже опубликованным ранее с обилием купюр немецким и рассекреченным большевиками царским документам прибавилось огромное количество свежих материалов из британских, французских и австрийских архивов вкупе с более полными изданиями советских документов. Соответственно, последовавшие научные труды, вроде работы Гарри Говарда, отличались значительно большей фактической доказательной базой, в меньшей степени зависели от субъективных суждений мемуаристов, сохраняя при этом повышенное внимание к дипломатической стороне вопроса [Howard 1931].

В Советском Союзе первое поколение большевистских историков описывало императорскую Россию в сугубо негативном свете, пусть и расходясь порой в дефинициях самого «империализма», присущего тогдашней России [Rieber 1993]. Тогдашний корифей советской исторической науки М. Н. Покровский трактовал желание царской России заполучить контроль над проливами как один из весомейших факторов, приведших к войне [Покровский 1926]. Некоторые его коллеги — скажем, Е. А. Адамов или Я. М. Захер — были менее категоричны в оценках намерений царского правительства и не считали вопрос о проливах ключевым эпизодом, спровоцировавшим дальнейшую военную эскалацию[10]. Так или иначе, это были работы весьма

---

[10] См. вступительную статью профессора Э. Д. Гримма ко второму тому критического двухтомника секретных документов царского МИДа под названием «Константинополь и проливы» [КП: 4–112]. См. также [Захер 1924].

ограниченные как по объему, так и в идеологическом плане, строго вписанные в рамки ленинизма.

В советских работах тридцатых — сороковых годов, выдержанных в более националистических тонах, проливам уделялось куда менее внимания: историки сталинской эпохи подчеркивали совершенную неподготовленность царской России к Первой мировой войне, а также эксплуатацию ее народа и ресурсов более развитыми западными капиталистическими странами. Данный период советской исторической науки оказался относительно неплодотворным ввиду как жестких идеологических требований, выливавшихся в довольно предвзятые исследования, так и труднодоступности даже для советских ученых необходимых для работы материалов [Нарочницкий 1981: 330–331; Шацилло 1968: 11–12].

На фоне хрущевской «оттепели» вновь стали появляться различные трактовки и оценки, напоминавшие дискуссии двадцатых годов. Поскольку научные работы вплоть до окончания советской эпохи в большинстве своем опирались на солидный фундамент архивных источников, они высоко ценились среди западных ученых вне зависимости от идеологических установок их авторов [Rieber 1993: 388–389]. Среди таковых в особенности следует отметить работы А. В. Игнатьева, И. В. Бестужева, В. И. Бовыкина, В. О. Дякина, В. А. Емец, Ю. А. Писарева и А. Я. Авреха[11]. Для целей же данного исследования наиболее полезна оказалась работа «Русский империализм и развитие флота» К. Ф. Шацилло [Шацилло 1968], тщательно изучающего дипломатические шаги русского правительства, их влияние на возрождение флота после его гибели в Русско-японской войне, не забывая при этом и о роли Думы в этом процессе. Кроме того, Шацилло проясняет отношения между Министерством иностранных дел, Морским министерством и царем, приводя примеры сотрудничества министерств ради достижения общих целей. Вместе с тем Шацилло превратно трактует взаимосвязь между формированием внешне-

---

[11] См. [Игнатьев 1962; Бестужев 1961; Бестужев 1965; Бовыкин 1961; Дякин 1988; Емец 1977; Писарев 1985; Аврех 1981; Аврех 1989].

политического курса и неправительственными группами, преувеличивая внешнее влияние на государственную политику; ему также не удается прояснить и менявшийся характер военно-гражданских отношений, на которые оказывали влияние самые различные обстоятельства.

В более поздних, написанных уже после распада СССР работах по внешней политике царской России ученые принялись выбираться из идеологической «смирительной рубашки», столь долгое время сковывавшей историческую науку. Новейшие сборники показывают, что российские историки стали куда разнообразнее подходить к интерпретации ключевых событий, учитывая факторы вроде межличностных отношений, демографии и геополитики. Наиболее подробно политика Российской империи в отношении проливов анализируется В. С. Васюковым, четко проследившим дипломатический маршрут, который привел к заключению весной 1915 года соглашения, сулившего России Черноморские проливы. При этом, скрупулезно описывая позицию царя, состояние вооруженных сил, выступления в Думе и прессе, Васюков совершенно не упоминает о роли политики Сазонова в разгорающейся тогда же большой европейской войне; повествование завершается на заключении с Великобританией и Францией соглашения о проливах, приводя к ошибочной оценке его значения для Сазонова и России [Васюков 1992][12].

Отчасти вследствие медленного угасания интереса к изучению истории дипломатии в США после Второй мировой войны и в некоторой степени по причине ограниченного доступа к архивным материалам о внешней политике императорской России западные ученые в послевоенное время писали куда меньше, чем советские. С началом холодной войны идеологические соображения стали существенно влиять на исторические работы, пестрящие сопоставлением царской и советской России с целью

---

[12] См. также [Игнатьев 1997; Мальков 1998]. Последний сборник содержит не только работы по истории дипломатии, но также ценные исследования национализма, тоталитаризма, демографии, милитаризма, ментальности и других вопросов.

узнать, являются ли действия Советов результатом их коммунистической идеологии или берут начало в исконно русских традициях. Работы эти зачастую фокусировали внимание сугубо на внешней политике, находясь в русле довоенных академических наработок, и мало дополняли уже устоявшееся понимание роли проливов в политике Российской империи [Lederer 1962; Smith 1956; Dallin et al. 1963][13].

Послевоенный исторический мир потрясли исследования Фрица Фишера, радикально — и даже двояким образом — сменившие парадигму. Во-первых, все бремя вины за Первую мировую войну было им вновь возложено на имперскую Германию [Fischer 1967; Fischer 1975]. Несмотря на тут же последовавшую ожесточенную критику как в Западной Германии, так и за ее пределами, его центральный аргумент касательно ответственности Германии за разжигание войны был принят широким научным сообществом. Как выразился один историк, «теперь уж более нет нужды пускаться в длительные командировки по европейским столицам, разыскивая виновных, — ученым ныне стоит сосредоточиться на документах, скопившихся в архивах Берлина и Вены»[14]. Кроме того, Фишер вынудил историков всерьез присмотреться к внутренним истокам внешней политики кайзера. Основополагающие работы Фишера, вкупе с развитием в 1960-е годы социально-исторических дисциплин, вызвали появление схожих исследований касательно довоенной деятельности и прочих великих европейских держав.

Подобная ревизия не обошла стороной и историю России. В своей работе о «русском империализме» Дитрих Гайер выделяет «примат внутренней политики», отмечая при этом не только страх революции, прочно укоренившийся в мировоззрении элит,

---

[13] Менее идеологизированный, однако во многом устаревший взгляд на переговоры членов Антанты по Турции представлен в [Gottlieb 1957], где Англо-франко-русское соглашение критикуется как возбуждавшее взаимные подозрения, которые разобщали союзников. На деле же причины были в куда более глобальных проблемах.

[14] Парафраза высказывания Фолькера Бергана в [Herwig 1997b: 161].

но и то, каким образом попытки модернизации помогали России определиться в отношениях с окружающим ее миром. Гайер тщательнейшим образом аргументирует в пользу влияния внутренних факторов на военную экспансию и в целом внешнеполитических отношений Российской империи. Однако он чересчур увлекается сопоставлением кайзеровского режима с царским, настаивая на излишне бихевиористских трактовках, куда более подходящих к имперской Германии, чем к ее восточному соседу [Geyer 1987]. Также роль внутренних российских факторов исследовал Доминик Ливен, чья работа «Россия и истоки Первой мировой войны» уже давно стала классическим введением в проблематику участия в войне России. Ливен предлагает в целом весьма рассудительный взгляд на принимавшиеся в Петербурге решения, лишь мимоходом касаясь при этом темы проливов и упуская в результате их значение в российской политике. Авторы более поздних работ также переоценивали влияние широкой общественной дискуссии на формирование внешнеполитического курса внутри русского правительства. Так, и Эндрю Россос, исследовавший Балканский союз и войны 1912–1913 годов, и Мартина Фокс, в широком контексте рассматривавшая позицию России по восточному вопросу, и Эдуард Тайден, писавший о российской политике в отношении Сербии, — все они ошибочно утверждают, что те или иные решения Сазонова в значительной степени принимались под влиянием внутриполитической обстановки [Rossos 1981; Fox 1993; Thaden 1976][15].

Напротив, я в этой книге ориентируюсь на наработки Дэвида Макдональда, исследовавшего правительственную систему, которая сложилась в России после 1905 года. Он внес немалый вклад в изучение внешней политики и государственного устройства Российской империи, тщательно проанализировав рост центра-

---

[15] Дипломатическая сторона Первой мировой войны разбирается в работе [Zeman 1971]. Из недавних работ, посвященных Первой мировой и более или менее подробно касающихся проливов, стоит отметить еще [Stevenson 1988; Stevenson 1996; French 1986]. Также в некоторых значительных работах последних лет и Россия, и интересующий нас вопрос о проливах упоминаются, к сожалению, лишь вскользь. См., например, [Fergusson 1999; Soutou 1989].

лизации власти, сосредоточенной в руках П. А. Столыпина, с 1906 года и вплоть до своего убийства в 1911 году бывшего председателем Совета министров (проще говоря, премьер-министром) [McDonald 1992b]. Несмотря на то что новые, принятые вслед за революцией 1905 года Основные законы оставили внешнюю политику и вооруженные силы под личным контролем царя, Столыпину удалось воспользоваться внешнеполитическим фиаско 1908–1909 годов таким образом, что теперь и эти сферы оказывались под его ощутимым влиянием. Именно в этой политической системе Сазонов и занял кресло министра иностранных дел, и именно в этих условиях в полной — пусть и не до конца оцененной самим Макдональдом — мере развернулась его деятельность уже при преемнике Столыпина В. Н. Коковцове.

Другим важным достижением Макдональда является его объяснение чувства собственного превосходства, характерного для взглядов правительственных элит в отношении общественного мнения. Опираясь на работы таких ученых, как Б. В. Ананьич, Роберта Мэннинг, Уолтер Пинтнер, Дон Карл Роуни, Ричард Уортман и Джордж Йани, Макдональд описывает эффект «государственности», отражающий убежденность элит в «культурной и политической исключительности» тех, кто связан с управлением страной [McDonald 1993: 271–272][16]. Чиновники ранга Сазонова обращали мало внимания на шквал общественной критики — а обращая, конечно же, негодовали, — столь часто обрушивавшийся на то или иное правительственное решение. Интересно, что Зара Штайнер описывает аналогичную манеру отношения в британском МИДе, где не только кадровые дипломаты, но и сам стоящий у руля политик считал, что формировать внешнюю политику куда сподручнее, когда нет давления со стороны парламента и журналистов [Steiner 1977]. Это, конечно, вовсе не означает, что министр всегда мог запросто отмахнуться от внутриполитической ситуации, рискуя в подобном случае проиграть следующие выборы; однако независимо от различий

---

[16] См. также [Ананьич и др. 1984; Manning 1982; Yaney 1973; Wortman 1976; Pintner, Rowney 1980].

во внутренней политике отношение к внешнему курсу страны у российских консерваторов и Либеральной партии Британии, последнее правительство которой рухнуло в 1905 году, было практически идентичным. Российские министры, конечно же, были в курсе веяний в стране, но единственным вершителем их карьерных судеб оставался царь, обладавший суверенным правом по произволению отправить в отставку любого из них. Более того, согласно принятым после 1905 года Основным законам царь сохранял за собой единоличный контроль над внешней политикой, армией и флотом. Вместе с тем даже в такой ситуации новоизбранная Государственная дума как орган, ответственный за принятие бюджета, оказывалась рупором общественного мнения. Всякое увеличение бюджетного финансирования должно было быть одобрено депутатами Думы, пользовавшимися данным правом как инструментом непрямого воздействия на государственную политику, в особенности в отношении перевооружения и увеличения численности армии после Русско-японской войны и на заре европейской гонки вооружений[17].

Следующей важнейшей для понимания военно-гражданских отношений в России является работа Уильяма Фуллера-младшего [Fuller 1985][18]. Не затрагивая предметно ни МИД, ни Морское министерство, он вместе с тем освещает широкий круг вопросов, связанных с обороноспособностью и бюрократическим устройством имперского правительства. Фуллер показывает, каким образом межведомственные разногласия армейского руководства с Министерством финансов касательно приоритетов сказывались не только на средствах, доступных Военному министерству, но и на профессионально-техническом уровне армии, стремившейся идти в ногу с европейскими военными тенденциями, минимизируя при этом трудозатраты по возложенному на нее обеспече-

---

[17] Значение Думы в свете государственной политики подробно обсуждается в работах [Hosking 1973; Черменский 1976; Дякин 1967]. По поводу гонки вооружений и роли в ней Российской империи см. [Stevenson 1996; Herrmann 1996].

[18] См. также [Stone 1975; Jones 1988].

нию правопорядка внутри страны. Подобного рода заботы отвлекали армию от ее основной задачи — охраны империи от внешних угроз.

Стоит также отметить и работы по политологии и международным отношениям, проясняющие функционирование Франко-русского союза. Так, весьма ценен системный анализ Пола Папаяну, на основании которого он показывает, что периоды укрепления и ослабления финансово-экономических связей между государствами сказываются на уровне их взаимозависимости, а следовательно, и вероятности их союза или конфликта [Papayoanou 1999][19]. Несмотря на то что основное свое внимание он уделяет Франко-русскому союзу и крушению в 1914 году старого европейского миропорядка, его теория также вполне применима и к вопросу о проливах. Папаяну показывает, что экономические связи России и Германии были наиболее крепки с 1906 по 1912 год, когда и все прочие отношения между ними были относительно дружелюбны. Соответственно, в последующие предвоенные годы все ухудшавшиеся экономические отношения сопровождались все более прохладными дипломатическими реляциями. Также Папаяну выдвигает гипотезу, согласно которой прочные англо-немецкие экономические связи являлись важным фактором, определявшим нежелание британского правительства четко и ясно обозначить свою готовность воевать на стороне Франции. Несмотря на научную несостоятельность данной теории ввиду чрезмерного упрощения комплексных причин, стоящих за теми или иными решениями Великих держав, ее бесспорная ценность состоит во внимании к экономической стороне франко-русских отношений в контексте Османской империи. Так, если французы поддерживали русских в их противостоянии немцам непосредственно перед войной и, разумеется, непосредственно в военный период, то по поводу Константино-

---

[19] Противоположную, но оттого не менее полезную точку зрения, где подчеркивается политико-дипломатическая сторона международных отношений, см. в [Snyder 1997]. При этом ни в той, ни в другой работе не уделяется серьезного внимания проблеме проливов.

поля и проливов союзники отнюдь не были столь единодушны, так и не придя к соглашению вплоть до крушения Российской империи.

Согласно концепции Папаяну, феномен подобной внутрисоюзной конкуренции не представляется столь уж удивительным, если взглянуть на весьма различные экономические связи Франции и России с Турцией. В предвоенный период — с 1909 по 1914 год — франко-турецкий товарооборот в среднем вдвое превышал русско-турецкий, хотя эта разница имела тенденцию к уменьшению.

Табл. 1. Объем турецкого товарооборота
с Францией и Россией (в тур. курушах):

	1909–1910	1910–1911	1911–1912	1913–1914
Франция	766 011 574	822 679 823	862 262 995	788 126 570
Россия	282 685 344	364 721 333	398 991 285	434 765 736

Источник: [McCarthy 1982: 239, 244].

Этим, впрочем, отнюдь не исчерпывается значимость финансовых отношений для понимания роли Турции в экономике союзников. Так, французские финансовые структуры являлись крупнейшими держателями турецких долговых облигаций, контролируя к тому же Оттоманский банк (через который шли все финансовые операции империи); российские инвестиции в Турцию были минимальны, и Санкт-Петербург никоим образом не влиял на турецкий госдолг [Feis 1965: 320–321]. Вовлеченность французских инвесторов в турецкую экономику отзывалась заинтересованностью Парижа в поддержании дееспособности, а вместе с тем, очевидно, и самого существования Османской империи. Россия же, коль скоро турецкая экономическая стабильность заботила ее куда меньше, была вполне готова рискнуть своими немногочисленными инвестициями. Данный конфликт интересов вылился в серьезные франко-русские дипломатические трения на протяжении интересующего нас времени.

Источники

Стоит отдельно остановиться на источниковедческой стороне данного исследования. Работы по истории европейской дипломатии порой устроены таким образом, что рассматривают внешнюю политику какого-либо государства, основываясь исключительно на его же архивных материалах[20]. Более того, работы о франко-русских или англо-русских отношениях зачастую подробно останавливаются на их западной стороне, но весьма слабо и походя касаются русской — то ли из-за нехватки времени на проработку дополнительных архивных материалов, то ли ввиду отсутствия к ним доступа (в российских архивах), то ли по причине недостаточного владения русским языком[21]. Я же, напротив, подробно изучил архивные материалы в фондах всех трех государств Антанты, вследствие чего стало возможно более адекватно проанализировать действия российской стороны. Подобные компаративные изыскания чрезвычайно важны для более полного понимания намерений и действий всех участников рассматриваемых событий. Приводимые здесь обширные выдержки из российских документов — как архивных, так и уже публиковавшихся — позволяют описать чаяния и планы царского правительства куда полнее, чем в работах прежних лет. В то же время западные источники оказались критически важны для подтверждения сообщений о встречах с самим Сазоновым или же с уполномоченными им лицами — учетные же записи российского МИДа о таких встречах не содержат их дословного изло-

---

[20] Такая географически ограниченная работа с архивными материалами представляла серьезную проблему в особенности в советское время и в постсоветские годы, как видно на примере упомянутых выше работ; также см. [Steiner 1977].

[21] См., например, [Hogenhuis-Seliverstoff 1997; Neilson 1995a]. Редкими исключениями здесь являются работы по истории дипломатии за авторством либо российских историков, либо же исключительно хорошо подкованных в истории и той и другой страны западных ученых, вроде работ [Goldfrank 1994] или [Siegel 2002]. Ныне, когда российские архивы открыли двери для иностранных исследователей, стоит надеяться на скорое улучшение ситуации.

жения и часто сильно сокращены. Аналогичным образом в телеграммах или письмах, сообщающих о таких встречах, порой опускаются значимые детали или превратно истолковывается атмосфера за переговорным столом. Пожалуй, ценнейшим источником сведений по действиям российских дипломатов являются записки сэра Джорджа Бьюкенена, британского посла в Санкт-Петербурге. Он прибыл в столицу Российской империи вскоре после назначения Сазонова, и, по воспоминаниям обоих, они «вскоре сделались друзьями»[22]. Впрочем, эта дружеская симпатия не мешала Бьюкенену выполнять возложенные на него обязанности, и его донесения в Лондон всегда были откровенны и содержательны.

Помимо всестороннего изучения документов различных европейских стран, в процессе подготовки настоящей работы были изучены материалы архивных фондов их министерств иностранных дел, вооруженных сил, кабинетов министров и прочих гражданских министерств и законодательных органов. К материалам СМИ я обращался реже, чем читатель мог бы ожидать, поскольку архивные источники свидетельствуют о том, что те обладали куда более скромным влиянием, нежели порой утверждается.

Названием своей статьи 1992 года, посвященной отношению к проливам во время Первой мировой войны, В. С. Васюков отсылает к меморандуму от 12 марта 1915 года с Великобританией, согласно которому англичане соглашались с российской принадлежностью проливов. Автор документа определяет проливы в качестве *richest prize,* то есть, как переводит Васюков, «главного приза», проще говоря, наиболее ценного военного трофея[23]. Ни тогдашние британские власти, ни Васюков не используют данное

---

[22] Об их дружбе см. [Бьюкенен 1925: 78; Сазонов 1927].

[23] FO. 371. 2449. 35812. English Embassy — Sazonov, 12 March 1915. Memorandum. Enclosure № 3 in Buchanan — Grey, 13 March 1915, ltr. 44; [Васюков 1992: 355, 369]. Грей же использовал во внутренней переписке выражение «greatest prize»; см. FO. 371. 2449. Grey — Buchanan, 11 March 1915, tel. 43 private and secret.

выражение в ироничном смысле: как в глазах современников, так и с точки зрения последующих исследователей это соглашение стало одной из крупнейших дипломатических побед Сазонова [Игнатьев 1996: 39–40][24]. Напротив, в настоящей работе будет показано, что неуклонное стремление России завладеть проливами, пусть и ценой ухудшения военной ситуации, явилось оппортунистическим и весьма неудачным побочным эффектом проводимой Сазоновым политики, как правило куда более мудрой и прозорливой.

В течение почти пяти лет российский министр иностранных дел последовательно работал над укреплением позиций своей страны в этом жизненно для нее важном регионе, но никогда его политика не мешала сдерживанию немецко-австрийской агрессии и противодействию ей — никогда вплоть до марта 1915 года. Именно с той поры Сазонов позволил себе отвлечься от главной цели России в этой войне — разгрома Центральных держав — и тем самым ускорил падение империи, которой столь преданно служил.

---

[24] Збинек Земан считает победу Сазонова «иллюзорной» [Zeman 1971: 82]. Стивенсон, Френч [Stevenson 1988; French 1986] и большинство прочих западных авторов оставляют ее результат без оценки.

1

Столыпин и политика избегания осложнений

1908 год — март 1911 года

Летом 1910 года в российском МИДе настала пора перемен. С. Д. Сазонов — весьма образованный и усердный в службе, но еще не освоившийся в высоких кабинетах и не имевший богатого опыта большой петербургской политики — готовился занять министерское кресло, как только найдется вакантное посольское место для формально действующего, но де-факто уже отставного министра А. П. Извольского. Извольский был человек блестящего ума, но обремененный «повышенным самолюбием» [Сазонов 1927: 22] и покидал Певческий мост[1] по причине боснийского фиаско 1908 года, главным виновником которого был именно он. Чая как воплощения российских интересов по проливам, так и вящей личной славы, Извольский пошел на секретные переговоры с австрийским министром иностранных дел Алоизом фон Эренталем в его моравском замке Бухлове [тогда еще на немецкий манер — Бухлау]. В результате встречи стороны пришли к соглашению, что Россия не будет препятствовать австрийской аннексии

---

[1] Мост в центре Санкт-Петербурга, прилегающий к зданию, где до 1917 года располагалось Министерство иностранных дел, отчего оно неофициально так и именовалось — Певческим мостом; аналогичным образом французский МИД часто называют *Quai d'Orsay* (Кэ д'Орсе) по парижской набережной Орсе, австрийский — *Ballhausplatz* по площади Балхаусплац в Вене, а британский — *Whitehall* (Уайтхолл) по центральной лондонской улице.

Боснии и Герцеговины, если Австро-Венгрия взамен поддержит стремления русских изменить режим проливов. Вот уже тридцать лет Вена управляла этими провинциями, доставшимися ей по условиям Берлинского трактата 1878 года, которым пересматривались условия Сан-Стефанского мирного договора, подписанного по окончании Русско-турецкой войны 1877–1878 годов. Все это время номинальным правителем здесь оставался турецкий султан. В октябре 1908 года Австрия объявила об аннексии Боснии и Герцеговины, не дожидаясь, пока Извольский добьется более широкой поддержки пересмотра режима проливов. Российская империя, конечно, пыталась протестовать, отказываясь признавать австрийскую аннексию, однако выдвинутый Германией в конце марта 1909 года ультиматум вынудил ее отступить. Подобный провал многие приравнивали к унизительному разгрому русского флота в Цусимском проливе в 1905 году[2]. Словом, урон, нанесенный международному престижу Империи, был слишком ощутим — еще не успели толком просохнуть чернила на австрийской прокламации об аннексии, как в российском правительстве принялись подыскивать нового министра.

Другая причина назначения Сазонова лежит в области более широких политических соображений, касающихся его отношений с фактическим рулевым российской внешней политики — П. А. Столыпиным, председателем Совета министров и министром внутренних дел. В исследованиях, посвященных фигуре Столыпина, большей частью рассматривается его деятельность внутри страны: знаменитые аграрные реформы и безуспешные попытки распространить местное самоуправление на западные польские провинции[3]. Лишь Дэвид Макдональд обращает внимание на централизацию власти Столыпиным через Совет министров и на последствия подобных перемен для внешней политики страны [McDonald 1992b; McDonald 1993]. С манифестом

---

[2] Подробнее о Боснийском кризисе см. [Lieven 1983; Williamson 1991: 69–72; Albertini 1952–1957, 1: 190–300].

[3] См., например, [Conroy 1976; Chmielewski 1967; Ананьич и др. 1984; Ascher 2001].

от 17 октября 1905 года и принятыми следом за ним Основными законами в вертикаль императорской власти вносились радикальные коррективы, предусматривающие не только представительский орган в виде Государственной думы, но также и должность премьер-министра[4], координирующего деятельность правительства посредством Совета министров. Вместе с тем в тех же документах было ясно оговорено, что вопросы внешней и военно-морской политики остаются под личным попечением государя. Макдональд подробно показывает, как, воспользовавшись рухнувшим на фоне Боснийского кризиса авторитетом МИДа, Столыпин стал ключевой фигурой в решении внешнеполитических вопросов. Смущенный собственным соучастием уже в двух подряд Цусимах (сперва военной, а затем и дипломатической), император Николай безропотно покорился подобному расширению Столыпиным собственных полномочий. Столыпин же чаял подчинить внешнеполитический курс своей внутриполитической программе переустройства и омоложения страны после Русско-японской войны и революции 1905 года [McDonald, 1992b: 156]. Согласно намеченному плану России следовало избегать любого международного столкновения — вроде того же Боснийского кризиса, — пока не окончен процесс ее внутреннего восстановления.

Уже с самого момента назначения Сазонова товарищем (то есть заместителем) министра в 1909 году не утихали споры о причинах подобного выбора. Современники расходились в своих оценках. Сам Сазонов и министр финансов В. Н. Коковцов в своих воспоминаниях говорят, что инициатором назначения был Извольский [Сазонов 1927: 7; Коковцов 1933: 1, 334]. Сазонов указывает, что к тому моменту он уже несколько лет по назначению Извольского возглавлял русскую миссию в Ватикане. Однако многие мемуаристы — большинство из которых были оппонентами как столыпинской внутренней политики, так и поддерживаемого им и Извольским внешнего курса на сближение с Великобританией — полагали, что новым министром Сазонова выбрал именно

---

[4] То есть председателя Совета министров. См. [Hosking 1973, chap. 1].

Столыпин. Некоторые обвиняли Столыпина в кумовстве: Сазонов
приходился ему шурином[5]. Впрочем, Столыпин был достаточно
умен, чтобы вполне осознавать, что родство само по себе ничуть
не гарантирует общности их взглядов. Ведь с еще одним его шурином (братом жены Ольги), Д. Б. Нейдгардтом, придерживав-
шимся куда более правых взглядов, у Столыпина нередко случи-
лись серьезные политические разногласия [Hosking 1973: 157, 176;
Rieber 1963: 22][6]. Другие же уличали Столыпина в стремлении
к всевластию в духе великого визиря при дворе османского султана. Доля истины в этом действительно была: ведь Столыпин
пользовался должностью председателя Совета министров, чтобы
сообщить политической системе некую вертикаль. Теория же
Сазонова, что он был просто-напросто выбран Извольским, чересчур упрощает ситуацию, поскольку на момент его назначения
Столыпин по сути был уже начальником Извольского, авторитет
которого был сильно подорван. Так что, учитывая шаткие позиции
последнего, воспоминания Коковцова о том, что назначением
Сазонова Извольский стремился умаслить Столыпина, представляются вполне правдоподобными [Коковцов 1933, 1: 334][7].

Кроме того, Сазонов был относительным новичком в большой
дипломатии, не имея в Петербурге ни серьезного влияния, ни
надежных связей[8]. Он занимал лишь два дипломатических по-

---

[5] См., например, [Витте 1994, 3: 500–501; Taube 1928: 248–251; Таубе 2007: 127].

[6] Брат же Дмитрия А. Б. Нейдгардт со своим «Кружком нейдгардтцев» в Государственном совете был Столыпину вполне лоялен. См. [Korros 2002: 159;
Ascher 2001: 341].

[7] Бестужев и вовсе не упоминает о роли Извольского в назначении Сазонова —
вместо этого он рассуждает о кандидате, который был бы угоден Столыпину.
Он говорит даже, что Столыпин подыскивал на эту должность того, кто стал
бы «орудием в его руках». См. [Бестужев 1961: 301–302].

[8] Извольский же, напротив, в бытность посланником в Копенгагене близко
познакомился с царем и царицей: местный русский дипломат должен был
сопровождать царскую семью во время многочисленных визитов. Поскольку мать Николая была датской принцессой, Извольский познакомился
и с ней, завязав отношения достаточно прочные, чтобы впредь пользоваться ее покровительством при дворе. См. [McDonald 1992b: 93]. Родерик
Маклин замечает, что кандидатуру Извольского на пост министра уже
рассматривали даже до его назначения в Копенгаген. См. [McLean 2001: 53].

ста — в Лондоне и в Ватикане — и лишь на втором наконец заслужил назначение во главе миссии. Относительно небогатый послужной список ставил его в еще большую зависимость от Столыпина, чем это было бы в противном случае[9], так что патрон имел все основания рассчитывать, что Сазонов куда покорнее будет следовать его курсу, чем Извольский.

Царь на тот момент играл относительно незначительную роль в определении политического курса, пусть и сохраняя за собой последнее слово при назначении того или иного министра. Он вполне мог бы не одобрить кандидатуру, предложенную Столыпиным, настояв на иной: к примеру, на прогермански настроенном П. С. Боткине или Н. Г. Гартвиге, яростном противнике Австрии и Англии, — кандидатуры обоих, как говорили, рассматривались в качестве смены Извольскому. Однако Николай II склонялся к укреплению отношений с Великобританией и Францией, что было вполне согласно устремлениям Сазонова. Как отмечает Макдональд, Николай был сильно подавлен последними попытками собственноручно руководить внешней политикой страны, обернувшимися унизительным миром с Японией и Боснийским кризисом [McDonald 1992b; McLean 2001, chap. 1][10]. Так что пока царь предпочитал фактически делегировать определение внешнеполитического курса своим доверенным лицам; несмотря на то что в бытность Сазонова министром

---

[9] Майкл Хьюз как раз считает более чем годичную подготовку в качестве товарища министра и занятие «высших дипломатических постов в столь крупных посольствах, как лондонское», вполне «достойной школой» перед министерской должностью. См. [Hughes 2000: 167–168]. Вместе с тем упомянутый опыт Сазонова не был столь солидным, сколь полагает Хьюз: при лондонском после Сазонов занимал пост, эквивалентный поверенному в делах, — должность и правда серьезную, но был во главе дипломатической миссии лишь единственный раз — в Ватикане, что в сравнении с руководством миссий в крупной европейской столице, Японии или Соединенных Штатах вряд ли можно было бы счесть достаточно серьезным, пусть и довольно важным опытом. О биографии Сазонова см.: РГИА. Ф. 1409. Оп. 1. Д. 185.

[10] Пусть и описывая Николая как излишне деятельного, Маклин также указывает на общность их с Сазоновым взглядов.

Николай регулярно знакомился с важнейшими коммюнике и постоянно получал его личные донесения, как будет показано ниже, реальное участие царя было довольно ситуативным. Как вспоминает один мемуарист, во время мировой войны порой принимались решения вопреки воле царя, когда члены правительства понимали, что царская воля идет вразрез с политической реальностью. Порой на царя давили, чтобы тот переменил свое мнение, а порой действовали без его ведома [Михайловский 1993, 1: 75–78]. Учитывая отсутствие стенограмм личных донесений Сазонова, с точностью установить степень вовлеченности в политический процесс царя не представляется возможным, однако очевидно, что Николай II отступил на второй план, оставив режиссуру и исполнение главной политической роли Столыпину.

Столыпинская политика избегания международных столкновений и внимания к внутреннему переустройству и обновлению основывалась на опасении, что новая война в ближайшее десятилетие выльется в новую волну революции [McDonald 1992b: 146]. Целью международных отношений являлось равновесие. Так что, сохраняя союзные отношения с Францией (договор 1894 года) и Англией (1907), параллельно Столыпин искал пути к укреплению отношений с Германией. Поиски увенчались успехом, и во время потсдамских переговоров в октябре 1910 года прошла встреча двух императоров, обсудивших интересы своих держав в Персии [Siegel 2002, chap. 4]. Сазонов понимал, что в сближении с Германией следует действовать крайне осмотрительно, — он намеренно отложил официальное вступление в должность, дожидаясь завершения потсдамских встреч, дабы первым же его официальным иностранным визитом не стал визит в Германию, что встревожило бы французов и англичан. И тем не менее в русско-немецких переговорах некоторые увидели подтверждение своих (беспочвенных) инсинуаций касательно «германофильства» Сазонова, не принимая никаких опровержений[11]. В Париже и Лондоне, с другой стороны, отреагировали

---

[11] См. [Lieven 1983: 38]; Chap. 89 // BD. 10.1; [Бьюкенен 1925: 78–79; Сазонов

на русские объяснения потсдамских переговоров довольно настороженно.

Подобный акцент на мирных намерениях, впрочем, отнюдь не означал небрежения вопросами безопасности или армии страны. Плохо скрываемые опасения Франции и Великобритании по поводу укрепления русско-немецких отношений играли на руку Столыпину: ведь именно англичане с французами были кровно заинтересованы в том, чтобы Тройственная Антанта оставалась достаточно привлекательной и выгодной для России, чтобы предотвратить ее потенциальный дрейф к возрождению Союза трех императоров. Немецкие дипломаты также воодушевились после встречи в Потсдаме, с новой силой принявшись за расшатывание франко-русских отношений: раскол этого союза кратно улучшал стратегические позиции Германии ввиду устранения угрозы для нее войны на два фронта в случае конфликта с Францией.

Исходя из описанных соображений, Столыпин был вполне готов к определенному увеличению финансирования вооруженных сил. Так, председательствуя на межведомственном собрании в феврале 1908 года, он выразил согласие с тем, что нарастающий кризис на персидских границах требует усиления военного присутствия России на Кавказе [Mandelstam 1934: 661]. Заботясь также о безопасности и на морских границах империи, обеспечивающих к тому же значимость России в качестве союзника, Столыпин поддерживал и развитие флота [Шацилло 1968: 82]. В августе 1909 года состоялось «особое совещание» с участием командования вооруженными силами и министров финансов и иностранных дел (отсутствующего Извольского заменял Сазонов), на котором Столыпин прямо высказался о необходимости создания «боевого активного флота», не ограничивающегося лишь миноносцами и подводными лодками. Новому флоту требовались мощные и крупные корабли, поскольку более скромные по размерам суда не могли противостоять могущественным морским противникам России. Впрочем, Столыпин предлагал

1927: 38, 41; Siegel 2002: 90–92].

с умом и осмотрительностью следовать современным течениям навализма, неоднократно подчеркнув, что первая задача русского флота именно оборонительная, ибо у России нет «наступательных целей»[12].

В отношении Турции и Черноморских проливов столыпинская политика также стремилась найти схожий баланс. С дипломатической точки зрения Столыпин надеялся успокоить волнения на Ближнем Востоке через укрепление двусторонних связей с Османской империей или даже привлечение Турции в некий панбалканский альянс или блок[13]. Во-первых, подобная политическая структура снижала вероятность военных столкновений между турками и прочими балканскими народами. Ведь новая война вблизи границ России могла нарушить европейский мир, а значит, угрожала ей новой революцией. Во-вторых, создание балканского союза или конфедерации под эгидой России позволило бы препятствовать росту австро-венгерского и немецкого влияния на Ближнем Востоке, одновременно поднимая международный престиж России. В-третьих, Россия надеялась, что посредством вплетения Турции в более широкую и лояльную структуру Османскую империю удастся сохранить от крушения или дальнейшего отпадения ее территорий. Падение Османской империи представлялось несвоевременным, поскольку Россия пока еще недостаточно окрепла, чтобы защитить свои интересы в регионе [Бестужев 1931: 340].

С военной же точки зрения, хоть Столыпин и предпочитал уделять внимание внутренним нуждам государства, ситуация на

---

[12] Журнал Особого совещания по рассмотрению программы развития морских вооруженных сил России, 3 [16] августа 1909 г. Цит. в [Шацилло 1968: 323, 325]. О том, насколько непросто было Столыпину взять под контроль сухопутные и морские военные вопросы, свидетельствуют протестные замечания на том же совещании министра финансов Коковцова, заявившего, что никаких конкретных данных по строительству новых кораблей к нему не поступало, и посетовавшего, что «вот уже четыре с половиной года [после Цусимы], как объединенное правительство не имеет окончательной согласованной программы воссоздания флота». См. [Шацилло 1968: 327].

[13] MAE. Pa-ap 134. Panafieu v. 1. Panafieu — Pichon, 18 August 1909, ltr. 240.

Черном море вынуждала его увеличить ресурсы на обеспечение безопасности вдоль российских границ. Он полагал, что Балтийский флот должен быть мощнее и Черноморского, и Тихоокеанского, но что Черноморский флот должен быть «во всякое данное время» сильнее турецкого [Шацилло 1968: 331]. С середины 1909-го и в начале 1910 года в МИДе и на флоте сперва пошли слухи, а вскоре появились уже конкретные сведения, что Турция собирается либо перекупить уже заложенный для другой страны дредноут, либо же заказать новый[14]. Россия столь мощными кораблями не располагала, и безопасность ее морских границ оказывалась под угрозой, на что министр иностранных дел и указал в обращении к морскому министру — адмиралу Воеводскому, посетовав на безынициативность российской политики на Черном море [Шацилло 1968: 128]. Не дождавшись от Воеводского никакого ответа, Извольский (еще занимавший на тот момент пост министра) обратился напрямую к царю. На протяжении многих лет Николай II говорил о необходимости для России иметь в равной степени мощный военный флот как на севере, так и на юге страны, так что царь принял живое непосредственное участие в решении критически важных черноморских вопросов[15]. Однако даже личное вмешательство Николая мало повлияло на позицию Морского министерства.

Морское командование было убеждено, что, пока не окончено перевооружение Балтийского флота, с Черноморским ничего поделать невозможно. В конце весны 1909 года Морское министерство предложило превентивно закупить суда того же типа, что и Константинополь, чтобы Турция не могла таким образом нарастить военную мощь на Черном море; одновременно с этим также предполагалось увеличение Балтийского флота [Шацилло 1968: 126]. Выделения дополнительных ресурсов на развитие

---

[14] SHM. BB7. 132 d. Bompard — Pichon, 30 December 1909, dep. 604; MAE. NS. T. 162. № 31. Idem, 25 February 1910, tel. 77; O'Beirne — Grey, 30 August 1910, rep. 363 // BDFA. 1.A. 6. № 38.

[15] MAE. NS. Russia 84. Belloy — Ministre des Affaires Etrangeres, 30 March 1908, dep.; [Шацилло 1968: 129].

Черноморского флота в министерстве не планировали. 10 мая 1910[16] года Воеводский отослал Столыпину записку, в которой изложил три возможных ответа на турецкое перевооружение на море: дипломатический вариант состоял в истребовании с турок компенсации за подобное нарушение баланса сил; военный предполагал усиление сухопутных войск на Кавказе и подготовку к десантной операции где-нибудь на побережье Черного моря; наконец, последний, финансовый вариант адмирала фантастическим образом предполагал, что Россия сама могла бы заказать корабли на всех крупнейших верфях, так что все они окажутся заняты работой над русскими кораблями и не смогут поэтому взяться за турецкие[17]. Подобное легкомыслие ярко иллюстрирует желание морского начальства избежать ответственности в противостоянии с турками.

Получив вскоре более подробную информацию касательно турецких заказов на английских и немецких верфях, Столыпин и его единомышленники вновь с жаром принялись доказывать, что России необходимо существенно усилить Черноморский флот. И 2 августа 1910 года уже Столыпин отправляет Воеводскому письмо, настаивая на деятельной реакции морского командования на турецкое перевооружение. Столыпин писал, что

> русское правительство... не может оставаться безучастным к такому значительному усилению военно-морской мощи Турции, которое низведет на Черном море к положению подчиненному и даже для всего нашего черноморского побережья небезопасному. Очевидно, необходимо безотлагательно же приступить и с нашей стороны к мероприятиям, могущим уравновесить наше военное положение на Черном море с предстоящим увеличением турецкого флота[18].

---

[16] Даты здесь и далее даются по григорианскому календарю. — *Примеч. пер.*

[17] РГАВМФ. Ф. 418. Оп. 1. Д. 640. Л. 1–3. Воеводский — Столыпину, зап. и приложения, 10 мая 1910 года.

[18] РГАВМФ. Ф. 418. Оп. 1. Д. 668. Л. 5–6. Столыпин — Воеводскому, 2 августа 1910 года. Письмо 3834.

Лишь тогда Воеводский обратился к царю с предложением о постройке трех дредноутов на Черном море; корабли флотилия получила только в 1915 году[19]. Словом, даже успешно руководя внешней политикой, влиять на ее военно-морскую область Столыпину было весьма нелегко, не говоря уже о том, чтобы полностью ее контролировать.

Сазонов подчеркнул значение турецкой проблемы на состоявшейся 8 августа 1910 года встрече с французским поверенным в Петербурге Эктором де Панафье. Товарищ министра отметил, что, как только информация о турецких заказах найдет подтверждение, «Россия вынуждена будет в скорейшем времени принять необходимые меры, дабы господству ее на Черном море ничто не угрожало»[20]. Таким образом, русский МИД заверил французских союзников, что не допустит дальнейшего ослабления своих позиций в регионе, показывая Парижу, что и после дипломатического конфуза в Боснийском кризисе союз все еще отвечает интересам России [Шацилло 1968: 81].

За недолгое время, прошедшее с официального назначения Сазонова министром и вплоть до его вынужденного отпуска в связи с тяжелой болезнью в марте 1911 года, сложившаяся политическая ситуация практически не изменилась. Вместе со Столыпиным они стремились стабилизировать внешнеполитическую обстановку вокруг России, избегая осложнений в международных отношениях и стараясь при этом упрочить свои позиции на ближневосточным направлении. Столыпин всячески

[19] См. [Шацилло 1968: 130, 134]; РГАВМФ. Ф. 418. Оп. 1. Д. 668. Л. 13. Столыпин — Воеводскому, 24 августа 1910 года, псм. 4278; SHM. BB7. 120 d. r. Castelet — Ministre de la Marine, 1 January 1911, dep.; SHM. BB7. 131 d. c. Castelet — Ministre de la Marine, 22 December 1910, dep. 173. Кастеле отмечает в своем докладе по поводу готовящегося законопроекта о флоте, что на Черном море не существует мощностей, необходимых для подобных проектов, так что их реализация будет весьма нескорой и непростой. Он прибавляет, что и товарищ министра [Григорович], и начальник Морского генштаба так же [как и он] считают выполнение подобной программы (на юге и севере) сугубо отечественными силами практически невозможным (см. заключение доклада).

[20] MAE. NS. Russia 84. Marine. Panafieu — Pichon, 8 August 1910, dep. 245.

старался вынудить морское командование увеличить Черноморский флот, чтобы Россия и впредь сохраняла свое влияние в регионе, не опасаясь за безопасность своих юго-западных границ: военно-политическое ослабление России в зоне проливов означало бы практическую невозможность дальнейшего сдерживания австро-немецкой экспансии.

Механика принятия политических решений также оставалась неизменной до марта 1911 года. Следуя столыпинскому курсу избегания международных осложнений, чреватых войной, Сазонов принялся за разработку, совершенствование и претворение в жизнь новой внешней политики — так, сообща, они и определяли направление движения России [Зеньковский 1956: 254]. Лишь во время болезни Сазонова авторитет Столыпина, а с ним и всей его канцелярии сильно пошатнулся ввиду ряда непопулярных внутриполитических мер[21]. В сентябре 1911 года Столыпин был убит в Киеве. По возвращении на службу Сазонову предстояло отстаивать уже только собственные решения. Былая координация политических шагов иностранного и премьер-министра в дальнейшим лишь ослабевала, и Сазонов, невзирая на постоянные ограничения своей деятельности со стороны царя, все сильнее определял политический курс страны.

---

[21] Об оппонентах и конфликтах Столыпина внутри России см. [Hosking 1973; Ананьич и др. 1984; Ascher 2001; Weeks 1996].

2

Политический дрейф и Итало-турецкая война

Март 1911 года — октябрь 1912 года

Характер российской внешней политики, равно как и ее контекст, претерпели серьезнейшие перемены за полтора года, минувшие с начала непростого 1911-го. Перемены были обусловлены двумя событиями того года: во-первых, тяжело протекавшая болезнь Сазонова на девять месяцев практически парализовала любую его дипломатическую деятельность; во-вторых, в сентябре был убит Столыпин; более уже ни одному министру в истории царской России не удастся добиться подобного контроля над внешней политикой[1]. Тогда же, в сентябре, русская дипломатия столкнулась и с новой проблемой: Италия вторглась в османские владения в Ливии, спровоцировав тем самым серию военных конфликтов на европейской периферии, шедших практически без перерыва на протяжении 21 месяца[2]. Разгоревшиеся войны

---

[1] Исключением является разве что Б. В. Штюрмер, в 1916 году несколько месяцев исполнявший обязанности одновременно председателя Совета министров и министра иностранных дел. Но представляется очевидным, что даже тогда он в меньшей степени управлял внешнеполитическим курсом, чем Сазонов. Неопытность Штюрмера в вопросах международных отношений вкупе с должностными обязанностями председателя де-факто вручали дипломатические бразды министерским и посольским чиновникам. См. [Smith 1956: 404–405].

[2] Наиболее полное описание Ливийской войны представлено в [Askew 1942]; см. также [Childs 1990; Herrmann 1989; Stevenson 1996, chaps. 3, 4, esp. 225–229; Бестужев 1965: 57–60]. Подробнее о русско-итальянских отношениях см. [Albertini 1952–1957, 1: 306–311; Bosworth 1983: 62–70; Haywood 1999: 380–388].

осложнили жизнь дипломатам всех Великих держав: одни надеялись отложить большую континентальную войну до благоприятного момента, другие же — и вовсе ее избежать. Каждым последующим конфликтом все более высвечивалась растущая уязвимость Российской империи в зоне Черноморских проливов.

Когда в декабре 1911 года Сазонов вернулся к активному руководству Министерством иностранных дел, Петербург действовал в отношении Османской империи и Италии довольно сбалансированно, стремясь склонить первую к пересмотру режима проливов в пользу России. Сазонов тут же перешел к куда более проитальянскому подходу. Подавляющее большинство исследователей той эпохи либо вовсе не замечало, либо же недооценивало значение подобной смены курса на сближение с Италией с целью ослабить единодушие в Тройственном союзе, порой даже в ущерб российским интересам на Босфоре и Дарданеллах. Несмотря на то что в конечном счете подобная политика лишь частично сработала так, как того желал Сазонов, он внес немалый вклад в укрепление позиций России в проливах, одновременно поддерживая военно-стратегическое равновесие между Тройственной Антантой и Тройственным союзом.

Дипломатический дрейф в отсутствие капитана

В начале марта 1911 года Сазонов слег с тяжелой болезнью, вынудившей его отстраниться от управления министерством и следующие полгода провести за границей, лечась у иностранных врачей. Богатырским здоровьем он никогда не отличался, так что, вероятно, это было нечто вроде тонзиллита с высокой температурой. Поначалу Сазонов еще надеялся на скорое выздоровление, но через некоторое время все же решился сменить суровый петербургский климат и местных врачей на более способствующий выздоровлению швейцарский Давос[3]. Он подал прошение об отставке, которое Николай одобрить отказался, заверив Сазоно-

---

[3] FO. 800. 347. 50–53. Buchanan — Nicolson, 9 March 1911, pr. ltr.

ва, что ему сейчас следует позаботиться о своем здоровье, а делами пока царь займется самолично при содействии товарища министра А. А. Нератова [Сазонов 1927: 41]. Насколько позволяют судить документальные свидетельства, во время болезни Сазонов весьма мало влиял на внешнюю политику страны[4]: время от времени он имел встречи с проезжавшими Давос дипломатами, а с сентября уже более внимательно следил за событиями на внешнеполитической арене, получая копии важной корреспонденции[5]. В полном же объеме вернуться к исполнению своих обязанностей министра Сазонову удалось лишь в декабре.

Пока он приходил в себя, Турция продолжала наращивать военно-морские силы, что весьма тревожило российское правительство. В очередной раз тревогу забил посол в Константинополе (а некогда и кандидат в министры) Н. В. Чарыков, 15 апреля 1911 года известив Певческий мост о новом османском контракте на еще два британских дредноута. Встревоженный посол отметил, что прибытие кораблей в Турцию ожидается менее чем через два года, а это серьезнейшим образом повлияет на расстановку сил в Черноморском бассейне — и отнюдь не в пользу России. Конечно, великий визирь в беседе с Чарыковым подчеркнул, что Турция вовсе не настроена воевать с Россией, и даже пообещал, что линкоры не планируется базировать непосредственно в акватории Черного моря, однако же все это дипломатическое красноречие не особо успокоило русскую сторону[6]. В начале мая того же года русский дипломат А. А. Гирс заявил, что контроль над Черным морем является критическим фактором для обеспечения безопасности южных границ России, особенно учитывая возможность нападения со стороны Турции или кого-либо из ее союзников.

---

[4] Коковцов тогда сетовал на отсутствие сильного руководителя в иностранном министерстве, да и в целом на слабость русских послов в Европе (за исключением Извольского). См. АВПРИ. Ф. 340. Оп. 835. Д. 53. Л. 8–15. Коковцов — Извольскому, 1 декабря 1911 года, псм.

[5] См., например, АВПРИ. Ф. 340. Оп. 706. Д. 12. Л. 24–25. Неклюдов — Нератову, 12 октября 1911 года, псм.

[6] Charykov — Neratov, 15 April 1911, report // EDW. № 361.

Гирс настаивал, что именно русские дредноуты должны первыми войти в Черное море, в равной мере распространяя свою аргументацию и на Черноморские проливы: коль скоро Черному морю суждено сделаться главным — как он предлагал — русским морским форпостом, то Россия обязана иметь полное и «суверенное право прохода во все моря». То есть согласно данной стратегии России требовалось изыскать способ добиться для своих кораблей свободного прохода через проливы[7].

Впрочем, данный вопрос привлекал интерес не только дипломатов: в армии также считали, что России следует быть превентивно готовой к предотвращению любой османской угрозы. В июне 1911 года в Генеральном штабе прошло обсуждение усиления Турции, на котором среди прочего были рассмотрены и планы двадцатилетней давности о морском десанте на Босфоре — заключение было единогласным: «высадка на Босфоре при нынешнем соотношении [русских и турецких] морских сил — невыполнима»[8]. Вследствие обсуждения военный министр В. А. Сухомлинов испросил — и получил — царское дозволение сосредоточить необходимые ресурсы для обеспечения готовности к подобной экспедиции.

С разгоревшейся 29 сентября 1911 года Итало-турецкой войной вопрос безопасности на Черном море стал подниматься еще чаще. Война началась вследствие целого ряда различных событий. Во-первых, Королевство Италия чаяло возродить былой престиж как среди собственных подданных, так и на международной арене; в 1911 году как раз отмечали пятидесятилетие объединения Италии, так что Рим всячески старался добиться — особенно после унизительного поражения в сражении при Адуа в 1896 году от Абиссинии [нынешние Эфиопия и Эритрея] — признания в качестве великой европейской державы. Во-вторых, Италия спешила захватить как можно больше африканских территорий,

[7] АВПРИ. Ф. 138. Оп. 467. Д. 458/477. Л. 13–14. Гирс — в Министерство иностранных дел, 17 мая 1911 года, псм.

[8] РГВИА. Ф. 2000. Оп. 1. Д. 2219. Ч. 2. Л. 145–146. Сухомлинов — Николаю II, 30 июня 1911 года, рап. 172.

пока прочие европейские колонизаторы ее в этом не опередили. К тому времени неподконтрольной какому-либо европейскому государству африканской земли оставалось не так уж и много, так что Италия уже давно положила глаз на османские средиземноморские провинции в Ливии (Триполитанию и Киренаику). В-третьих, правительство Италии желало наконец пожать плоды длительной дипломатической подготовки к аннексии Ливии, пользуясь моментом, когда Великие державы были заняты совсем другими вопросами: Франция с Германией пытались разрешить кризис вокруг французского контроля над Марокко; Великобритания настаивала, что и она должна иметь при этом право голоса, а Россия с Австро-Венгрией просто выступали в поддержку своих союзников. В-четвертых, более удачного шанса заполучить лакомые провинции могло потом и не представиться: еще в Младотурецкую революцию 1908 года в Турции раздавались угрожающие призывы провести радикальную модернизацию в целях укрепления контроля за оставшимися североафриканскими владениями Константинополя; также и дредноуты, законтрактованные турками у англичан, обещали серьезно осложнить итальянское вторжение; кроме того, окончательно поглотив Марокко, Франция, может статься, уже не выкажет требуемого понимания аналогичным итальянским действиям в Ливии; к тому же в 1912 году предстояло очередное продление договора Тройственного союза, и Италия опасалась, что за закрепление результатов этих ее маневров в новом соглашении Австро-Венгрия потребует компенсации; Германия же вряд ли заняла бы сторону Италии, ибо в ее стратегических позициях именно Австро-Венгрия имела решающее значение.

Итак, в конце сентября 1911 года итальянское правительство под руководством премьер-министра Джованни Джолитти развернуло боевые действия против турецких войск; итальянские силы быстро заняли важные прибрежные города и ожидали скорого окончания войны. Однако турки продолжили сражаться, поднимая против европейских захватчиков местное арабское население. При этом Константинополь был вполне готов ради спасения международного престижа заключить с итальянцами мир, по которому провинции фактически доставались бы им, лишь де-юре сохраняя османский суверенитет; Рим же настаивал на полной и безоговорочной аннексии. На это турецкий султан пойти не мог; туркам тем временем удалось сдержать наступление итальянцев на побережье, что воодушевило османское руководство и далее затягивать войну[9].

Спустя неделю после начала войны российский морской министр адмирал И. К. Григорович изложил свои соображения по этому поводу Сухомлинову; пусть тогда и предполагалось, что военные действия будут локализованы лишь в ливийских провинциях, Григорович считал необходимым держать Черноморский флот в состоянии боевой готовности, выразив опасения, что война распространится и на Балканы, вынуждая Россию вмешаться, возможно даже вплоть до высадки на Черноморском побережье. Он предлагал как можно скорее дать указание морскому и сухопутному штабам начать моделирование новых сценариев десантной операции[10]. Товарищ Сухомлинова генерал А. А. Поливанов одобрил предложение о приведении в готовность флотилии, однако общее обсуждение военных планов отложил, желая предварительно провести совещание с командующим войсками Одесского округа[11]. Как видно, армейское командование не слишком спешило исполнять июньское распоряжение Николая о подготовке к возможной черноморской операции; на флоте же, оценивая динамику событий, относились к делу все серьезней.

Пока вооруженные силы готовились к возможным маневрам, определенные шаги предпринимал и константинопольский посол Чарыков: он решил, что, пока война с Италией отнимает у Турции много сил и ресурсов, настал удобный момент для новых переговоров по проливам. Чарыков гарантировал турецкой стороне

---

[9] См. анализ у [Herrmann 1989].
[10] РГВИА. Ф. 2000. Оп. 1. Д. 2219. Ч. 2. Л. 212. Григорович — Сухомлинову, 6 октября 1911 года, псм. 2641/218.
[11] РГВИА. Ф. 2000. Оп. 1 Д. 2219. Ч. 2. Л. 213. Поливанов — Григоровичу, [10?] октября 1911 года, псм. 958; Там же. Л. 214. Поливанов — командующему одесским штабом,[10?] октября 1911 года, псм. 959.

безопасность Константинополя и его окрестностей в обмен на новое соглашение, предусматривающее беспрепятственный проход русских судов через Босфор и Дарданеллы. Словом, он надеялся дипломатическим путем склонить чашу весов в пользу России. Подробности переговорного процесса многократно описаны в соответствующих исследованиях[12], но их основные эпизоды, пожалуй, все же стоит рассмотреть. Чарыков являлся давним приверженцем мирного разрешения черноморской ситуации, поскольку не сомневался, что младотурки склонны к договору с Россией. Настойчивости в поисках взаимовыгодного решения Чарыкову прибавляла также и (вполне резонная) убежденность, что Британия в настоящий момент куда менее интересуется судьбой проливов, чем в предыдущем столетии, а значит, и не будет слишком противиться ее переменам с участием России[13]. Впрочем, на действия Чарыкова влиял и еще один немаловажный фактор, ускользавший от внимания исследователей, — вакуум власти, воцарившийся вслед за убийством Столыпина. Дэвид Макдональд, к примеру, указывает, что Сазонову недоставало авторитета, в силу чего Чарыков пользовался некоторой независимостью, самостоятельно принимая те или иные решения, — что, конечно, справедливо, однако главным катализатором последующих событий явилась именно смерть Столыпина, о чем Макдональд упоминает лишь вскользь. Как верно замечает Эдуард Тайден, обсуждение разных моделей отношений с турками шло с лета 1911 года, но Чарыков предпочел перейти

---

[12] Наиболее тщательный на данный момент разбор так называемого «демарша Чарыкова» представлен в [Thaden 1956]. Более беглый анализ см. в работах [Askew 1942, chap. 5; Mosely 1940; Bodger 1984]; марксистский подход см. в [Галкин 1957]. Работа Уильяма Лангера «Россия, вопрос о проливах и истоки Балканской лиги» [Langer 1928] весьма примечательна как веха в историографии этих событий, однако в научно-историческом смысле ныне уже сильно уступает более поздним работам (вроде перечисленных выше), опирающимся на новые публикации документов и ставшие доступными архивные материалы.

[13] Charykov — Izvolskii, 8 December 1909, ltr. // EDW. № 576. Об отношении к проливам Британии см. [Miller 1997, pt. 3; Neilson 1995a: 114–115, 233, 284].

к активным действиям лишь после убийства Столыпина, в результате которого управление российским внешнеполитическим курсом перешло в неумелые и неопытные руки товарища иностранного министра Нератова и министра финансов Коковцова. К сентябрю Сазонов достаточно окреп и выражал надежду, что вернуться в Россию ему удастся уже к середине ноября; пока же министр окончательно поправлялся, Чарыков мог действовать куда шире, чем предписывали поступавшие из Петербурга инструкции[14].

Так что, когда в октябре Нератов поднял вопрос о возможных переговорах, Чарыков вдвойне загорелся этой идеей и перешел к активным дипломатическим шагам, явно превышавшим полномочия, данные ему Нератовым, из писем которого Чарыков, очевидно, вычитывал ровно то, что сам желал прочесть, убежденный, что шаги его пользуются единодушной поддержкой не только в Петербурге, но и среди партнеров по Антанте. У последних (равно как у Германии с Австро-Венгрией), впрочем, развернутая им деятельность вызвала недовольство: ни Франция, ни Англия никоим образом не поддержали Россию, как на то рассчитывал сам Чарыков, а вполне вероятно, и Нератов. Со всей этой историей Россия оказалась на грани дипломатической изоляции.

Возвращение Сазонова

В сложившейся ситуации поправившийся к тому моменту Сазонов принял решение дезавуировать переговоры. Покинув Швейцарию, он первым делом отправился на несколько дней в Париж; встретившись с Извольским и русским послом в Лондоне А. К. Бенкендорфом, он детально обсудил с ними последние события и выяснил, что в столицах союзных стран весьма недовольны маневрами Чарыкова. Видя, что ситуация требует безот-

---

[14] АВПРИ. Ф. 340. Оп. 706. Д. 18. Л. 239–242. Сазонов — Савинскому, 14 сентября 1911 года, псм. Также см. [McDonald 1992b: 166].

лагательных мер, Сазонов еще до отбытия из Парижа объявил, что переговоры окончены. 9 декабря он дал указание Чарыкову уведомить Порту, что любые предложения и проекты, обсуждавшиеся в ходе переговоров, отражали лишь его «личную позицию» и не могут считаться официальным предложением русского правительства[15]. В тот же день в интервью парижскому *Le Matin* и в частной беседе с французским коллегой Сазонов опроверг утверждение, что инициатива Чарыкова была санкционирована официально[16]. Подобными заявлениями Сазонов окончательно расставил все точки над i, и, несмотря на отчаянные попытки Чарыкова продолжить переговоры, всем уже стало ясно, что таковых не последует[17].

До сих пор исследователи не дали удовлетворительных объяснений мотивов Сазонова, побудивших его сперва опровергнуть официальный характер действий Чарыкова и пресечь их, а затем, спустя несколько месяцев, и отозвать того из Константинополя. На первый взгляд эта ситуация выглядит вполне ясно: Сазонов решил осадить посла, превысившего данные ему полномочия. Вскоре после отбытия Чарыкова из Константинополя Сазонов признавался британскому послу сэру Джорджу Бьюкенену, что тот проигнорировал данные ему весьма четкие инструкции касательно характера октябрьских переговоров и, «как выразился Сазонов, перемахнул любые границы», установленные для них Петербургом[18]. Хуже того, получив уже декабрьские, совершенно четкие инструкции от Сазонова, Чарыков их вновь проигнорировал. Он «затеял интригу, прямо действуя против собственного правительства. <...> Невозможно, чтобы посланник приводил

---

[15] Сазонов — Нератову, 9 декабря 1911 года, тел. 188 // МО. 2.19.1. № 186.

[16] De Selves — P. Cambon and Bompard, 9 December 1911, tels. 858 and 542 // DDF. 3.1. № 326.

[17] Более позднее мнение об этом дипломатическом развороте высказывает французский дипломат Морис Бомпар (Bompard — Minister of Foreign Affairs, 13 January 1912, report 17 // DDF. 3.1. № 465), считающий его, впрочем, куда более кардинальным, чем было на деле.

[18] Buchanan — Nicolson, 21 March 1912, private ltr. // BD. 9.1. № 563; а также FO. 800. 354. 56–64.

в жизнь взгляды, противонаправленные политике, указываемой его правительством»[19]. Так что Сазонов просто не мог оставить Чарыкова в Константинополе, где бы тот и далее продолжил подрывать политику своего министра.

С подобным объяснением имеются две проблемы. Во-первых, тщательный анализ документов (как, скажем, представленный в работе Тайдена) показывает, что Чарыков отнюдь не столь злостно превысил данные ему полномочия, как Сазонов сетовал по этому поводу Бьюкенену. На протяжении всего лета Нератов и Извольский обсуждали план, весьма схожий с тем, что осенью принялся осуществлять Чарыков. Кроме того, сам Чарыков вел с Нератовым активную переписку, так что нельзя сказать, что на Певческом мосту пребывали совсем «во тьме неведения» по поводу происходящего в Константинополе. Да, Чарыков действовал активнее, чем это предписывалось инструкциями Нератова, однако едва ли «перемахивая любые границы» [Thaden 1956: 27 ff.][20].

Вторая же причина усомниться в том, что Сазонов лишь поставил на место зарвавшегося посла, заключается в том, что по поводу многих других случаев дипломатического самоуправства он не предпринимал вообще никаких мер. Самым показательным примером здесь является, пожалуй, Н. Г. Гартвиг — русский посол в Белграде с 1909-го по июль 1914 года, ярый славянофил и (после отставки Извольского) видный претендент на министерское кресло. С 1912 года Гартвиг последовательно подталкивал Сербию к более агрессивным политическим шагам, которые не имели бы места без его вмешательства и при этом не были предписаны ему министерскими инструкциями[21]. Деятельность Гартвига привлекла такое внимание, что дипломаты прочих держав в Белграде

---

[19]   Ibid.

[20]   Какую бы версию ни продвигал сам Сазонов, некоторые современники были уверены, что действия Чарыкова вовсе не были столь уж неуместными и дерзкими. См., например, Bompard — de Selves, 10 December 1911, tel. 576 // DDF. 3.1. № 332.

[21]   Примерно таким же образом Гартвиг действовал и на своем предыдущем посту в Тегеране. См. [Lieven 1983: 40–41; Siegel 2002: 31, 39–41].

сетовали на него своим правительствам, а те, в свою очередь, обращались к Сазонову²². Последний неоднократно ставил на вид Гартвигу, что вести себя так не подобает, однако всякий раз без ощутимого эффекта. Русский посол в Сербии сменился лишь со смертью Гартвига. Логично было бы ожидать, что вместо столь ретивого подчиненного Сазонов назначит кого-то более покорного, лояльного его курсу; однако ничего подобного он так и не предпринял. Так что и впредь некоторые высокопоставленные посольские и министерские чиновники порой позволяли себе самостоятельные решения, весьма редко оборачивавшиеся их отставкой²³. Если учитывать подобное отношение, отстранение Чарыкова представляется для тогдашнего министерства событием необычайным, корни которого, похоже, гнездятся куда глубже.

Скорее, пожалуй, следует заметить, что зима 1911–1912 годов была совершенно неподходящим временем для постановки — Чарыковым или кем бы то ни было еще — российских вопросов по проливам. Слишком уж много событий происходило на дипломатической сцене, и Сазонову было важно укрепить поддержку со стороны держав Антанты. Отношения с Великобританией, с одной стороны, то и дело омрачались проблемами в Персии, которые министр подробнейшим образом обсуждал в Париже, едва оправившись от болезни²⁴. Вследствие встреч с Сазоновым и Бенкендорфом Извольский опасался за будущее Антанты, предостерегая Нератова от дальнейшего ухудшения персидской

²² См., например, Paget — Grey, 10 October 1912, tel. 30 // BD. 9.2. № 11; Idem, 19 October 1912, ltr. 69; Ibid. № 48; Grey — Buchanan, 31 March 1913, tel. 284 // Ibid. № 764; Idem, 8 April 1913, private tel. // Ibid. № 819; Buchanan — Grey, 9 April 1913, private tel. // Ibid. № 821.

²³ Также неоднократно в самочинстве упрекались Извольский, посланник в Париже, и Неклюдов — в Софии. Впрочем, проблема не являлась сугубо российской: сэр Фрэнсис Берти, британский посол во Франции, не всегда подчинялся лондонским указаниям — см. [Williamson 1969], — равно как нередко принимали собственные политические решения и некоторые французские посланники — скажем, Камиль Баррер или Морис Палеолог. См. [Hayne 1993, chap. 4 and 118, 294–301; Stengers 1987].

²⁴ Подробный разбор см. в [Siegel 2002; Kazemzadeh 1968; McLean 1979].

ситуации, чреватого разрывом с Англией[25]. Учитывая невнятную позицию англичан, Сазонов отнюдь не желал следовать пути, ведущему к какому-либо из двух опасных сценариев: во-первых, связанное с Персией охлаждение между Лондоном и Петербургом сказалось бы в том случае, если бы агрессивная политика в отношении Османской империи обернулась для России войной, в которой Лондон не слишком спешил бы предоставить союзной державе необходимую помощь; во-вторых, даже если бы Турция с Россией мирно договорились по смене режима проливов, не было никаких гарантий, что англичане такой договор одобрят или хотя бы молчаливо его примут. Глава британского МИДа сэр Эдуард Грей неоднократно подчеркивал, что в целом поддерживает российские интересы в регионе, настаивая при этом, что это самое большее, на что он способен, — он подразумевал, что для окончательного принятия подобных перемен в режиме проливов потребуется конференция европейских держав, поскольку и прежнее соглашение по проливам заключалось не двумя, а целым рядом государств. Для успешного исхода подобной конференции России было бы необходимо заручиться британской поддержкой, чему весьма помешали бы разногласия в Персии.

С другой стороны, франко-русские союзные отношения были далеко не столь взаимовыгодны, как ожидалось. Франция и Германия до сих пор пытались уладить последствия недавнего марокканского конфликта, разгоревшегося весной — летом 1911 года и известного как Агадирский кризис[26]. Опасения французов приводили к тому, что они неохотно поддерживали любые силовые меры, чреватые войной с немцами; к тому же вялая поддержка со стороны российских дипломатов ничуть не способствовала появлению у французов желания отстаивать интересы русских союзников. Ни словом не обмолвившись в своих воспоминаниях о Чарыкове, Сазонов тщательно описывает франко-немецкие отношения, с очевидностью демонстрируя, что ситуация в Марокко занимала его куда более Чарыкова.

[25] Извольский — Нератову, 7 декабря 1911 года, псм. 170 // МО. 2.19.1. № 170.
[26] Об Агадирском кризисе см. [Barraclough 1982].

Словом, учитывая явное недовольство французов, требовать от них теперь поддержки столь радикальных дипломатических маневров, чреватых новыми осложнениями в отношениях с Центральными державами, было просто бессмысленным.

Еще более подобное отношение Сазонова усугублялось его прекрасным пониманием того, что русская армия до сих пор не готова к большой войне. И опять же, судя по всему, он уже тогда опасался, что военный конфликт с Турцией вызовет цепную реакцию со стороны прочих держав. Пусть доподлинно не известно, какими сведениями располагал Сазонов относительно состояния армии, находясь за границей, но трудно представить, чтобы он вдруг позабыл, как всего год назад в правительстве обсуждали, что понадобится еще хотя бы несколько лет на необходимое укрепление армии. Вышеперечисленные факторы вкупе с непрерывными спорами касательно финансирования и строительства железных дорог в Северо-Восточной Анатолии, не говоря уже о разногласиях среди Великих держав по финансовым вопросам в Китае и турецко-персидской границе, — все это лишь подтверждало мнение Сазонова, что Россия пока не может военным путем обеспечить удовлетворение своих интересов. Путь же более безопасный, который и был Сазоновым избран, предполагал просто отложить вопрос о проливах до более благоприятной поры.

Атака на Дарданеллы

Итак, во время Итало-турецкой войны Россия темы проливов не касалась, не желая ни подвергать риску поддержку своих партнеров по Антанте, ни ввязываться в вооруженное противостояние. Согласно выработанному Сазоновым курсу укрепление отношений с новоявленными итальянскими партнерами не только не мешало российским интересам в проливах, но даже напротив: помогая Риму, Сазонов как раз и надеялся в дальнейшем усилить дипломатические позиции России.

Русско-итальянские отношения Сазонов рассматривал отчасти в свете последних эпизодов их взаимных реляций. Важной вехой в этих отношениях стало соглашение, подписанное русским и итальянским иностранными министрами 24 октября 1909 года в Ракконнджи. С 1882 года Италия являлась членом Тройственного союза, вместе с Германией и Австро-Венгрией образуя оборонительный альянс. Несмотря на это, именно Австро-Венгрия являлась главной препоной, мешавшей окончательному триумфу Рисорджименто — возрождения единой Италии, — поскольку Вена контролировала Триест, Истрию, часть Далмации вдоль побережья Адриатического моря и прочие земли, которые Рим считал исконно итальянскими владениями [Bosworth 1983: 54–57]. Австрийская экспансия на Балканах угрожала итальянским интересам в Восточной Адриатике, так что Рим и Санкт-Петербург легко нашли взаимопонимание в вопросе сдерживания австрийской активности. Согласно подписанному в замке Ракконнджи соглашению, стороны поддерживали статус-кво Балкан и признавали русские и итальянские интересы в проливах и Ливии соответственно; таким образом, обе державы несколько усиливали свои дипломатические позиции по важным для них вопросам[27]. Ко времени Итало-турецкой войны российский МИД возобновлял попытки вовлечь балканские государства в союз под эгидой России, призванный противостоять австрийской экспансии, и Италия являлась важной составляющей плана Сазонова по ограничению венского влияния на полуострове. Однако отсутствие твердого внешнеполитического курса во время его болезни в 1911 году серьезно пошатнуло русско-итальянские отношения[28].

Следовательно, чтобы сохранить и укрепить поддержку со стороны Италии, Сазонов выступал против попыток других Великих держав ограничить ее действия в Ливии или завершить конфликт без достижения поставленных Италией целей. Вскоре

[27] См. [Albertini 1952–1957, 1: 306–308]. Франция также имела особое понимание ситуации с Италией по вопросам Марокко и Триполи с Киренаикой соответственно. Страны договорились о взаимном нейтралитете на случай внешнего нападения или провокации. См. [Keiger 1983: 56–57].

[28] Rodd — Grey, 28 November 1911, ltr. 260 // BD. 9.1. № 327.

по возвращении в Россию, в конце декабря 1911 года, он предложил великим европейским державам совместно вмешаться в конфликт и убедить Порту признать итальянскую аннексию Триполи[29]. Это первое формальное предложение было принято не слишком радушно как Великими державами и турками, так и самими итальянцами[30], так что Сазонов решил действовать иначе. Еще 11 февраля он направил европейским державам неофициальное предложение, а 21-го обнародовал официальный меморандум, согласно которому Великие державы становились посредниками в разгоревшемся конфликте и должны были обращаться для консультаций сперва к итальянскому правительству, чтобы выяснить, на какие уступки оно было бы готово пойти, и лишь затем — к турецкому[31]. Центральные державы довольно скоро согласились на план Сазонова[32], однако французский премьер-министр Раймон Пуанкаре занял позицию резко оппозици-

---

[29] Подробнее об этих дипломатических маневрах см. [Askew 1942: 164–177; Childs 1990: 108–112]; Panafieu — de Selves, 25 December 1911 // DDF. 3.1. № 393; Buchanan — Grey, 26 December 1911 // BD. 9.1. № 350; Сазонов — Извольскому, Бенкендорфу, Остен-Сакену, Н. Гирсу и Долгорукову [сперва отправлено на рассмотрение Коковцову], 28 декабря 1911 года, псм. 799 // МО. 2.19.1. № 275; [Giolitti 1923: 289–290]. Чайлдс ошибочно указывает, что 27 января имело место повторное предложение, хотя это было лишь продолжение декабрьских переговоров; см. циркуляр Сазонова [к означенным выше адресатам прибавился также Чарыков] от 27 января 1912 года, псм. 19 // МО. 2.19.2. № 394.

[30] См. Barrère — de Selves, 4 January 1912, tel. 4 and 5 // DDF. 3.1. № 432; Сазонов — Извольскому, Бенкендорфу, Остен-Сакену, Н. Гирсу и Долгорукову, 11 января 1912 года, тел. 2267 // МО. 2.19.1. № 336; Н. Гирс — Сазонову. 1912. 12 января, тел. 106 // МО. 2.19.1. № 340; [Childs 1990: 110].

[31] Сазонов — Бенкендорфу, 1912. 11 февраля, тел. 187 // МО. 2.19.2. № 445; Сазонов — Бьюкенену, 1912. 21 февраля, пам. зап. № 77 // МО. 2.19.2. № 506; Buchanan — Grey, 21 February 1912, tel. 73 // BD. 9.1. № 369. Незнакомый ни с документами, приведенными в МО, ни, по-видимому, с BD, Чайлдс считает, что Сазонов вел игру «бесчестную» и «лукавую» [Childs 1990: 118]. Сравнивая же документы, обнаруженные им в османских архивах, с европейскими и русскими, можно прийти к выводу, что нечестно играли как раз англичане по отношению к туркам. Сазонов, несомненно, умел, когда нужно, утаить правду, но это был явно не тот случай.

[32] Rodd — Grey, 29 February 1912, tel. 29 // BD. 9.1. № 371.

онную, настаивая, что консультации надлежит вести одновременно с обеими воюющими странами, чтобы не допустить и намека на протекционизм и предвзятость. Также его задело и то, что он был последним, кто получил от русских приглашение, несмотря на союзнические отношения Франции с Россией[33]. В своем ответе от 1 марта Сазонов парировал, что никакого протекционизма в том, чтобы сперва запросить условия Италии, нет и в помине — даже напротив: ведь в итоге Турции будет представлен целый список уступок, на которые итальянцы уже согласны пойти. Он был убежден, что Турция не откажется от переговоров с Великими державами лишь оттого, что первый их раунд прошел в Риме[34]. Несмотря на то что к 3 марта Сазонов с Пуанкаре уже, казалось, достигли компромисса, последний, опасаясь публичного раздора внутри Тройственной Антанты вслед за ожидавшимся одобрением плана Сазонова Великобританией, решил принять таковой во всей его полноте[35]. Обсуждение деталей растянулось еще на несколько недель, но, так или иначе, Сазонову удалось отстоять свою позицию и позволить Италии первой озвучить свои пожелания. И тем не менее намеченному Сазоновым плану не суждено было сбыться [Askew 1942: 181–185].

Уже вскоре развернулись новые дебаты: глава британского ведомства сэр Эдуард Грей предложил державам потребовать у Италии гарантий, что та не станет расширять театр военных действий за пределы Ливийского побережья. После успешного для итальянцев боя у Бейрута в конце февраля Британия надеялась не допустить следующей атаки у Дарданелл и в прилегающих

---

[33] Poincaré — Barrère et al., 26 February 1912, tel. 236 et al. // DDF. 3.2. № 103; Poincaré — Vieugué, 28 February 1912, tel. 204 // Ibid. № 120.

[34] Сазонов — Извольскому, 1 марта 1912 года, тел. 316 // МО. 2.19.2. № 566; Vieugué — Poincaré, 1 March 1912, tel. 105 // DDF. 3.2. № 131. Уверенность в том, что воюющие стороны согласятся на подобное посредничество, Сазонов изъявил затем и в частном письме Извольскому от 7 марта 1912 года. См. АВПРИ. Ф. 340. Оп. 835. Д. 9. Л. 7–10.

[35] Сазонов — Извольскому, 2 марта 1912 года, тел. 328 // МО. 2.19.2. № 578; Vieugué — Poincaré, 2 March 1912, tel. 108 // DDF. 3.2. № 141; Poincaré — Vieugué, 2 March 1912, tel. 214 // DDF. 3.2. № 140.

водах, поскольку тогда Турция была бы вынуждена закрыть проливы для всех судов, лишая англичан важнейшего торгового маршрута[36]. Учитывая, что и Россия зависела от этого пути, схожие шаги русского правительства выглядели бы вполне логично, но ничего подобного Сазонов не предпринял. Он действовал в русле прежних планов о посредничестве, жертвуя неприкосновенностью проливов в угоду итальянцам. 29 февраля он заявил Бьюкенену, что не считает, что европейские державы вправе требовать от Италии ограничить фронт ее действий, поскольку таким образом они нарушили бы собственный нейтралитет. Возможные последствия отказа Рима предоставить державам гарантии Сазонов отверг, заметив, что «это ведь, впрочем, очередное и печальное следствие всех войн — что от них с неизбежностью терпят урон торговые интересы нейтральных стран»[37]. Уже через месяц он запоет совершенно на иной лад о торговле с турками. Еще более удивительным подобное отношение Сазонова к Италии представляется в свете последующей его жесткой позиции по поводу военных маневров Болгарии и Греции — государств куда более скромных в сравнении с Италией, — когда те начинали медленно продвигаться к турецкой столице. У него возникнут подозрения даже в отношении английских и французских намерений во время Дарданелльской операции 1915 года.

Проводя описанную политику, Сазонов руководствовался двумя серьезными причинами, вытекавшими, по сути, из его общего понимания ситуации с проливами. Во-первых, он полагал, что любой итальянский наступательный маневр на деле обернется скорее скоротечным набегом, чем продолжительной военной операцией — 5 февраля 1912 года он прямо заявил французско-

---

[36] Grey — Bertie, 28 February 1912, tel. 78 [as tel. 169 — Buchanan] // BD. 9.1. № 370; Бенкендорф — Сазонову, 28 февраля 1912 года, тел. 47 // МО. 2.19.2. № 549. Составители МО дают к этой телеграмме примечание, свидетельствующее о перехвате русской разведкой британских депеш, в которых шла речь о минировании проливов; эти донесения, однако же, так и не были опубликованы в серии BD.

[37] Buchanan — Grey, 5 March 1912, tel. 74 // BD. 9.1. № 377; [Giolitti 1923: 297].

му послу в Петербурге Жоржу Луи, что его «мало тревожит Италия в Дарданеллах»[38]. Свою невозмутимость он пояснил двумя неделями позже, отметив, что Италия — это «единственная держава, которая сумела бы зайти туда, там не оставшись»[39]. В стратегическом плане Италия оказалась в весьма затруднительном положении: недружественные маневры Австро-Венгрии вынуждали поддерживать численность и готовность контингента на границе, а доступные резервы уже были заняты в Ливийской кампании. Таким образом, наиболее вероятно, что итальянское наступление в Малой Азии и Европейской Турции могло состояться лишь на море, имея целью, во-первых, указать туркам, что итальянцы способны атаковать их даже вблизи от дома, во-вторых, заставить тех озаботиться все возрастающими военными расходами и, в-третьих, вынудить пойти на итальянские мирные условия. Операции подобного рода, конечно, не несли русским интересам в проливах никакой угрозы.

В самом деле, морское нападение итальянцев могло этим интересам даже поспособствовать — и подобная вероятность являлась второй причиной, по которой Сазонов поддерживал итальянское наступление. Как и прочие европейские державы, Сазонов также опасался, что, если война с турками затянется, балканские государства — под предлогом какого-либо инцидента на полуострове и ради укрепления собственного влияния — обязательно нападут на ослабленную войной Турцию[40]. Как уже отмечалось, военное руководство уже приступило к моделированию сценариев на случай, если война перекинется на Балканы[41]; о том же настоя-

---

[38] Louis — Poincaré, 8 April 1912, tel. 181 // DDF. 3.2. № 308.

[39] Ibid.

[40] См. более ранние замечания Сазонова, высказанные французскому поверенному в Петербурге: Panafieu — de Selves, 25 December 1911, report 345 // DDF. 3.1. № 393. Это донесение было распространено среди членов Кабинета министров и руководства МИДа. См. также Сазонов — Извольскому, Бенкендорфу, Остен-Сакену, Н. Гирсу и Долгорукову [сперва отправлено на рассмотрение Коковцову], 28 декабря 1911 года, псм. 799 // МО. 2.19.1. № 275.

[41] РГВИА. Ф. 2000. Оп. 1. Д. 2219. Ч. 2. Л. 212. Григорович — Сухомлинову, 6 октября 1911 года, псм. 2641/218.

тельно напоминал и Сазонов, опасаясь, впрочем, что русское вмешательство на полуострове быстро перерастет в общеевропейский конфликт[42]. Успех итальянской экспедиции в проливах на деле продемонстрировал бы туркам, что противник в силах атаковать, где сочтет нужным, и это позволило бы приблизить подписание мира, не дожидаясь нападения с Балкан; если же в ходе морского сражения итальянцы потопят часть турецкого флота, то и против того в Петербурге ничуть не возражали[43].

Сазонову столь по душе пришлась идея подобного «удара милосердия» в проливах, что в первых числах апреля он заявил итальянскому правительству, будто Османская империя никогда не признает аннексию Ливии — если только не потерпит разгромного поражения. Дежурно предупредив Италию от атаки на Дарданеллы, он далее заметил, что если Италия «тем не менее сочтет подобное предприятие необходимым, то ей надлежит действовать молниеносно, дабы поставить Европу перед *fait accompli* (свершившимся фактом)[44]. Итальянский премьер-министр Джованни Джолитти вспоминает, что Сазонов чуть ли не прямо призывал их действовать [Giolitti 1923: 295]. Безусловно, Сазонов надеялся, что атака на проливы ускорит признание турками утрату ливийских провинций, но подобные заявления подтверждают также и то, что творцы русской внешней политики не в меньшей степени надеялись на разрешение патовой ситуации между Италией и Турцией до того, как ею воспользуются балканские государства[45].

---

[42] РГИА Ф. 1276. Оп. 7. Д. 471. Л. 32–39. Сазонов — Коковцову, 23 января 1912 года, псм. 16; Louis — Poincaré, 30 January 1912, tels. 31 and 32 // DDF. 3.1. № 566; Сазонов — Извольскому, 7 марта 1912 года, псм. 113 // МО. 2.19.2. № 596.

[43] Louis — Poincaré, 8 April 1912, tel. 181 // DDF. 3.2. № 308; [Rossos 1981: 34–36]. Россос подчеркивает роль Итало-турецкой войны в планах балканских государств, но игнорирует Италию в контексте балканской политики Сазонова. Так что Италии в своей работе о Балканах Россос практически не касается.

[44] Poincaré — representatives in London, Rome, Constantinople, Vienna, St. Petersburg, Berlin, Sofia, 7 April 1912, tels. 291, 327, 199, 130, 297, 204, 50 // DDF. 3.2. № 306.

[45] Несмотря на заверения об обратном, см., например, Buchanan — Grey, 18 September 1912, ltr. 283 // BD. 9.1. № 722.

Россия, со своей стороны, рассчитывала на образование союза балканских государств, призванного решительно противостоять австрийским планам, надеясь, что и договор с Италией возымеет аналогичное действие. Сазонов стремился к как можно более тесному сотрудничеству с итальянцами, чтобы закрепить, а по возможности даже укрепить их поддержку на Балканах, — и потому выдвинул свое предложение о медиации конфликта, куда более благоприятное для Италии, получавшей право вперед Турции заявить о своих условиях. Также он оппонировал британскому министру Грею, предлагавшему обязать Италию гарантировать нерасширение военных действий за пределы ливийского театра, то есть не атаковать проливы — пусть даже потенциально и в ущерб русской торговле, зависящей от возможности судов заходить в Черное море и выходить из него. Пытаясь уяснить причины подобного потепления Сазонова к Италии, французский посол Жорж Луи в телеграмме министру от 21 февраля высказал предположение, что русские рассчитывают при помощи итальянцев сблизиться с Австрией. Кроме того, полагает он, в России еще жива горькая память о Боснийском кризисе 1908 года, что и сказывается на отношениях держав. Сближения же с Австро-Венгрией Россия искала, чтобы легче «наблюдать и сдерживать» империю Габсбургов — к чему также стремилась и Италия[46]. Спустя неделю после упомянутой выше телеграммы французского посла Сазонов высказался в подобном ключе и в беседе с Бьюкененом, так описывавшим этот разговор:

> ...изо всех сил [Сазонов] пытался избежать любых шагов, потенциально чреватых возражением со стороны итальянского правительства, пытаясь удержать отношения держав в наиболее дружеском русле. Италия <...> являлась ценным противовесом Австрии на Балканах, и со времен встречи в Ракконджи русское и итальянское правительства находились в тесном контакте относительно своей политики на полуострове[47].

[46] Louis — Poincaré, 21 February 1912, tels. 73, 74, 75 // DDF. 3.2. № 71.
[47] Buchanan — Grey, 5 March 1912, ltr. 74 // BD. 9.1. № 377.

2. Политический дрейф и Итало-турецкая война | 65

Подобно Луи, Бьюкенен считал, что Россия с подозрением относится к австрийской активности на Балканах. Их наблюдения подтверждает и французский посол в Риме Камиль Баррер, чей русский коллега поведал, что Россия видит в Италии «средство уравновесить австрийское влияние на Балканах»[48]. И если в деталях понять логику Сазонова зарубежным дипломатам так и не удалось, то в частном письме Извольскому от 7 марта ее проясняет он сам[49]. Сазонов пишет, что настоял на освобождении Италии от каких-либо военных ограничений, поскольку подобная свобода окажется весьма сподручной, если, решив воспользоваться тем, что Италия занята войной, Вена попытается захватить новые территории на Балканском полуострове. Кроме того, до тех пор вполне теплые отношения Италии с Францией теперь также сделались весьма прохладными — если не сказать «ледяными», — и не в последнюю очередь вследствие попыток Франции ограничить свободу действий Италии. Оценку Сазонова подтверждает и посол в Риме князь Н. С. Долгоруков, писавший министру 25 марта, что итальянское правительство высоко ценит оказываемую Россией поддержку и готово способствовать достижению ее интересов в регионах, где таковое возможно[50].

Можно предположить наличие и еще одной причины подобных хлопот Сазонова по обеспечению беспрепятственной итальянской атаки на Дарданеллы: Россия, вполне вероятно, намеревалась использовать эту ситуацию в будущем в качестве предлога, под которым можно было бы требовать права ввести собственные корабли в Босфор[51]. Ни одним известным до сих пор русским документом данная версия не подтверждается, и тем не менее сами подобные опасения были вполне оправданны — турки всерьез переживали, что именно в этом и заключается стратегия Петербурга в отношении проливов. Ведь Россия не единожды

---

[48] Barrère — Poincaré, 26 March 1912, tel. 247 // DDF. 3.2. № 264.

[49] АВПРИ. Ф. 340. Оп. 835. Д. 39. Л. 8–9 об. Сазонов — Извольскому, 7 марта 1912 года, ч. псм.

[50] Долгоруков — Сазонову, 25 марта 1912 года, псм. // МО. 2.19.2. № 686.

[51] Lowther — Grey, 20 March 1912, ltr. 233 // BD. 9.1. № 385.

искала предлог для отсылки флотилии на Константинополь: к примеру, во время Балканских войн русское правительство планировало, пользуясь всеобщей обеспокоенностью вопросом безопасности европейцев в Турции или даже шире — всех тамошних христиан, направить в османскую столицу свои войска — причем с согласия Великих держав. Так что и во время Итало-турецкой войны Россия, вполне вероятно, искала предлог для легитимации действий, которые в ином случае европейские державы не одобрили бы.

Так или иначе, проитальянский курс Сазонова не оправдал его ожиданий. Его политика снискала безусловное одобрение в Италии, однако столь упорное ее проведение — в угоду Италии, но в ущерб предложениям Лондона и Парижа, пожалуй куда более справедливым, — нимало не приблизило окончание Итало-турецкой войны. По сути, возможно, именно благодаря его вмешательству война и затянулась, все более приближая бурю, которой он таким образом пытался избежать — войну между балканскими государствами и Турцией. Надежды на то, что нападение итальянцев на Дарданеллы принудит Турцию к миру, оказались ложными: атака прошла успешно, но краха за ней не последовало.

18 апреля Европу облетела весть, что Италия атаковала фортификации в устье Дарданелл, а турки в ответ закрыли навигацию в проливах. О том, что подобные действия со стороны Италии вынудят их закрыть проливы, турки говорили на протяжении последних месяцев, так что Великие державы были к этому готовы. Еще незадолго до возвращения Сазонова на Певческий мост Нератову, ввиду все более упорных слухов о превентивном закрытии проливов, пришлось занять довольно жесткую позицию в отношении комбатантов, заявив и Риму, и Константинополю, что необходимо считаться и с правами нейтральных держав[52]. В последнюю ноябрьскую неделю он также направил поверенному в Риме поручение уведомить итальянское правительство, что «Россия никоим образом не одобряет подобных действий»[53]. Как

[52] Buchanan — Grey, 22 November 1911, tel. 292 // BD. 9.1. № 316.
[53] Rodd — Grey, 28 November 1911, ltr. 260 // BD. 9.1. № 327.

мы помним, с возвращением Сазонова под давлением оказалась уже Порта. Когда турецкие власти проинформировали державы о том, что в связи с итальянским нападением на Дарданеллы вынуждены закрыть проливы[54], Сазонов настаивал, несмотря на сложившуюся ситуацию, на праве прохода русских торговых судов[55]. Столь резкий контраст между жесткой риторикой, обращенной к туркам, и почти беспечным благодушием в отношении действий в проливах итальянцев говорит о его выборе в пользу Рима, сделанном ради достижения собственных целей.

Сразу же после атаки Италии турецкие угрозы были претворены в жизнь: проливы были закрыты. Итальянские торпедные катера пытались прорваться в Дарданеллы и атаковать турецкий флот, однако дозорные засекли их движение вдоль береговой линии, и завязалась перестрелка. С военной точки зрения сражение окончилось ничем, но тем не менее это вынудило турок принять контрмеры, которыми те грозили уже давно. Именно воспротивившийся требованию других держав относительно четких границ театра военных действий Сазонов фактически позволил Италии совершить набег на Дарданеллы. Тем самым одна из его целей была достигнута: теперь турки на деле убедились, что итальянцы вполне могут нанести удар и вне ливийского театра военных действий[56]. Однако это привело и к иному, отнюдь для него не желанному результату, а именно к полному закрытию навигации в проливах.

Политические трудности дополнились еще и экономическими: против курса Сазонова возвысили голос купцы, поставки и доходы которых сильно пострадали из-за закрытия главного южного торгового маршрута страны. На министра торговли и промышленности С. И. Тимашева, председателя Совета министров, министра финансов Коковцова и самого иностранного министра обрушился настоящий шквал телеграмм, призывавших в скорейшем времени разблокировать важнейший торговый путь. Спустя

---

54 Note de M. Poincaré, 20 February 1912 // DDF. 3.2. № 69.
55 Louis — Poincaré, 22 February 1912, tel. 79 // DDF. 3.2. № 81.
56 Barrère — Poincaré, 19 April 1912, tel. 285–286 // DDF. 3.2. № 365; [Albertini,1:360].

пять дней после закрытия проливов Тимашев писал Коковцову, что ситуация уже близка к критической — и с поставками, и с работниками торговой отрасли, не говоря уже об экономике южных регионов империи в целом[57]. Переслав записку Тимашева с аналогичным собственным комментарием в МИД, спустя еще две недели (12 мая) Коковцов вновь обратился к Сазонову, сообщая о непрекращающихся обращениях от терпящих убытки южных поставщиков и торговцев[58].

Сазонов, впрочем никогда особо не обращавший внимания на журналистов и общественность, попросту игнорировал подобные выпады в свою сторону, уверенно двигаясь в проитальянском направлении и оппонируя европейским державам, требовавшим от Рима отказаться от дальнейших наступательных операций. Сазонов проинструктировал константинопольского посла М. Н. Гирса заявить протест по поводу закрытия проливов, угрожая, что Петербург может затребовать с Турции компенсацию за понесенные русскими купцами убытки, и ссылаясь на Конвенцию 1871 года, предписывающую, что навигация должна быть открыта всегда, если вблизи не расположен вражеский (то есть итальянский) флот. И здесь британские и российские взгляды на ситуацию в очередной раз расходились: сэр Артур Николсон, постоянный помощник министра иностранных дел, как раз не считал, что конвенция обязывает Турцию в военное время дозволять проход через Босфор и Дарданеллы, указав также, что ожидать компенсации от воюющей державы — это слишком. Тем не менее Николсон дал инструкции послу в Турции сэру Джерарду Лоутеру известить Блистательную Порту о всеобщей обеспокоенности закрытием навигации в проливах и предложить отряд британских лоцманов для провода торговых судов в обход минированных участков акватории[59]. Оба посла — и русский,

[57] РГИА. Ф. 1276. Оп. 7. Д. 469б. Л. 43. Тимашев — Коковцову, 23 апреля 1912, псм. 3636; переслано Сазонову — псм. 2204 от 25 апреля 1912 года.

[58] РГИА. Ф. 1276. Оп. 7. Д. 469б. Л. 42. Коковцов — Сазонову, 25 апреля 1912 года, тел. 2188; РГИА Ф. 1276. Оп. 7. Д. 469б. Л. 56. Коковцов — Сазонову, 12 мая 1912 года, тел. 2662.

[59] P. Cambon — Poincaré, 23 April 1912, tel. 117 // DDF. 3.2. № 376.

и британский — полученные инструкции выполнили, но среди представителей Великих держав Гирс оказался единственным, кто требовал полного открытия проливов. Турция же 25 апреля непреклонно заявила, что торговое судоходство возобновится лишь тогда, когда державам удастся убедить Италию отказаться от дальнейших операций у Дарданелл[60].

Но непреклонен оставался и Сазонов. Ураган общественной критики за множащиеся убытки — как торговые, так и политические — не склонил его «обратиться к Италии, чтобы получить от нее ручательство не предпринимать, хотя бы на известный срок, враждебных действий против Дарданелл, чтобы тем временем могли бы воспользоваться нейтральные торговые суда для прохода проливов»[61]. Он заметил, что обладает «официальны[ми] сведени[ями] <...>, что Италия ответит решительным отказом дать подобное ручательство и что таковой шаг <...> не будет содействовать улучшению положения»[62]. Категоричность Сазонова подкреплялась позицией Италии и ее союзников: уже 29 апреля он знал, что итальянцы не намерены вновь атаковать Дарданеллы, но никоим образом не собираются делать официальное заявление по этому поводу[63]. Поясняя позицию Италии, Долгоруков отмечал, что народ пребывает в чрезвычайном волнении, так что предложение воздержаться от нападения на проливы правительство непременно расценит как шаг враждебный, потенциально нарушающий дружественные отношения с Россией[64]. К тому же, как было известно Сазонову [из той же телеграммы] от Извольского, австрийское правительство уведомило Рим о том, что не собирается требовать никаких «ручательств» и ограничений, поскольку подобные требования означали бы нарушение нейтралитета[65]. Это,

---

[60] Bompard — Poincaré, 25 April 1912, tel. 167, 168 // DDF. 3.2. № 385.

[61] Сазонов — Бенкендорфу, 1 мая 1912 года, тел. 790 // МО. 2.19.2. № 838.

[62] Там же.

[63] РГИА. Ф. 560. Оп. 26. Д. 939. Л. 71. Извольский — Сазонову, 29 апреля 1912 года, тел. 58.

[64] Долгоруков — Сазонову, 30 апреля 1912, тел. 51 // МО. 2.19.2. № 830.

[65] РГИА. Ф. 560. Оп. 26. Д. 939. Л. 71. Извольский — Сазонову, 29 апреля 1912 года, тел. 58.

конечно, лишь укрепляло уверенность Сазонова в том, что следует продолжать двигаться в выбранном направлении и не позволить Австро-Венгрии вклиниться между Россией и Италией.

Официально о возобновлении навигации в проливах было объявлено 2 мая, а уже на следующий день Сазонов получил известие, иллюстрирующее эффективность его проитальянского курса. В телеграмме от 3 мая Долгоруков сообщал министру, что англичане и австрийцы требовали от итальянцев заявить о временном прекращении маневров в проливах, на что те сообщили, что прежде, чем дать официальный ответ, им нужно проконсультироваться с русским правительством[66]. Неясно, каким именно образом Долгоруков и Извольский получили взаимоисключающие сведения касательно намерений австрийцев, но сама мысль, что Австрия следует тому же курсу, что и Россия, вкупе с последующим сообщением о том, что Италия собирается просить у Петербурга совета, все более убеждала Сазонова в верности принятых решений. То, что турки все же разблокировали проливы, так и не дождавшись от Италии никаких гарантий, также обеспечивало русской внешней политике весомую аргументацию.

С возобновлением навигации обсуждение практических вопросов, связанных с проливами, отошло на второй план. Турция не разминировала проливы еще три недели, но державам оставалось лишь дипломатически сетовать по этому поводу [Bosworth 1979: 188]. Сазонов, безусловно, это и делал, неоднократно выражая недовольство задержкой возобновления свободного прохода через проливы. А 20 мая русское правительство опубликовало коммюнике, в котором упоминались и возможные компенсации за убытки, понесенные вследствие закрытия прохода для торговых судов. Пусть сам Сазонов и не придавал этому заявлению большого значения, в беседе с британским поверенным в Петербурге Хью О'Берном он настаивал на том, что «задержка с возобновлением навигации связана не только и не столько с техническими сложностями, но в значительной степени намеренно

---

[66] РГИА. Ф. 560. Оп. 26. Д. 937. Л. 47. Долгоруков — Сазонову, 3 мая 1912 года, тел. 55.

осуществляется Турцией, желающей побудить державы вмешаться»[67]. К тому времени между Италией и Турцией уже начался переговорный процесс, так что даже несмотря на то, что в ночь с 18 на 19 июля 1912 года итальянские торпедные катера все же попытались вновь прорваться в проливы и атаковать турецкий флот [Miller 1997: 113; Giolitti 1923: 304], нового закрытия навигации за этим не последовало.

Даже со спадом военного напряжения компенсации оставались надежной темой для политических спекуляций. Уже вскоре после закрытия проливов Гирс передал Порте довольно расплывчатые угрозы относительно того, что Россия намерена требовать компенсации; и Сазонов, ожидая разминирования проливов в конце мая, также затрагивал вопрос компенсаций, обмолвившись, впрочем, О'Берну, что «в принципе и не настаивает на подобных требованиях, юридическую обоснованность коих считает сомнительной»[68]. Свои сомнения на этот счет он подробно изложил в письме Коковцову от 5 июня[69]. Пусть к тому моменту проливы уже были открыты, он все же полагал, что прояснить свои взгляды на сложившуюся ситуацию будет не лишним, учитывая «исключительную важность вопроса торгового судоходства в проливах в целом», равно как и ряд конкретных проблем, вызванных их недавним закрытием. Сазонов апеллировал преимущественно к Лондонской конвенции 1871 года, определявшей весьма расплывчатые правила прохода судов через проливы: согласно статье III им полагалось быть всегда — и в мирное, и в военное время — «открыты[ми] для торгового флота всех наций»[70]. Настаивая на том, что закрытие проливов являлось грубым нарушением этого соглашения, Сазонов все же признавал, что «из

---

[67] FO. 418. 51. 21744. O'Beirne — Grey, 21 May 1912, tel. 198.

[68] Ibid. O'Beirne — Grey, 21 May 1912, tel. 198.

[69] РГИА. Ф. 1276. Оп. 7. Д. 4696. Л. 68–71. Сазонов — Коковцову, 5 июня 1912 года, псм. 358 [538]. Приведенные далее цитаты также из этого письма.

[70] Статья III Лондонской конвенции от 13 марта 1871 года гласила: «Черное море остается, как и в прежнее время, открытым для торгового флота всех наций» [Сборник 1952: 108].

того, впрочем, вовсе не следует, что международное право требует всякое закрытие проливов с обязательностью признавать нарушением международных обязательств», особенно что касается «ситуаций вынужденной обороны и крайней необходимости». Обращая внимание на то, что последнее, равно как и вопрос каких бы то ни было компенсаций, вовсе никак не прописано в конвенции, Сазонов отмечал, что, быть может, здесь применимы некоторые — впрочем, также весьма общие — положения Гаагской конвенции 1907 года («о законах и обычаях сухопутной войны»). Учитывая указанные лакуны, он отрицал допустимость нарушения прав нейтральных держав всякий раз, когда бы ни случалась война, признавая при этом, что с юридической точки зрения не представляется возможным поразить Турцию в праве закрыть проливы «в случае действительной и непосредственной военной опасности, угрожающей проливам и Константинополю». Данное препятствие Сазонов обходил, возражая не против закрытия как такового, но против неприемлемой его продолжительности. Находя свои доводы вполне резонными и обоснованными, он признавал, что в условиях современной европейской политики России с их помощью будет чрезвычайно тяжко добиться возмещения ущерба, ибо подобного рода претензия обернулась бы одним из двух нежелательных исходов: либо немедленным отказом со стороны европейских держав, либо же передачей дела в Гаагский третейский суд, что, по мнению Сазонова, является недопустимым, когда речь идет о важнейших интересах государства. Он заключает предположением, что скорее следует сперва неофициально обсудить этот вопрос с европейскими дипломатами, чтобы узнать, оправданны ли опасения касательно их позиции.

Что же мы выяснили из этого письма? Если вспомнить ту беседу с О'Берном, когда Сазонов говорил, что не собирается предъявлять конкретных претензий, вкупе с весьма удрученным тоном письма Коковцову и при отсутствии каких-либо свидетельств о последовавших указаниях российским послам навести справки в европейских правительствах, публичная риторика Сазонова о компенсациях представляется скорее бравадой, нацеленной разве что на устрашение Турции, чем серьезной угрозой, — и, коль скоро Турция более проливов не закрывала, вполне может быть, что он в этом несколько преуспел. Также подобные публичные заявления могли быть обращены в качестве утешения к разочарованным русским купцам, чьи горестные жалобы так и не заставили правительство предпринять конкретные шаги.

Куда более примечательно нежелание Сазонова отдать дело на рассмотрение арбитража в Гааге. Данный эпизод стал первым в череде подобных, когда он наотрез отказывался вверить судьбу русских интересов силам, неподконтрольным России. В таком отношении проступает нарастающее недоверие к международным структурам, к всевозможным конференциям и конвенциям, что будет явственно отражаться на принимаемых Сазоновым решениях вплоть до его отставки. Примечательно, что немецкие и австрийские визави были аналогичного мнения: Центральные державы все более скептически относились к дипломатии, мало помогавшей им обеспечивать свои интересы [Stevenson 1996: 276–278, 348; Williamson 1991: 155–156; Berghahn 1993, chap. 10].

С наступлением осени внимание Европы и России переключилось с итало-турецкого конфликта на новый, как полагали, вытекающий из предыдущего, — войну целого ряда государств, объединившихся в Балканский союз с одной стороны против Османской империи — с другой. После своего возвращения в конце 1911 года Сазонов резко сменил внешнеполитический курс России с того, которого придерживались Нератов с Извольским, в целом сбалансированного между Италией и Турцией, на более соответствовавший его видению возможностей и опасностей нового 1912 года. Он надеялся, позволяя Риму и даже побуждая его перейти к решительным действиям за пределами ливийского театра военных действий, вынудить в итоге Турцию признать бессмысленность дальнейшего продолжения войны и подписать с Италией мир до того, как балканские государства смогут воспользоваться ситуацией. Подобно остальным Великим державам, Россия желала предотвратить балканский конфликт, в результате которого, как все опасались, могла запылать вся

Европа; и, подобно действиям других держав, действия Сазонова также не помогли предотвратить столкновение на Балканах, хотя вместе с тем ни Первая, ни Вторая Балканские войны не обернулись немедленной более масштабной войной.

Но если Сазонову и не удалось предотвратить новый конфликт, то в ином он все же преуспел: ему удалось отложить вопрос о проливах до тех пор, пока Россия не станет готова к решительным действиям по обеспечению собственных интересов; кроме того, проливы были закрыты лишь однажды и до конца Итало-турецкой войны оставались открытыми для торговых судов, невзирая даже на периодически возникавшие опасения относительно ситуации на море. А следом уже маячили новые угрозы — на этот раз с суши.

3

Балканские войны: меж балканскими государствами и проливами

1912–1913[1]

Нападения государств Балканского союза на Турцию 8 и 17 октября 1912 года вынудили Порту пойти на мир с итальянцами, а это означало, что российские интересы в регионе вновь оказывались под угрозой. Наибольшую опасность представляло чрезвычайно удачно продвигавшееся болгарское наземное наступление на Константинополь и побережье проливов. Россия также опасалась, что Греция — по недавнему примеру Италии — предпримет морскую операцию в проливах, спровоцировав новое их закрытие. Кроме того, российское правительство все более тревожило наращивание турками военно-морских сил, и с осени 1912 до осени следующего 1913 года Сазонов и остальные русские министры всеми доступными средствами старались сохранить статус-кво на Черном море. С учетом критической значимости вопроса о проливах весьма удивительным представляется невнимание исторических исследований к его роли в русской политике времен Балканских войн: в фокусе преимущественно оказывались действия России по защите сербских интересов и ее ре-

---

[1] В сокращенном виде данная глава была опубликована под названием «За кулисами Балканских войн: русская политика в отношении Болгарии и Турецких проливов, 1912–1913» [Bobroff 2000a].

акция на «систему балканских альянсов», тогда как тема проливов в известной мере оставалась за рамками[2].

Реакция русской дипломатии на эти события была, так сказать, «обоюдоострой»: с одной стороны, Россия продолжала выступать против включения вопроса о проливах в официальную повестку переговоров Великих держав, а с другой — стремилась не допустить продвижение болгарских сил к береговой линии проливов. В конце концов Турции удалось отстоять свой территориальный суверенитет, но проводимая Россией политика в очередной раз обернулась непредвиденными негативными последствиями, ставящими под сомнение изначальную целесообразность принятых решений.

Перед войной: уклонение от дискуссии

Летом 1912 года Великие державы все настоятельнее требовали завершения Итало-турецкой войны, чтобы Турция была менее уязвима перед государствами Балканского союза. Сазонов, также внесший свою лепту в этот процесс, преследовал три главные цели и на протяжении июля, августа и сентября вел постоянные переговоры с иностранными лидерами. Прежде всего он стремился не допустить пересмотра режима проливов. Он подчеркивал, что Россия не желает никаких изменений в соглашении по проливам, чтобы избежать новых, необходимых в подобном случае обсуждений. Вместе с тем он опровергал любые предположения касательно незаинтересованности России в судьбе турецких владений.

Первой встречей на высоком уровне стало прошедшее с 3 по 5 июля 1912 года «свидание [русского и германского] императоров в Балтийском порте»[3]. Известие о готовящейся встрече всерьез

---

[2] Выражение «система балканских альянсов» принадлежит Эндрю Россосу. См. [Rossos 1981, chap. 2].

[3] Сазонов — Извольскому, 7 июля 1912 года, тел. 1260 // МО. 2.20.1. № 273, прим. 2.

обеспокоило французское правительство во главе с Раймоном Пуанкаре, занимавшим тогда одновременно пост премьер-министра и министра иностранных дел[4]. Франция опасалась, что Германия постарается отдалить Россию от Антанты или же по меньшей мере что две державы придут к некоему обоюдному соглашению по каким-либо актуальным проблемам в ущерб французским и британским интересам. Пусть Петербург и заверял Париж с Лондоном, что «свидание» не несет никакой политической значимости, но уже то, что во встрече должны были принять участие немецкий канцлер фон Бетман-Гольвег, Коковцов и Сазонов, чрезвычайно тревожило Пуанкаре[5]. Так что, отстаивая французские интересы, он добивался гарантий от России, что на встрече не будут обсуждаться вопросы ближневосточной — да и вообще какой-либо иной — политики за спиной у Франции[6]. А 7 июня он призвал Тройственную Антанту выступить с совместным заявлением относительно того, что царь с кайзером не будут заключать никаких сепаратных соглашений, ибо союзники уже согласны, что условия какого бы то ни было мирного договора между Италией и Турцией должны ограничиваться строго рамками самого этого конфликта. Отсюда следовало, что Францией, Великобританией и Россией будет подписано «общее обязательство незаинтересованности», к которому, будь на то их воля, могут затем присоединиться и Германия, и иные державы[7].

Обсуждение французского предложения затруднялось плохо налаженной в России внутриправительственной коммуникацией. Сэр Эдуард Грей, глава британского Иностранного ведомства, сразу же оспорил план Пуанкаре, ожидая — и абсолютно спра-

---

[4]   Сазонов — Бенкендорфу и Извольскому, 4 июня 1912 года, тел. 1061 и 1062 // МО. 2.20.1. № 131, 132; Bertie — Grey, 8 June 1912, tel. 77 // BD. 9.1. № 409.

[5]   Извольский — Сазонову, 6 июня 1912 года, псм. // МО. 2.20.1. № 145.

[6]   Poincaré — Louis, 7 June 1912, tel. 442 // DDF. 3.3. № 78; Извольский — Сазонову, 7 июня 1912, тел. 97 // МО. 2.20.1. № 151.

[7]   Bertie — Grey, 8 June 1912, tel. 77 // BD. 9.1. № 409; Poincaré — P. Cambon, 7 June 1912, tel. 458 and 459 // DDF. 3.3. № 79; Извольский — Сазонову, 8 июня 1912 года, тел. 99 // МО. 2.20.1. № 158.

ведливо, — что русский министр займет жесткую позицию. Но
Сазонов находился тогда не в Петербурге, а в Москве, куда, судя
по всему, дошла лишь неполная версия формулы Пуанкаре. Так
что, считая, что французы предлагают членам Антанты просто-
напросто действовать сообща в вопросе Итало-турецкой войны,
9 июня он дал добро[8]. Вникнув же спустя несколько дней в детали,
13 июня он телеграфировал Извольскому о том, что заявление
о незаинтересованности является неприемлемым[9]. Тем временем
Грей уже дал согласие на предложение Пуанкаре, полагая, что его
одобрили и русские[10]. Но неразбериха в российской столице
приводила ко все новым дипломатическим препонам: телеграмма
от 13 июня, в которой Сазонов выражал недовольство французскими формулировками, дошла в Лондон лишь 15-го числа. Но
и тогда, судя по всему, Грей не был полностью информирован
касательно мнения Сазонова и узнал о том лишь 17 июня из по-
яснительной записки поверенного в Петербурге Хью О'Берна.
Тогда Грей вновь занял свою первоначальную позицию относительно плана Пуанкаре[11] — Извольский же, очевидно разошед-
шийся с Сазоновым в вопросе «незаинтересованности»[12], не по-
считал нужным уведомить о том французское правительство; так
что Пуанкаре, по-прежнему уверенный в согласии русских, продолжал телеграфировать своим дипломатам в союзных державах[13].

---

[8] Сазонов — Извольскому, 9 июня 1912, тел. // МО. 2.20.1. № 160. Сазонов
отправился в Москву на открытие памятника Александру III, см. № 160,
прим 3.

[9] Сазонов — Извольскому, 13 июня 1912, тел. // МО. 2.20.1. № 164.

[10] Grey — Bertie, 10 June 1912, ltr. 292 // BD. 9.1. № 410; Idem, 18 June 1912,
tel. 254 // Ibid. № 416.

[11] Grey — Bertie, 18 June 1912, tel. 254 // BD. 9.1. № 416.

[12] Извольский — Сазонову, 14 июня 1912 года, тел. 102 // МО. 2.20.2. № 179;
O'Beirne — Grey, 23 June 1912, ltr. 191 // BD. 9.1. № 424. О'Берн пишет, что
Извольский «особенно стремился изъявить согласие с пожеланиями французского правительства, но не выразил мнения правительства русского и с
уверенностью держался данной линии».

[13] См., например, Poincaré — P. Cambon, 14 June 1912, tel. 469 // DDF. 3.3. № 100;
Poincaré — Louis, 18 June 1912, tel. 461 // Ibid. № 115.

Когда же — поздно вечером 18 или ранним утром 19 июня — Пуанкаре наконец узнал об истинном отношении Сазонова к его предложению, эти сведения он получил отнюдь не от русского посла в Париже, но от своих — в Лондоне и Петербурге[14].

Итак, наконец и Париж, и Лондон были в курсе недовольства Сазонова, сводящегося к трем главным причинам. И первой из них, более понятной британцам, чем французам, являлось нежелание присоединяться к риторике недоверия, звучащей между строк французской формулы. 17 июня О'Берн докладывал Грею о том, что Сазонов

> ...чрезвычайно возмущен пропозицией французского правительства касательно протокола о бескорыстии, долженствующего быть подписанным тремя союзными державами; подобный план, по его словам, может быть направлен исключительно против России. Он негодует на французское правительство, упорно приписывающее России планы — коих она не имеет — по извлечению выгод из турецких трудностей[15].

И в самом деле, как мы помним, на тот момент русское правительство, прервавшее по возвращении Сазонова затеянные Чарыковым переговоры, действительно не имело планов по поводу проливов, и тогда негодование по этому поводу вполне понятно. Поскольку Пуанкаре настойчиво включал в свои предложения «незаинтересованность», в письме Извольскому от 18 июня Са-

---

[14] P. Cambon — Poincaré, 18 June 1912, tel. 188 // DDF. 3.3. № 119; Louis — Poincaré, 19 June 1912, tels. 298–299–300 // Ibid. № 121. Телеграмму Камбона (посла в Лондоне) приняли в Париже 18 июня в 20:45, так что, вполне вероятно, Пуанкаре покинул набережную Орсе, не ознакомившись с ней. Первая же из телеграмм Луи (из Петербурга) пришла на следующее утро в 5:45 и, скорее всего, дожидалась Пуанкаре на рабочем столе. Так что, надо полагать, если бы Пуанкаре прочел телеграмму Камбона вечером 18 числа, он бы немедля телеграфировал Луи и Камбону для подтверждения их сведений, не дожидаясь 13:50 следующего дня, когда и начались уточнения. Время прихода последней телеграммы см. в Poincaré — Louis (также в копии Камбону в 23:00 — см. tels. 482, 482 bis), 19 June 1912, tel. 464 bis // DDF. 3.3. № 122.

[15] O'Beirne — Grey, 17 June 1912, tel. 217 // BD. 9.1. № 414.

зонов досадовал на французов, отмечая, что Россия уже выказала «отсутствие намерений воспользоваться нынешней войной в достижении своекорыстных целей», и поручил послу донести французскому правительству, что он готов согласиться с любой формулой, не включающей известные спорные обороты[16]. Сазонов упорно стоял на своем и 20 июня объявил британскому поверенному, что уже известил турецкое правительство, что в случае проведения конференции по выработке мирных условий между Италией и Турцией Россия не станет поднимать вопрос о проливах.

В той же беседе с О'Берном Сазонов посетовал и на другое проявление недоверия со стороны французов. Он считал, что истинным мотивом Пуанкаре являлось опасение, будто во время июльской встречи русский и германский императоры могут заключить некое соглашение в ущерб безопасности Франции[17]. Сазонов считал подобные настроения несправедливыми и не видел никакой необходимости делать по этому поводу особые заявления, подобные предложенному Пуанкаре и тем более содержащие столь неудовлетворительные формулировки. И О'Берну, и Извольскому Сазонов неоднократно заявлял, что французские опасения беспочвенны, отметив в разговоре с английским поверенным, что пять предыдущих встреч каких-либо серьезных долгосрочных последствий не имели и нет никаких оснований ожидать иного на этот раз[18]. Сазонов сердечно просил британского дипломата передать сказанное Грею, чтобы тот посодей-

---

[16] Сазонов — Извольскому, 18 июня 1912, тел. 1146 // МО. 2.20.1. № 194.

[17] АВПРИ. Ф. 340. Оп. 835. Д. 39. Л. 27–28. Сазонов — Извольскому, 25 июня 1912 года, личное и конфиденциальное письмо; O'Beirne — Grey, 24 June 1912, ltr. 193 // BD. 9.1. № 579.

[18] O'Beirne — Grey, 20 June 1912, tel. 219 // BD. 9.1. № 419; Idem, 23 June 1912, ltr. 191 // Ibid. № 424; Сазонов — Извольскому, 20 июня 1912, тел. 1167 // МО. 2.20.1. № 207. Ключевое слово здесь *долгосрочных*. Ведь в результате прошлых свиданий русского царя с кайзером как раз и заключались соглашения, порой заметно угрожавшие территориальной или экономической безопасности Франции: можно вспомнить, к примеру, Бьеркский договор 1905 года или Потсдамские переговоры 1910-го (впрочем, достигнутые соглашения так никогда толком и не были исполнены).

ствовал в донесении позиции Петербурга Парижу[19]; ранее он уже пытался объясниться с Луи, но не питал особых надежд, что его слова будут верно услышаны на набережной Орсе. И действительно, все материалы свидетельствуют о том, что наиболее полные сведения Пуанкаре получал от лондонского посла, в то время как Луи скупо писал из Петербурга, что любое предложение Вильгельма II будет обращено сразу ко всем Великим державам и у него нет цели объединить интересы Германии и России в ущерб другим народам[20]. Телеграммы французского посла в Лондоне Поля Камбона сумели наконец внести ясность как в отношении позиции Сазонова, так и в отношении ее поддержки со стороны британского правительства. Лишь получив доклад Камбона о беседе О'Берна с Сазоновым 20 июня, с указанием на обеспокоенность британцев тем, что текущая ситуация может нанести России оскорбление, вкупе с переданной Извольским телеграммой аналогичного содержания от Сазонова, Пуанкаре согласился вычеркнуть из предложенной формулы упоминание «незаинтересованности», и союзники смогли возобновить обсуждение актуальных вопросов[21].

Вторую — после обеспокоенности французскими подозрениями — причину отказа Сазонова принять изначальную формулу Пуанкаре составляли славянофильские настроения и российская политика на Балканах. В своем изначальном возражении от 18 июня он подчеркнул, что «Россия никогда не объявит — равно как и не допустит сего понять — о своей незаинтересованности

---

[19] O'Beirne — Grey, 20 June 1912, tel. 219 // BD. 9.1. № 419.

[20] Louis — Poincaré, 19 June 1912, tels. 298–299–300 // DDF. 3.3. № 121. О'Берн писал Грею (O'Beirne — Grey, 24 June 1912, ltr. 193 // BD. 9.1. № 579), что в превратном истолковании позиции Сазонова повинен вовсе не Луи, а парижские чиновники; как в частной беседе парижский поверенный признался британскому, иллюзий на сей счет он и не питал. Заметки сотрудников британского МИДа свидетельствуют, что и там разделяли подобное мнение, в особенности в отношении Мориса Палеолога [тогда — видного функционера французского МИДа].

[21] P. Cambon — Poincaré, 21 June 1912, tel. 194 // DDF. 3.3. № 129 (получено в Париже в 20:35); Poincaré — Louis and P. Cambon, 21 June 1912, tels. 472, 487 // DDF. 3.3. № 130; Ibid., 22 June 1912, tels. 473, 488 // DDF. 3.3. № 132.

в Востоке в общем или же каких-либо восточных вопросах, столетиями составлявших основу ее политики. Подобное изречение с ее стороны стало бы самым настоящим отречением!»[22] В тот же день эту же мысль высказал и сам Николай II. 19 июня Пуанкаре возразил, что *désintéressement* (незаинтересованность) разумеется здесь как отказ от всяческих притязаний лишь во время данного конкретного конфликта, но отнюдь не в качестве общего принципа и что Франция заинтересована в Ближнем Востоке не меньше России[23]. Сазонова подобные доводы не убедили, и в своем ответе он указал на пример сербской и болгарской делегаций, недавно посетивших Россию для обсуждения нового союза и представления его условий Николаю II, которому предстояло разрешить их территориальные разногласия: подпишись Россия под декларацией Пуанкаре и окажись таковая обнародована, это произвело бы на недавних гостей совершенно «чудовищное впечатление», ибо в подобном шаге они увидели бы «отречение [России] от [своей] исторической роли на Балканах»[24]. Это, как он заявил О'Берну,

> ...имело бы катастрофические последствия, одним махом ставя крест на политических трудах России последних двух лет. Предложение [Пуанкаре] он расценил как положительно опасное, назвав его «игрой с огнем», имея в виду, насколько я разумею, что вынуждать Россию вскрывать карты на Балканах — дело небезопасное, ибо тогда ей, возможно, придется сделать заявление, у которого будут далеко идущие последствия[25].

Безотносительно заверений французов в обратном такая *незаинтересованность* вполне «могла быть истолкована в том ключе, что Россия просто потеряла интерес к балканским де-

---

[22] Louis — Poincaré, 19 June 1912, tels. 298–299–300 // DDF. 3.3. № 121.

[23] Poincaré — Louis, 19 June 1912, tel. 464 bis // DDF. 3.3. № 122.

[24] O'Beirne — Grey, 20 June 1912, tel. 219 // BD. 9.1. № 419; O'Beirne — Nicolson, 27 June 1912, ltr. // BD. 9.1. № 582.

[25] O'Beirne — Nicolson, 27 June 1912, ltr. // BD. 9.1. № 582.

лам»[26]. Подобное отречение сильно пошатнуло бы ее авторитет и влияние в регионе, серьезно ослабляя возможности русских по обеспечению своих интересов, включая и доступ к проливам с их европейской стороны.

Третьей же причиной несогласия Сазонова с французским предложением являлось неприятие каких-либо ограничений российских возможностей в отношениях с Турцией. Настаивая в беседе с Луи 18 июня, что Россия «не намерена ставить вопрос об открытии проливов», Сазонов тут же заявил, что подобный подход отнюдь не означает, будто «его руки связаны» в принятии политических решений[27]. Несмотря на довольно скудный объем имеющихся данных, такая интерпретация отлично сочетается с общим видением Сазоновым русской политики в проливах. Пусть и предпочитая откладывать любые конкретные действия в этом отношении до поры, когда Россия будет к тому основательно готова, Сазонов, конечно, не мог предвидеть всех возможных вариантов развития событий, а потому должен был сохранять свободу для маневра. Согласиться же с заявлением о незаинтересованности означало серьезнейшим образом поступиться русскими правами в проливах.

Под нарастающим давлением Петербурга и Лондона, а с ними вместе и времени, поскольку «свидание» императоров неумолимо близилось, 22 июня Пуанкаре согласился снять фразу о незаинтересованности; уже в ближайшие несколько дней правительства союзных держав согласовали новый текст, весьма близкий изначальному варианту Пуанкаре — за исключением известной спорной сентенции. Хоть в частном письме Извольскому Сазонов и охарактеризовал ситуацию как лишь «академический обмен мнениями», проявленное им упорство свидетельствовало, что дело было куда серьезнее[28]. Ему удалось избежать нежелательных политических ограничений, сохранив при этом взаи-

---

[26] O'Beirne — Grey, 21 June 1912, tel. 220 // BD. 9.1. № 422.

[27] Louis — Poincaré, 18 June 1912, tel. 296 // DDF. 3.3. № 118.

[28] АВПРИ. Ф. 340. Оп. 835. Д. 39. Л. 27–28. Сазонов — Извольскому, 25 июня 1912 года, псм.

моуважительные отношения с партнерами по Антанте. Французы, однако, так и остались в неведении относительно конкретных намерений русской стороны, даже несмотря на вполне безобидный исход «свидания» Николая с Вильгельмом в Балтийском порту.

В ходе этой встречи, прошедшей в начале июля, были затронуты вопросы двусторонних отношений, вероятности войны на Балканах, последствий до сих пор не оконченной Итало-турецкой войны и экономической ситуации в Китае[29]. Несмотря на довольно обширный список тем, проливов в нем не оказалось — по этому поводу «между нами не было заключено, ни даже подготовлено, никакого особого соглашения», заключает свой отчет царю Сазонов[30]. Будь тогда у России стремление заключить некое новое соглашение по проливам, подобная личная встреча предлагала для того идеальные условия, коль скоро же подобных стремлений она не имела, момент был упущен.

Еще до возникновения расхождений относительно «незаинтересованности» было назначено и франко-русское «свидание» с целью уладить накопившиеся разногласия держав [Poincaré 1926–1933, 2: 99–100]. Обеспокоенные известием о встрече императоров, французы запросили перенос визита — Россия охотно согласилась, и Пуанкаре посетил Россию с 9 по 16 августа. В первые же дни французский министр имел продолжительные встречи с Николаем II, Сазоновым и Коковцовым, обсудив широкий спектр тем, касающихся как союзных отношений держав, так и международной повестки. Сазонову вновь предоставлялась отличная возможность выдвинуть какие-либо требования или заявить о намерениях в отношении проливов и Константинополя, но, несмотря на подробное обсуждение множества вопросов, особенно по Итало-турецкой войне, сербо-болгарскому союзу

---

[29] См. [Сазонов 1927: 52–55; Бетман-Гольвег 1925: 48–49].

[30] Сазонов — Николаю II, 8 июля 1912 года, док. зап. // МО. 2.20.1. № 277; и в более сжатом виде — Sazonov — Benckendorff, 8 July 1912, ltr. // EDW. № 735. См. также O'Beirne — Grey, 7 July 1912, tel. 242 // BD. 9.1. № 433; Idem, 8 July 1912, ltr. 212 // Ibid. № 584.

и франко-русским военным отношениям на суше и море, проливы упоминались лишь мимоходом. В меморандуме о встрече за подписью обоих министров проливы не упомянуты вовсе, равно как мы не найдем о них ни слова и в соответствующих параграфах мемуаров Пуанкаре, Сазонова, Коковцова или Луи[31]. К счастью, их мимолетное появление запечатлел британский посол Бьюкенен — да и тот всего лишь упоминает, что Сазонов «заверил г-на Пуанкаре, что ныне не имеет намерений поднимать вопрос о проливах»[32]. Из этого с очевидностью следует, что Россия оставляла за собой право возобновить дискуссию, но вовсе не становится ясно, как и когда на это отреагировал французский министр и какие у данного заявления были последствия. Так или иначе, Сазонов явно стремился не привлекать к проливам лишнего внимания.

Того же подхода Сазонов придерживался и во время третьей — со времени своего назначения — встречи на высшем уровне: с 24 по 27 сентября 1912 года в замке Балморал прошел целый ряд встреч, причем не только с главой британского МИДа, но и с самим королем, а также лидерами парламентской оппозиции и другими высокопоставленными английскими чиновниками. Словом, это была очередная прекрасная возможность прощупать почву на предмет желанного и даже вероятного союза, заручившись той осторожной поддержкой, что англичане не раз выказывали во время предыдущих кризисов. Но на этот раз о проливах умалчивают уже все без исключения источники[33]: как и прежде, Сазонов сосредоточился на более актуальных темах, обходя вопрос о проливах стороной.

---

[31] См. отчет Сазонова о встрече от 17 августа 1912 года // МО. 2.20.2. № 489, а также весьма скупой перевод в EDW. № 743. Отчет Пуанкаре см. Notes de M. Poincaré sur ses entretiens de Saint-Péterbourg // DDF. 3.3. № 264. Также см. [Сазонов 1927: 60–66; Poincaré 1926–1933, 2: 105–165; Louis 1936, 2: 32–35; Коковцов 1933, 2: 100–101].

[32] Buchanan — Grey, 18 August 1912 // BD. 9.1. № 620.

[33] См. [Сазонов 1927: 66–72; Grey 1925, 1: 286–289], а также министерские отчеты о проведенных встречах: BD. 9.1. № 803–805; МО, 2.20.2. № 1034; АВПРИ. Ф. 138. Оп. 467. Л. 323–327.

Упреждая Болгарию

Столь явные усилия Сазонова по снятию проливов и Константинополя с повестки, впрочем, отнюдь не означали, что он вовсе не занимался этим вопросом. Напротив, по мере того, как нарастала военная угроза на Балканском полуострове, Россия все более опасалась, что Болгария нанесет удар по турецкой столице. Как ни странно, подобное развитие событий провоцировала сама же Россия, поощрявшая и вдохновлявшая систему военных союзов между Болгарией, Сербией, Грецией и Черногорией, таким образом повышались шансы балканских государств одержать верх над Османской империей и, соответственно, снималась нерешительность в вопросе, воевать или нет[34].

Странной иронии ситуации прибавляло и то, что, поддерживая и всячески продавливая создание Балканского союза, Россия рассчитывала сохранить статус-кво проливов и Константинополя[35]. Однако на протяжении 1912 года болгарская угроза Турции вырисовывалась все отчетливее. По условиям Сан-Стефанского мирного договора, заключенного Россией и Турцией в 1878 году, Болгарии отходили значительные территории, которыми затем она вынуждена была поступиться вследствие пересмотра условий договора на вскоре созванном Великими державами Берлинском конгрессе. Так что с тех пор болгарские националисты и многие другие политические деятели грезили о возрождении территориального величия, пусть и столь мимолетного[36]. Некоторые замахивались и на большее — на Константинополь, которому была уготована роль новой столицы возродившейся Болгарии.

---

[34] Русское правительство, и Сазонов в частности, прекрасно осознавали реальность такого поворота. См. O'Beirne — Grey, 14 October 1912, ltr. 416 // BD. 9.1. № 193.

[35] Подробный разбор роли России в формировании Балканского союза см. в [Rossos 1981, chaps. 1–2; Helmreich 1938, chaps. 1–4; Thaden 1965, chaps. 3–4; Langer 1928; Галкин 1957; Zotiades 1970].

[36] См. [Rossos 1981, chap. 1; Jelavich 1991, chap. 5].

Болгарские чаяния были вполне известны в Европе, включая, конечно, и Россию, и это уже несколько лет внушало ее внешне-политическому руководству серьезные опасения[37]. Весной-летом 1912 года признаки грядущей войны умножились кратно, и Сазонов принялся предостерегать болгар относительно планов по захвату Константинополя. Первую подобную попытку он пред-принял в начале мая, во время официального визита болгарской делегации во главе с тогдашним премьер-министром Стояном Даневым, прошедшего в летней резиденции царя в Черноморской Ливадии. Данев имел продолжительную беседу с Сазоновым, они обсудили ряд важных вопросов, в числе которых были и потен-циальные территориальные приобретения Болгарии за счет Турции. По словам Сазонова, болгарский премьер пытался убе-дить его, что Адрианополь — последний крупный город-крепость, открывающий болгарам путь на Константинополь, — следует включить в сферу болгарских интересов. На это Сазонов тут же ответил отказом, сославшись на то, что Адрианополь расположен за «предел[ами] Сан-Стефанской Болгарии и что, кроме того, в случае осуществления болгарских народных вожделений, Ад-рианополь утратит свое нынешнее значение турецкого форпоста, так как сама Турция превратится тогда в державу второстепен-ного значения»[38]. 5 июня болгарский министр финансов Теодоров, считавшийся одним из влиятельнейших политиков в стране, определил Константинополь и проливы как входящие в «сферу интересов России» — подразумевалось, что София не намерена в это вмешиваться[39], но подобное заверение, как видно, не соот-

---

[37] См. Bax-Ironside — Grey, 24 February 1912, ltr. 22 // BD. 9.1. № 554; [Rossos 1981: 87–90].

[38] Сазонов — Неклюдов, 23 мая 1912 года, псм. 299 // MO. 2.20.1 № 64; см. близкий перевод: Sazonov — Nekliudov, 30 May 1912, ltr. // EDW. № 405 [со-гласно редакторскому примечанию в MO, письмо от 23 мая (299) было ра-зослано в копиях послам в Константинополе (на следующий день), Париже, Лондоне, Вене и Белграде (30 мая)]. Также см. царскую копию записки Са-зонова от 10 мая (MO. 2.19.2. № 878), где тезисно перечисляются «вопросы, затронутые г. Даневым».

[39] Izvolskii — Sazonov, 6 June 1912, ltr. // EDW. № 406.

ветствовало реальной политической ситуации. И спустя всего
две недели, 20 июня, российский посол в Софии А. В. Неклюдов
писал Сазонову, что король Фердинанд уже дважды «выражал [в
разговорах с ним] желание», чтобы Россия признала за Болгарией право в случае войны захватить Адрианопольский вилайет.
Словом, болгары явно нацеливались на присоединение османских
территорий[40].

Летом 1912 года Сазонов и дипломаты софийского посольства
продолжали предостерегать болгар от преждевременного начала
войны, одновременно опасаясь, что те захватят Константинополь,
если представится такая возможность. Предупреждения о намерениях Болгарии поступали теперь и из Константинополя от
Гирса. Основываясь на сведениях, полученных от русских дипломатов на Балканах, и на общении с балканскими представителями в Константинополе, Гирс полагал, что война может вспыхнуть
в любой момент и в случае малейшей надежды на успех кампании
Болгария не остановится на своих закрепленных в Сан-Стефано
рубежах, но двинется прямиком на турецкую столицу[41]. Сазонов
разделял его опасения, подчеркивая, что Россия не позволит
малым державам втянуть себя в большую войну: если болгары
осмелятся пойти на Константинополь, Россия встанет у них на
пути в Адрианополе[42]. Если им удастся разбить турок под Адрианополем, чтобы затем двинуться на османскую столицу, «Россия
вынуждена будет, — заявил Сазонов, — упредить таковое их
продвижение <...>, пусть намерений обосновываться под Константинополем Россия и не имеет, но не может допустить его
овладения иной державой»[43]. Проще говоря, Сазонов вновь
утверждает, что Константинополь должен оставаться турецким,

[40] Неклюдов — Сазонову, 20 июля 1912 года, псм. // МО. 2.20.1. № 216; [Neklu-
doff 1920: 116–120].

[41] М. Гирс — Сазонову, 29 июля 1912 года, псм. // МО. 2.20.1. № 385. См. также
выдержки из этого письма, опубликованные в EDW. № 427, но с неверной
датировкой 29 *августа*.

[42] Doulcet — Poincaré, 14 September 1912, tels. 443, 444 // DDF. 3.3. № 402.

[43] Buchanan — Grey, 18 September 1912, ltr. 283 // BD. 9.1. № 722.

пока Россия не будет в силах проконтролировать процесс соответствующих изменений. Что примечательно, он заявил Бьюкенену, что все, что потребуется от России, — это «предъявить Софии ультиматум, и этого уже достанет, чтобы остановить дальнейшее продвижение болгарской армии»[44]. Его уверенность удивительна и, несомненно, чрезмерна: совершенно неясно, как можно было рассчитывать на успех такого рода тактических уловок, учитывая его регулярные, уже почти отчаянные предостережения в адрес Софии не начинать войны без одобрения Петербурга. Подобное бахвальство свидетельствует об общем заблуждении русского правительства, что оно всецело контролировало Балканский союз.

Гарантии и торги

Эфемерность всех этих надежд с очевидностью проявилась 8 октября, с началом боевых действий между Турцией и Черногорией, к которой 17 октября присоединились Болгария, Греция и Сербия. Россия оказывалась в весьма непростой дипломатической ситуации: теперь она была вынуждена не только сдерживать Болгарию от наступления на Константинополь, но и беспокоиться по поводу потенциального закрытия турками проливов.

И именно торговое судоходство в проливах являлось теперь первейшей головной болью российского правительства. Вплоть до 15 октября Сазонов изо всех сил старался не допустить вступления в войну как можно большего количества балканских государств, тем временем пытаясь скорейшим образом урегулировать конфликт. В тот день он получил письмо от председателя Совета министров Коковцова с напоминанием об угрозе нового закрытия проливов и в целом о проблемах, связанных с возможными турецкими мерами против балканских судов. Порта же не только закрыла Босфор и Дарданеллы для торговых судов под греческими и болгарскими флагами, но даже захватывала таковые,

---

если те заходили в турецкие воды[45]. Огромную часть сельскохозяйственного экспорта Российской империи перевозили иностранные суда, и в особенности греческие, так что даже «неполное» закрытие проливов уже угрожало нанести серьезный удар по экономике страны. Признавая за Турцией право не допускать в проливы суда балканских государств после объявления войны, Коковцов предлагал опротестовать «незаконное, на [его] взгляд, задержание судов до ее объявления», намереваясь поднять этот вопрос на следующем заседании Совета министров[46].

Итак, 18 октября Сазонов заявил протест турецкому правительству через посла в Санкт-Петербурге Турхан-пашу и через Гирса в Константинополе. Он указал послу, что ввиду экономических интересов России военные операции в Черном море крайне нежелательны, а учитывая окончание войны с Италией, у Турции более нет причин ограничивать проход торговых судов. Гирсу же он поручил уведомить турецкое правительство, что очередной удар по российской торговле вполне может оказать на правительство давление практически неодолимое, вынуждающее отринуть занимаемую им мирную позицию. Он ожидал, что турецкое правительство внимательно прислушается к вполне законным требованиям России, но, чтобы несколько смягчить предупреждение, просил Гирса отметить, что, хотя Россия и выступает против военных операций в Черноморском бассейне, против снабженческих и воинских перевозок она не возражает и препятствий чинить таковым не намерена[47]. Также Сазонов активно искал поддержки со стороны других держав.

На этот раз Сазонов не собирался обсуждать проливы лишь с Турцией, как то происходило во время Итало-турецкой войны. Наибольшую морскую угрозу турецкому флоту и проливам представляла теперь Греция, не обладавшая дипломатическим

---

[45] Elliot — Grey, 15 October 1912, tel. 63 // BD. 9.2. № 31.

[46] РГИА. Ф. 1276. Оп. 7. Д. 4696. Л. 94–95. Коковцов — Сазонову, 15 октября 1912 года, псм. 5523.

[47] АВПРИ. Ф. 151. 2. Оп. 482. Д. 3699. Л. 3. Сазонов — М. Гирсу, 18 октября 1912, тел. 2224. См. также черновой вариант: АВПРИ. Ф. 151. Оп. 482. Д. 130. Л. 20.

весом, сопоставимым с членом Тройственного союза — Италией, и являвшаяся одним из четырех комбатантов, в отличие от тех же итальянцев, воевавших с турками в одиночку. Так что Сазонов полагал, что ему не составит труда надавить на Афины и добиться гарантий ненападения на проливы. 18 октября он предложил европейским державам присоединиться к нему с целью пресечь греческие угрозы проливам, чтобы не допустить закрытия судоходства[48]. Сам он в тот же день обратился к греческому поверенному, заявив, что Греция не сможет предпринять наступление на проливы в силу вероятного ее поражения в морском бою с турецким флотом, равно как и чувствительного урона, наносимого закрытием проливов торговому судоходству нейтральных держав. Он отметил, что желал бы иметь от Афин «положительные гарантии», которые снимут сомнения, бытующие среди судовладельцев и самим фактом своим [даже без закрытия проливов] уже приносящие убыток экономике России[49]. Кроме того, во время состоявшейся 19–20 октября встречи с греческим министром иностранных дел русский посол в Афинах Э. П. Демидов также настаивал, что Греция не должна посягать на проливы[50], но никаких гарантий добиться так и не сумел. Как, впрочем, не сумели и европейские державы, которые Сазонов призвал поддержать Россию в давлении на Грецию, чтобы та дала официальные ручательства ненападения на проливы[51]. Тем не менее греки так и не напали, так что в итоге поставленной цели Сазонов все же добился.

Куда больший эффект имели дипломатические сношения Сазонова с османским правительством. Турки согласились тщатель-

---

[48] АВПРИ. Ф. 151. Оп. 482. Д. 130. Л. 28. Сазонов — Демидову, Извольскому и Бенкендорфу, 19 октября 1912, тел. 2240; АВПРИ. Ф. 151. Оп. 482. Д. 3699. Л. 15, 16. Свербеев — Сазонову, 19 октября 1912 года, тел. 149 и 150; Poincaré — P. Cambon et al., 18 October 1912, tels. 757 etc. // DDF. 3.4. № 195.

[49] Grey — Buchanan, 25 October 1912, ltr. 355 // BD. 9.2. № 63. Встреча датируется лишь приблизительно, основываясь на том, что Грей в письме указывает, что Бенкендорф обсуждал ее с Николсоном 19-го числа.

[50] АВПРИ. Ф. 151. Оп. 482. Д. 3699. Л. 42. Демидов — Сазонову, 20 октября 1912 года, тел. 99.

[51] См., например, Grey — Buchanan, 22 October 1912, ltr. 354 // BD. 9.2. № 56.

но следовать нормам международного законодательства как в отношении прав русских судовладельцев, так и собственных — в отношении принятия военных мер на суше и море против Болгарии; торговым судам под флагами балканских государств дозволялось беспрепятственно проходить через проливы до 21 октября[52]. 20 октября Гирс и французский посол при Блистательной Порте Морис Бомпар сошлись во мнении, что турецкое правительство старается идти навстречу русским интересам[53]. Сазонова, однако, турецкие «старания» не удовлетворили: он объявил Гирсу, что подобных деклараций недостаточно, что Россия требует полных гарантий беспрепятственного прохода своих торговых судов через проливы[54]. В тот же день Гирс доложил в Петербург, что четырехдневный гандикап для прохода греческих судов был продлен до недели, но Порта настаивает, что нынешнее продление последнее. Пусть Сазонов и не получил требуемых официальных гарантий открытости проливов, к концу октября уже было ясно, что Турция действует так, как он того и ожидал: еще в письме от 5 июня 1912 года он отмечал, что Турция вправе закрыть проливы ради самообороны, но лишь до тех пор, пока таковая действительно требовалась[55]. Кроме того, Коковцов и прочие министры его кабинета нашли способ обойти запрет на проход через проливы огромного греческого торгового флота: управление взяли на себя русские капитаны, а иностранные флаги судов с преимущественно иностранным экипажем сменили русские стяги[56]. Проблема товарооборота через

---

[52] АВПРИ. Ф. 151. Оп. 482. Д. 3699. Л. 47. Гирс — Сазонову, 20 октября 1912 года, тел. 887; РГИА. Ф. 1276. Оп. 7. Д. 4696. Л. 114. Гирс — Сазонову, 22 октября 1912, тел. 916.

[53] АВПРИ. Ф. 151. Оп. 482. Д. 3699. Л. 47. Гирс — Сазонову, 20 октября 1912 года, тел. 887.

[54] АВПРИ. Ф. 151. Оп. 482. Д. 130. Л. 43. Сазонов — Гирсу, 20 октября 1912 года, тел. 2285.

[55] См. ссылку Извольского на это письмо в Извольский — Сазонову, 19 октября 1912 года, тел. 264 // LN. 339.

[56] РГИА. Ф. 1276. Оп. 7. Д. 4696. Л. 112. Коковцов — Сазонову, 21 октября 1912 года, псм. 5570.

проливы, таким образом, была частично решена, и все внимание обратилось к более насущным вопросам, решавшимся и на театре военных действий, и в дипломатических канцеляриях европейских столиц.

Болгары у врат Царьграда

В первые же недели боевых действий Великие державы озаботились способом скорейшего прекращения Балканской войны, при этом без самоличного участия в конфликте. Но выработать эффективную модель урегулирования оказалось куда сложнее, чем предполагалось поначалу. Все усложнялось тем, что необходимо было удержать противоборствующие стороны от победы столь масштабной, что она угрожала бы нарушением статус-кво проливов и дальнейшей дестабилизацией в регионе. В самом начале войны считалось, что балканским армиям придется нелегко против хорошо подготовленных немецкими инструкторами османских вооруженных сил, так что и особых территориальных приобретений в принципе не предвиделось. В начале октября, когда началась война, Сазонов все еще находился с визитом в Балморале и чувствовал себя весьма неважно; по приезде в Россию он решил немного отдохнуть от дел и вернулся на Певческий мост лишь 22 числа[57]. За день до того Бенкендорф сообщил ему о проекте Грея касательно условий мирного договора между комбатантами в целях скорейшего урегулирования конфликта.

Грей предлагал поддержать «полную территориальную целостность Турции в отношении Константинополя и его окрестностей», в то время как над прочими своими европейскими землями Блистательная Порта сохраняла лишь номинальный суверенитет,

---

[57] И Николсон, и Грей были встревожены его состоянием после переговоров в Балморале. См. Nicolson — Grey, 30 September 1912, ltr. // BD. 9.1. № 806; Grey — Buchanan, 8 October 1912, ltr. // BD. 9.1. № 810. О возвращении в Россию см. Buchanan — Grey, 22 October 1912, tel. 383 // BD. 9.2 № 53.

что позволяло Великим державам контролировать внедрение и осуществление серьезных преобразований в данных регионах[58]. Не выказав по данному поводу особых волнений, Сазонов полностью — за исключением нескольких второстепенных моментов — одобрил предложение Грея[59].

Уже вскоре от его безмятежности не осталось и следа. К концу октября балканские союзные силы наносили туркам поражение за поражением, а болгарские соединения скорым маршем двигались через Фракию [Helmreich 1938: 196–299; Rossos 1981: 82–86]. Теперь, как 29 октября Сазонов заметил Бьюкенену, в отличие от прежних надежд Софии на интервенцию Великих держав, «балканские государства примут посредничество лишь при условии пересмотра территориального статус-кво»[60]. Русского министра все более тревожил темп продвижения болгарских войск, уже вплотную подошедших к Чаталджинской линии — важнейшей фортификационной системе на пути к Константинополю. Стремясь четко отграничить и защитить то, что он понимал в качестве русских интересов, 31 октября он разослал русским послам в столицах Великих держав и противоборствующих сторон циркуляр, разъясняющий ключевые принципы внешней политики Российской империи. Так, в случае пересмотра территориального статус-кво Россия настаивала, «что территория от Константинополя по линию, идущую от устья реки Марицы через Адрианополь к Черному морю, должна оставаться под реальным суверенитетом султана в обеспечение безопасности Константинополя и связанных с нею европейских и русских первостепенных интересов». Означенное требование, отмечает Сазонов, не ново, а потому в нем «не может быть ничего неожиданного» ни для

---

[58] Benckendorff — Sazonov, 21 October 1912, tel. 267 // EDW. № 432.

[59] АВПРИ. Ф. 151. Оп. 482. Д. 130. Л. 47–50. Сазонов — Извольскому, 23 октября 1912, псм. 671. Сазонов внес несколько незначительных изменений в проект договора и, что более важно, не пожелал согласиться с тем, чтобы — как предлагал Грей — Россия и Австрия выступали от имени прочих Великих держав при передаче условий, предпочитая, чтобы в процессе приняли участие многие государства.

[60] Buchanan — Grey, 29 October 1912, tel. 393 // BD. 9.2. № 74.

участников конфликта, ни для его наблюдателей. Он рассчитывал, что «Болгария не создаст положения, трудного для себя и для России», пренебрегая вышеизложенными фактами [то есть интересами России], «не позволяю[щими] двух толкований»[61].

Весьма показательно, что в своем циркуляре Сазонов также счел нужным упомянуть, что на его решения никоим образом не влияют публикации как отечественной, так и балканской прессы, нередко превратно истолковывающие политику России, а порой и имеющие целью оказать на нее давление. При этом он отметил, что подобного рода публикации порой и правда могут быть небесполезны, поскольку правительство «до известной степени могл[о бы] использовать представление о кажущемся разладе, чтобы склонить [европейские] кабинеты к мысли о необходимости считаться с трудностью нашего положения и бороться с натиском нашего общественного мнения»[62]. Словом, идею, что мнение общественности хоть сколь-нибудь может влиять на решения русского правительства, он отвергал совершенно. Кто-то, пожалуй, возразил бы, что подобными заявлениями Сазонов пытался скрыть, что в своих решениях как раз и следовал веяниям общественного мнения, однако же нигде — ни в документах, ни в письмах того времени — не найдется ни единого его доброго слова о шумных газетных пересудах — лишь досада и отвращение. Напротив, он считал, что понимает общественное мнение куда лучше газетчиков. 26 июня 1913 года в письме Извольскому Сазонов признавался, сколь непростой выдалась прошедшая зима, когда нападки на него сыпались буквально со всех сторон. Сазонов был признателен Николаю II за неизменную поддержку, считая, что и вся Россия должна быть за это благодарна. Более того, он счел необходимым отметить и «факт, весьма утешительный, что правительство, являемое в Балканском кризисе [им], куда вернее отражало общественное мнение стра-

---

[61] АВПРИ. Ф. 151. Оп. 482. Д. 130. Л. 78–81. Сазонов — Извольскому, Бенкендорфу, Свербееву и др., 31 октября 1912 года, псм. 678; то же письмо (неверно пронумерованное 678) см. в КА.16. № 45.

[62] Там же.

ны, нежели то удавалось националистической печати с безнравственным *Новым временем* во главе»[63].

Чтобы вынудить болгар прекратить военное наступление на турецкую столицу, Сазонов применял двоякий подход. Во-первых, он настоятельно предупреждал Болгарию, что взятие Чаталджинских укреплений может спровоцировать беспорядки и мятежи в столице, в результате чего державы, имеющие там наибольшие интересы и вложения — Британия и Франция, — могут выступить против действий Болгарии, оставляя ту беззащитной перед угрозой австрийской и румынской интервенции, каковая прошла бы абсолютно безнаказанно, останься болгары без поддержки со стороны Запада[64]. Данный аргумент не сработал, да и не имел особых оснований в реальности: ни Лондон, ни Париж так легко, как на это намекал Сазонов, от Болгарии не отвернулись бы [Rossos 1981: 88]. Во-вторых, он указывал, что неудачная осада Адрианополя может серьезно ограничить территориальные приобретения балканских союзников. Хоть данный аргумент также граничил с самовнушением, возможно, он все же отражал скрытые опасения Сазонова, что турецкие войска разобьют болгарскую армию. И вне зависимости от мнения болгар Сазонов подчеркивал, что Россия настаивает на сохранении за султаном реального контроля над землями от устья Марицы, включая Адрианополь[65]: как он резко заявил Стефану Бобчеву, болгарскому посланнику в Петербурге, «довольствуйтесь сан-стефанской Болгарией и ни при каких обстоятельствах не входите в Константинополь, ибо в противном случае всерьез

---

[63] АВПРИ. Ф. 340. Оп. 835. Д. 39. Л. 35–36. Сазонов — Извольскому, 26 июня 1913 года, псм.

[64] АВПРИ. Ф. 151. Оп. 482. Д. 3699. Л. 273. Сазонов — Неклюдову, 31 октября 1912 года, тел. 2403. Перевод этой телеграммы, пересланной в копии Бенкендорфу, можно найти в EDW. № 443 — но без пометки Николая II, присутствующей на изначальном документе, на которую я ссылаюсь ниже; в «Красном архиве» (Т. 16. № 46) данная телеграмма приведена также без царского комментария.

[65] АВПРИ. Ф. 151. Оп. 482. Д. 3699. Л. 273. Сазонов — Неклюдову, 31 октября 1912 года, тел. 2403.

осложните свое положение» [Rossos 1981: 87–88]. От Болгарии требовалось наконец уяснить, что Россия не готова жертвовать собственными интересами.

Одновременно с этим русский министр искал поддержки и у партнеров по Антанте, 31 октября и 1 ноября призвав их также оказать давление на болгарское правительство, чтобы прекратить наступление в Чаталдже. Как он заметил Бьюкенену, границы, предусмотренные Сан-Стефанским миром, должны «лечь в основу будущего урегулирования», однако же в Адрианопольском вилайете София ничего более не получит. Сазонов надеялся, что и британцы с французами будут держаться с болгарами той же линии[66]. Так что русские послы в Лондоне и Париже 1 ноября попросили тамошние правительства хотя бы в рекомендательном порядке обратиться к Софии по поводу нежелательности оккупации Константинополя[67]. В тот же день Сазонов имел беседу с французским посланником Луи, которому — с нарочитым преуменьшением — заметил, что Россия столь печется о судьбе Адрианополя, поскольку вопрос Константинополя всегда был для нее весьма *chatouilleux* — чувствительным, щекотливым[68].

Великобритания и Франция согласились на предложенную Сазоновым демаркацию (Марица — Адрианополь — Черное море), но наотрез отказались давить на Болгарию так, как того желали бы в России. Грей получил сведения, указывавшие, что болгары вряд ли остановятся у Чаталджи, учитывая, сколь победоносным был их путь туда. Он полагал, что если они нынче отступятся, то Турция соберется с силами и нанесет ответный удар[69]. Из Парижа пришло возражение Пуанкаре, отмечавшего,

---

[66] Buchanan — Grey, 1 November 1912, tel. 401 // BD. 9.2. № 85.

[67] Fleuriau — Poincaré, 1 November 1912, tel. 326 // DDF. 3.4. № 307; Poincaré — Fleuriau, 1 November 1912, tel. 801, in note 1 — Fleuriau — Poincaré, 2 November 1912 // DDF. 3.4. № 320; Бенкендорф — Сазонову, 1 ноября 1912 года, тел. 288 // KA. 16. № 47; Grey — Buchanan, 1 November 1912, ltr. 365 // BD. 9.2. № 91.

[68] Louis — Poincaré, 2 November 1912, tel. 505 // DDF. 3.4. № 311.

[69] Grey — Benckendorff, 1 November 1912, ltr. // BD. 9.2. № 92; Benckendorff — Sazonov, 2 November 1912, tel. 295 // EDW. № 448; менее подробно Grey — Buchanan, 2 November 1912, ltr. 368 // BD. 9.2. № 102.

что такого рода давление на болгар, за которое ратовал Сазонов, лишь «отдалит их от держав Тройственной Антанты», облегчая австрийцам «заключение собственного соглашения с Софией». Пока же, резюмировал он, с данным предложением [Сазонова] лучше повременить[70].

Тем не менее Сазонов упорно искал консенсуса в отношении остановки болгарского продвижения. Все отчетливее слышались речи о грядущем взятии болгарами Константинополя, и даже король Фердинанд уже грезил о триумфальном вхождении в город и величайшую православную святыню — Софийский собор, — ныне все еще мечеть[71]. Подобные настроения увеличивали вероятность беспорядков и погромов как в самом Константинополе, так и по всей Османской империи. Кроме того, взятие Константинополя болгарскими союзниками давало им серьезнейший аргумент в будущих переговорах с державами[72]. Сазонов желал во что бы то ни стало пресечь болгарское наступление на турецкую столицу, подчеркивая необходимость оперативных действий со стороны держав.

Сазонов заявил, что в случае взятия Константинополя Россия готова присоединиться к любой согласованной державами международной военно-морской демонстрации у берегов турецкой

---

[70] Извольский — Сазонову, 1 ноября, 1912 года, тел. 314 // КА. 16. № 49; Bertie — Grey, 2 November 1912, tel. 189 // BD. 9.2. № 97; Poincaré — Louis, 2 November 1912, tel. 804 // DDF. 3.4. № 313; АВПРИ. Ф. 151. Оп. 482. Д. 3700. Л. 49. Извольский — Сазонову, 3 ноября 1912 года, тел. 324. Телеграмма Пуанкаре № 804 была отправлена до того, как тот узнал об уступке Сазонова 2 ноября, о чем говорится далее.

[71] АВПРИ. Ф. 151. Оп. 482. Д. 3700. Л. 9. Гартвиг — Сазонову, 2 ноября 1912 года, тел. 262; АВПРИ. Ф. 151. Оп. 482. Д. 3700. Л. 16. Извольский — Сазонову, 2 ноября 1912 года, тел. 316.

[72] АВПРИ. Ф. 151. Оп. 482. Д. 3700. Л. 37. Сазонов — Извольскому, 2 ноября 1912 года, тел. 2437; АВПРИ. Ф. 151. Оп. 482. Д. 3700. Л. 39, 40. Сазонов — Бенкендорфу, Свербееву и др., 2 ноября 1912 года, тел. 2439; Сазонов — Извольскому, Бенкендорфу et al., 2 ноября 1912, тел. 2423 // ФРО. 293; Sazonov — Benckendorff, tel. 2423 // EDW. № 447; то же относится и к нумерации циркулярной телеграммы 2483 в LN. 565. Ошибка подтверждается как датой, так и содержанием самой телеграммы.

столицы с целью обеспечения «непродолжительности болгарской оккупации», ибо всякая продолжительность таковой была чревата новыми угрозами. В беседе с британским послом Сазонов настаивал, что столица и ее окрестности «должны остаться либо турецкими, [либо же] сделаться русскими, и тогда уже Россия будет вправе расценивать попытки какой-либо державы овладеть ими в качестве *casus belli*»[73], тем самым ясно подтверждая, сколь жизненно важен был Константинополь для России; единственным же, что, помимо этого, могло спровоцировать русскую интервенцию, было нападение Австрии. Словом, Россия выступала категорически против того, чтобы болгары оказались в Константинополе и тем более инкорпорировали его в некое новое, разросшееся болгарское государство.

В менее же «чувствительных» областях Сазонов уже был готов пойти на компромисс: так, если болгарам удастся взять Адрианополь и разрушить фортификации, «Россия, возможно, согласится, чтобы город остался за Болгарией»[74]. В состоявшейся 2 ноября частной беседе с Бьюкененом Сазонов разъяснил общее направление политики, определяющее позицию России вплоть до окончания кризиса: Болгарии будет дозволено расшириться за пределы сан-стефанских границ, включая даже Адрианополь, но султан должен сохранить реальный суверенитет над проливами, побережьем и Константинополем с достаточной окрестной зоной для их обороны.

Тогда же, 2 ноября, русским и болгарам представился шанс найти точки соприкосновения. В лондонской «Таймс» было опубликовано коммюнике, гласившее, что Болгария не намерена удерживать турецкую столицу, если таковая будет ею захвачена, — там будет подписан мирный договор, после чего болгарские силы покинут город. Подобное заявление подтверждало опасения Гартвига и Сазонова, что Константинополь нужен Софии в качестве разменной монеты на переговорах. Грей немедленно вызвал

---

[73] Buchanan — Grey, 2 November 1912, tel. private // BD. 9.2. № 98. Квадратные скобки в оригинале.

[74] Buchanan — Grey, 2 November 1912, tel. 405 // BD. 9.2. № 100.

к себе болгарского посланника Михаила Маджарова, заявившего, что данная публикация отражает сугубо его личное мнение. Грей напомнил ему о чрезвычайной важности Константинополя для России, предложив, чтобы болгарское правительство успокоило русских, официально уведомив их о своих добрых намерениях[75]. Маджаров передал предложение Грея своему правительству, и уже на следующий день британский поверенный в Болгарии доложил министру, что, как заявил ему глава правительства Иван Гешов, у его страны «нет ни малейшего намерения удерживать Константинополь»; также Гешов проинструктировал и петербургского посла Стефана Бобчева заверить в этом Сазонова[76].

Но еще прежде, чем об этом узнали в русской столице, готовность Сазонова признать Адрианополь болгарским была поддержана на высшем правительственном совещании, на котором вместе с ним присутствовали также Коковцов, морской министр, адмирал Григорович и начальник Генерального штаба генерал Жилинский. Полагаясь на мнение Военного министерства о том, что Адрианополь не имеет существенного значения для обороны Константинополя, чиновники решили, что Болгарии можно будет оставить себе город в пределах военной крепости, но, чтобы сохранить пространство для дипломатического маневра, пояснил Сазонов Луи, об этой уступке ставить Софию в известность он не собирается и настоятельно просит, чтобы о том не прознала французская пресса, как случалось уже не раз[77]. Пока уже принятое решение сохранялось в тайне, Сазонов мог занять с болгарами более сильную переговорную позицию.

---

[75] Grey — Bax-Ironside, 2 November 1912, tel. 139 // BD. 9.2. № 99; Grey — Bertie, 3 November 1912, tel. 658 // BD. 9.2. № 107; Benckendorff — Sazonov, 2 November 1912, tel. 295 // EDW. № 448.

[76] Bax-Ironside — Grey, 3 November 1912, tel. 120 // BD. 9.2. № 109. Бобчев лишь недавно занял свой пост, покинув Болгарию 17 октября — за день до ее вступления в войну. Его изначальные инструкции предписывали подготовку скорейшего вмешательства Великих держав, поскольку болгары считали, что шансы Балканского союза против Турции невелики. См. [Rossos 1981: 82].

[77] Buchanan — Grey, 4 November 1912, tel. 408 // BD. 9.2. № 119; Louis — Poincaré, 4 November 1912, tel. 511 // DDF. 3.4. № 343. Об отношениях МИДа Франции с прессой см. [Hayne 1993, chap. 2; Hayne 1988].

И в самом деле, все шло к тому, что уже очень скоро ему предстояло поторговаться с болгарами за Константинополь. 3 и 4 ноября турецкое правительство обратилось к державам с просьбой принудить балканских союзников к немедленному режиму тишины и не позволить болгарам — и лично королю Фердинанду I — войти в Константинополь, что привело бы к массовым беспорядкам и разрушениям[78]. Турхан-паша признался Сазонову, что армия его империи не в состоянии сдержать натиск атакующих и правительство покинет город в случае взятия его болгарами, что неминуемо обернется полной анархией[79]. Подобные известия лишь укрепили стремление Сазонова прийти к скорейшему компромиссу с державами с целью вынудить балканские государства принять посредничество и согласиться на перемирие; однако стремительное развитие событий вкупе с разногласиями держав чрезвычайно — как и всегда — осложнили путь от слов к решительным действиям.

Все еще надеясь заручиться поддержкой партнеров по Антанте, Сазонов поручил Извольскому поставить Пуанкаре в известность, что в случае взятия Константинополя Россия будет вынуждена отправить к его берегам весь свой Черноморский флот. Было бы куда сподручнее, если бы Франция помогла надавить на Германию с Австро-Венгрией, чтобы державы согласовали общий план действий, поскольку развертывание русских корпусов вблизи проливов вполне могло пагубно отразиться на общеевропейской ситуации[80]. Сазонов уведомил Берлин о своем плане посредничества, включая определение константинопольской оборонительной полосы, лишь 4 ноября; и если немцам представили план, согласно которому Адрианополь оставался турецким, то Пуанкаре наконец узнал, что Сазонов все же пошел

[78] АВПРИ. Ф. 151. Оп. 482. Д. 3700. № Л. 92. Гирс — Сазонову, 4 ноября 1912 года, тел. 982.

[79] АВПРИ. Ф. 151. Оп. 482. Д. 130. Л. 94. Сазонов — Извольскому, 4 ноября 1912 года, тел. 2451.

[80] АВПРИ. Ф. 151. Оп. 482. Д. 130. Л. 96–97. Сазонов — Извольскому, 4 ноября 1912 года, тел. 2455; а также EDW. № 449.

на то, чтобы уступить крепость болгарам[81]. И он, и Грей в итоге отказались пойти навстречу Сазонову, полагая подобное давление бессмысленным, а может статься, даже контрпродуктивным, ибо оно могло подтолкнуть Болгарию в объятия Австро-Венгрии[82].

Окончательно лишившись англо-французской поддержки и ввиду победоносно прорывающейся на Константинополь Софии Сазонов счел необходимым раскрыть свое согласие по Адрианополю в надежде, что этого достанет, чтобы болгары согласились начать переговоры. 5 ноября Бобчев наконец гарантировал Сазонову, что в случае взятия Константинополя болгарские войска не будут там расквартированы навсегда. При этом он настаивал, что Болгарии должна будет отойти значительно большая часть Адрианопольского вилайета, чем предписывалось Сан-Стефанским договором. Сазонов объявил ему, что Россия позволит Болгарии сохранить за собой Адрианополь, если той удастся захватить его; однако сам тон беседы, равно как и последние донесения с фронта, оставляли мало надежды, что болгар что-нибудь остановит на пути к турецкой столице. Столь ценная прежде монета теперь уже мало чего стоила[83].

Разочарование Сазонова было столь велико, что 6 ноября он, кажется, пошел на новую уступку, объявив французскому, британскому и болгарскому правительствам, что Россия не станет «возражать против временной оккупации Константинополя

---

[81] J. Cambon — Poincaré, 4 November 1912, tel. 393 // DDF. 3.4. № 333.

[82] Poincaré — J. Cambon and Fleuriau, 5 November 1912, tels. 624 and 810 // DDF. 3.4. № 348, 349; Fleuriau — Poincaré, 4 November 1912, tels. 331, 332 // DDF. 3.4. № 337; Grey — Buchanan, 5 November 1912, ltr. 371 // BD. 9.2. № 133. В письме Бьюкенену от 5 ноября Николсон ясно дал понять, что более, нежели Грей, верит в серьезную угрозу резни христиан в случае взятия столицы Османской империи. Причем он боялся, что массовые убийства грозят даже не константинопольским христианам, но скорее тем, что проживают в Малой Азии. Так что он был согласен с тем, что державы должны сделать все возможное, чтобы помешать Фердинанду с войском войти в Константинополь. См. Nicolson — Buchanan, 5 November 1912, ltr. // BD. 9.2. № 135.

[83] Buchanan — Grey, 5 November 1912, tel. 412 // BD. 9.2. № 130.

балканскими войсками»[84]. При этом он все равно опасался, что подобный исход еще более усложнит будущие переговоры: оставив город, турецкие силы тут же перегруппируются, «и Порта явно уже не станет выказывать особого рвения в поисках компромисса, ибо хуже дело уже точно не обернется»[85]. Также Сазонов напомнил, что если оккупация затянется, то Россия все же вынуждена будет перебросить Черноморский флот, который пробудет у берегов Константинополя вплоть до отбытия из города балканских сил[86]. И вплоть до неудачной осады измотанной болгарской армией Чаталджинской линии с 17 по 18 ноября Сазонов все продолжал переговоры в той же манере: как замечает Луи, он уже «будто бы смирился с тем, что болгары зайдут в Константинополь», возражая разве что против того, чтобы они там надолго оставались[87].

Хотя большинство историков действительно полагает, что Сазонов готов был согласиться на краткосрочную оккупацию Константинополя, несколько редко цитируемых документов позволяют в этом всерьез усомниться[88]. Русские и правда готовились к переброске войск к Константинополю якобы для поддержания порядка в городе, а также защиты европейских колоний и христианского населения. С подачи Извольского, напомнившего о прорабатывавшихся планах занятия Константинополя во время волнений 1896–1897 и 1908 годов[89], Сазонов, Коковцов и руководство Морского министерства приступили к обсуждению экспе-

---

84 АВПРИ. Ф. 151. Оп. 482. Д. 130. Л. 104. Сазонов — Извольскому, 6 ноября 1912 года, тел. 2474; то же в EDW. № 452. NB: неверный перевод / опечатку в последнем: во фразе «Мы станем возражать против временной оккупации» — опущено критически важное отрицание перед глаголом.

85 Там же.

86 Там же; см. также [Rossos 1981: 89].

87 Louis — Poincaré, 10 November 1912, tels. 517, 518 // DDF. 3.4. № 411.

88 Об уступках Сазонова см. [Rossos 1981: 89; Писарев 1985: 113–115]. Отметим, что Эрнст Хелмрайх вовсе не упоминает ни об этих уступках, ни о том, что описано далее. См. [Helmreich 1938: 200–201].

89 Извольский — Сазонову, 23 октября 1912 года, псм. // ФРО. 289–291, а также EDW. № 430.

д."иции, на случай если ситуация того потребует. Когда болгарские силы вплотную подошли к Чаталджинской укрепленной линии, Порта обратилась к великим державам с просьбой выслать — ради поддержания порядка — к берегам Константинополя сперва по одному кораблю, а затем и по два[90]. И 18 ноября международная флотилия под французским командованием действительно причалила к столице, высадив корпуса европейских держав на берег [Hall 2000: 33]. Русское же правительство решило действовать шире: во-первых, с 4 по 8 ноября была установлена прямая телеграфная связь между командующим Черноморским флотом в Одессе и Гирсом, чтобы иметь возможность оперативно вызвать уже приведенные в боевую готовность суда, не дожидаясь одобрения из Петербурга[91]; во-вторых, 6 ноября Сазонов уведомил Гирса, что на втором посылаемом к Константинополю корабле прибудет две роты солдат — всего около 1000 человек, — которыми он также волен распоряжаться по личному усмотрению. Отметив, что было бы весьма желательно, чтобы русские силы объявились в Константинополе раньше болгарских, дабы не возникло трудностей с поддержанием порядка, Сазонов поинтересовался, достанет ли для этого корпуса в 1000 человек[92]. Гирс

---

[90] См. прим. в BD. 9.2, p. 89; [Helmreich 1938: 201].

[91] АВПРИ. Ф. 151. Оп. 482. Д. 3700. Л. 30. Сазонов — Гирсу, 2 ноября 1912 года, тел. 2426; АВПРИ. Ф. 151. Оп. 482. Д. 3700. Л. 57. Сазонов — Николаю II, 4 ноября 1912, тел.; См. АВПРИ. Ф. 151. Оп. 482. Д. 3700. Л. 58 с одобрением Николая от того же дня; Григорович — Николаю II, 8 ноября 1912 года, тел. 320 [Захер 1924, 6: 51]. Захер полагает, что данная телеграмма «повергла Николая в <...> панику», ибо ответил он на нее спустя всего девять часов. Подобное, впрочем, весьма маловероятно. Во-первых, по поводу достаточно важных вопросов скорый ответ отнюдь не являлся чем-то из ряда вон выходящим; во-вторых, еще за четыре дня до того Сазонов уже испросил у царя дозволения организовать прямое сообщение Гирса с Одессой, так что запрос морского министра вряд ли мог Николая удивить; наконец, в-третьих, увеличение числа посылаемых судов также не должно было сильно обеспокоить царя, бывшего в курсе ситуации благодаря регулярному потоку телеграмм из Министерства иностранных дел.

[92] АВПРИ. Ф. 151. Оп. 482. Д. 130. Л. 103. Сазонов — Гирсу, 6 ноября 1912 года, тел. 2473. Распоряжение начальника Генштаба Жилинского от того же числа подготовить в Одессе 1000 солдат для переброски в Константинополь в ответ

в ответ указал, что для обеспечения безопасности европейской части города потребуется никак не менее 5000[93]. 16 ноября Сазонов попросил генерала Сухомлинова дополнить уже подготовленный, как ему доложили, к переброске отряд в 1000 бойцов еще 4000[94]; к 19 ноября в Одессе был получен приказ Сухомлинова подготовить дополнительные силы, включавшие уже не только пехоту, но также стрелковый батальон и две минометные батареи.

Теперь вставала проблема перевозки столь внушительных сил: ведь первоначально армейское и морское командование планировало отправить в Константинополь на корабле отряд в 1000 человек, однако с кратным увеличением личного состава вкупе с военной техникой транспортировка стала невозможной. Единственное военно-транспортное судно, находившееся тогда в Севастополе, было рассчитано на 1500 солдат; для переброски остальных Григорович через министра торговли и промышленности Тимашева срочно зафрахтовал два крупных парохода Добровольного флота, стоявших близ Одессы. Подобную спешку Сухомлинов пояснил Коковцову тем, что пароходы могли нанять с коммерческой целью, так что для обеспечения оперативной перевозки всех требуемых сил было принято решение немедленно их забронировать. Военный министр отметил, что в скором времени можно было бы подогнать и иные суда, однако на их разгрузку, очистку и в целом подготовку к транспортировке войск ушла бы как минимум неделя. Так рисковать, не имея наготове кораблей, он, конечно, не мог, ибо в любой момент

на запрос командующего Черноморским флотом адмирала Эбергарда см. в телеграмме Жилинского Васильеву: РГВИА. Ф. 2000. Оп. 1. Д. 2220. Ч. 3, Л. 247. Жилинский — Васильеву, 6 ноября 1912 года, тел. 2634.

[93] АВПРИ. Ф. 151. Оп. 482. Д. 3700. Л. 182. Гирс — Сазонову, 7 ноября 1912 года, тел. 1000.

[94] РГВИА. Ф. 2000. Оп. 1. Д. 2220. Ч. 3. Л. 270. Сазонов — Сухомлинову, 16 ноября 1912 года, псм. 751. Сазонов уведомил Гирса, что отряд в 1000 человек уже подготовлен и что им запрошено еще четыре тысячи. См. АВПРИ. Ф. 151. Оп. 482. Д. 131. Л. 9. Сазонов — Гирсу, 16 ноября 1912 года, тел. 2599.

могла поступить команда от Гирса[95]. Однако неудача болгар в Чаталджинском сражении в зародыше пресекла дальнейшую реализацию плана.

В самый разгар напряженного ноябрьского планирования и подготовки экспедиции, незадолго до наступления болгар на Чаталджу, Сазонов написал два развернутых письма: конкретные адресаты первого (от 12 ноября) неизвестны, но, вероятнее всего, ими были начальники Генштаба и Коковцов, которым Сазонов расписывает свою позицию по текущим вопросам, предлагая взять ее за основу дальнейших обсуждений и планов, отправляемых затем на одобрение царю[96]; второе же письмо от 14 ноября — несколько сокращенный и более директивный вариант первого — было адресовано Гирсу и разъясняло взгляд русского МИДа на проблему проливов и Константинополя[97]. Эти письма позволяют не только лучше понять причины планировавшейся высадки под Константинополем, но и глубже прояснить взгляды Сазонова относительно проливов.

Сперва Сазонов в деталях расписывает официально принятую и озвученную правительством версию в поддержку будущей экспедиции: принимая во внимание численность мусульманского населения (в разы превосходящую количество христиан) вкупе с македонскими беженцами и вероятным появлением отступающих, раздосадованных военными неудачами турецких солдат, говорит Сазонов, «опасность для европейцев и местных христиан, а также для многочисленных учреждений и интересов в столь крупном мировом центре, как Константинополь, пред-

[95] РГИА. Ф. 1276. Оп. 8. Д. 465. Л. 4, 18–19. Сухомлинов — Коковцову, 19 ноября 1912 года, псм. 1735 и 1736; РГИА. Ф. 1276. Оп. 8. Д. 465. Л. 5. Григорович — Коковцову, 19 ноября 1912 года, псм. 3630/396. Свое одобрение Коковцов выразил спустя четыре дня. См. РГИА. Ф. 1276. Оп. 8. Д. 465. Л. 20, 21. Коковцов — Сухомлинову, 23 ноября 1912 года, псм. 6295 и 6296.

[96] АВПРИ. Ф. 151. Оп. 482. Д. 3700. Л. 242–249. Сазонов — [Коковцову и руководству Генштаба], 12 ноября 1912 года, псм.; далее — *Генштабу*.

[97] АВПРИ. Ф. 138. Оп. 467. Д. 459/478. Л. 22–24. Сазонов — Гирсу, 14 ноября 1912 года, псм.; далее — *Гирсу*.

ставляется несомненной» (Генштабу: 242)[98]. В качестве еще одного доказательства Сазонов приводит запросы американского, бельгийского и шведского правительств о защите их посольств и граждан, а также просьбу Вселенского Патриарха об охране от возможных угроз Святой Софии. Ввиду же потенциального размаха всевозможных угроз предотвращение таковых требует немедленной разработки «быстрых и решительных мер» (Генштабу: 243). Как ближайшая к Константинополю Великая держава, а также в качестве признанного охранителя христиан Османской империи именно Россия, полагал Сазонов, обязана с этой целью послать туда войска.

Вместе с тем, подобным — и вполне резонным — объяснением прикрывались и более насущные интересы министра иностранных дел, правительства и императора России. Сазонов видел в обсуждавшейся десантной операции возможность усилить русское влияние на судьбу Константинополя и проливов, в случае если туркам пришлось бы отступить в Малую Азию и впредь затягивать переговоры о мире. Тогда продолжилась бы и болгарская оккупация города, увеличивая вероятность того, что будущее региона решится не в пользу России.

> Вот почему присутствие довольно значительной нашей воинской части, посылка коей в настоящее время могла бы быть обусловлена мерами охраны порядка, явилась бы крайне важным для нас залогом и показателем того, что в решении участи Константинополя и Проливов России принадлежит решающий голос (Генштабу: 244).

Таким образом, суть дела сводилась к следующему: Сазонов намеревался удовлетворить законные потребности местного и европейского населения в защите в угоду достижению интересов России, а точнее, обеспечению таких условий, при которых любое разрешение ситуации отвечало бы ее интересам. Также

---

[98] В 1914 году среди 1 020 000 жителей Константинополя мусульмане составляли приблизительно 49 %, православные — 22 %, 25 % являлись армянскими христианами и еще 4 % — иудеями. См. [Mansel 1995: 437].

здесь можно видеть один из первых — но редко отмечаемых историками — случаев после войны с Японией, когда Россия всерьез рассматривала возможность применения военной силы в поддержку своей дипломатической позиции. Принимая в расчет географическое положение Константинополя, а также присутствие у его берегов судов всех прочих великих держав, Россия была вынуждена вести приготовления тайно, в отличие от вполне откровенных маневров на западной границе с Австро-Венгрией, где между державами, защищающими свои сербские интересы, разворачивалось затяжное вооруженное противостояние[99]. В случае с Константинополем Россия отнюдь не была уверена, что сможет оказывать постоянное давление, а потому вынуждена была действовать тоньше, пусть все же и военным путем.

Далее Сазонов описывает наиболее устраивающий Россию итог конфликта. Во-первых, он отмел британское предложение по интернационализации Константинополя и закреплению нейтрального статуса за проливами, поскольку таким образом ключевые русские интересы оказывались практически ничем не обеспечены[100], кроме, конечно, международных соглашений, которые, подчеркивает он, малоспособны гарантировать достаточную их защиту. Если болгары получат новую границу неподалеку от города, то в один момент они попросту смогут вновь занять его, не встретив серьезного сопротивления. Тогда они получили бы возможность влиять на навигацию в проливах, чего Россия допустить никак не могла. Во-вторых, даже при условии весомых гарантий в мирное время в периоды кризиса Россия оказалась бы в ситуации еще большей неопределенности, чем когда проливы находились под турецким контролем, поскольку теперь «всякая морская держава будет в состоянии беспрепятственно пройти через проливы», учитывая шаткость

---

[99] О противостоянии с Австрией за Сербию и нарастающей готовности России применять армию в поддержку дипломатии см. [Stevenson 1996: 232–246; 253–266].

[100] Извольский — Сазонову, 6 ноября 1912 года, тел. 340 // ФРО. 294; Fleuriau — Poincaré, 6 November 1912, tel. 334 // DDF. 3.4. № 364; [Miller 1997: 126]; Генштабу: 244.

всех подобных гарантий в военное время. К тому же иным державам стало бы куда проще когда вздумается заблокировать российский экспорт через проливы (Генштабу: 245). Так что, резюмирует Сазонов, России следует не полагаться на какие-либо писаные соглашения, но самой обеспечить надежную защиту своих интересов в этой важнейшей водной артерии.

Однако выработать подобные меры представлялось задачей весьма нелегкой. Радикальный вариант состоял в захвате Константинополя и проливов силой. Как отмечает Сазонов, этот план обещал России ряд преимуществ: помимо контроля над центром мировой торговли с «ключом к Средиземноморью», таким образом закладывалась «основа беспрецедентному развитию русской мощи» посредством относительно непротяженной, но весьма укрепленной границы с Болгарией вкупе с оснащением Дарданелл «наисовременнейшими фортификационными средствами и вооружениями» (Генштабу: 246). Благодаря этой новой силе Россия тогда сумела бы добиться доминирующего положения на Балканах.

> Словом, для России создалось бы то мировое положение, которое является естественным венцом ея усилий и жертв на протяжении двух столетий нашей истории.
> Величие такой задачи и всех нисчислимых последствий ея достижения в церковном, культурном, экономическом и политическом отношениях внесло бы оздоровление в нашу внутреннюю жизнь, дало бы Правительству и обществу те цели и тот подъем, которые их могли бы объединить в служении делу безспорной общенародной важности (Генштабу: 246).

Словом, занятие Константинополя, полагал он, не только чрезвычайно усилило бы стратегические позиции России, но также весьма благотворно сказалось бы и на ее внутриполитической обстановке.

Однако дойдя в обсуждении до подобных высот, Сазонов резко возвращает своих корреспондентов на землю, обращаясь к препонам, связанным с реализацией данного плана. Оставляя военные и финансовые подробности специалистам, он отмечает, что русская экспансия в районе проливов станет для прочих держав однозначным сигналом к тому, что пора и им «разобраться» с интересующими их территориями. И наиболее вероятным следствием этого окажется занятие австрийскими войсками чуть ли не половины Балканского полуострова, и в первую очередь Сербии[101]. С утратой же последней можно будет позабыть и об идеях объединения Балкан. По мнению Сазонова, лишь проводя линию «Балканы — для балканцев», являющуюся «одной из основных задач русской политики в нынешнем кризисе», Россия могла помочь в объединении полуострова, который тогда послужил бы «одной из самых прочных и естественных наших опор в противопоставлении Тройственному Союзу» (Генштабу: 247). Так что для Сазонова, коль скоро выбирать предстояло между немедленным овладением проливами и объединением балканских народов против австрийской экспансии, единственно верным являлось именно последнее. Сазонов готов был отложить русскую экспансию до поры, пока не будут вполне обеспечены русские интересы в регионе, чтобы не допустить австро-венгерской, тем самым упрочивая независимость балканских народов, к освобождению которых Россия вот уже которое десятилетие прикладывала немалые усилия.

Данный разбор ничуть не подтверждает готовность Сазонова оставить Константинополь и проливы на произвол судьбы. Поставленная им задача заключалась как раз в том, чтобы предпринять шаг «радикальный», но именно в определенных им же рамках. Вариант с международными гарантиями исключался сразу, поскольку таковые могли помешать тем или иным будущим действиям России; также исключалось и какое-либо сотрудничество с Австрией, поскольку тогда обе державы стремились бы к обеспечению собственных интересов за счет балканских государств. После поступившего по этому поводу предложения из Вены

---

[101] О планах Австро-Венгрии см. Голеевский — в отдел ген.-квартирмейстера ген. штаба, 14 августа 1912 года, рапорт № 108 // МО. 2.20.2. № 468; в сокращенном виде переслан в МИД Жилинским: АВПРИ. Ф. 151. Оп. 482. Д. 3717. Л. 43–44. Жилинский — Сазонову, 5 ноября 1912 года, псм. 2455.

Россия призвала Великие державы объявить о незаинтересованности в каких-либо территориальных приращениях в результате нынешнего конфликта, однако Австро-Венгрия отказалась. Опасаясь антисербских действий с ее стороны, Сазонов указывал, что в случае занятия Веной каких бы то ни было новых территорий Россия оставляет за собой «полную свободу в принятии решений» относительно последующих действий (Гирсу: 23).

Предпочтительнее всего, считал он, было бы взять под контроль Верхний Босфор, как только турецкое правительство покинет Константинополь или же Австро-Венгрия продвинется вглубь Балкан. В подобном случае, по мнению Сазонова, уже не имело значения, получила ли Россия побережье в прямое владение или в долгосрочную аренду: главное, что теперь благодаря фортификациям на Босфоре Петербург получал возможность предотвратить вторжение в Черноморье любых вражеских судов. Тогда можно было бы интернационализировать Константинополь, а Дарданеллы, лишенные боевых укреплений, объявить нейтральными. С таким усилением Черноморского флота Россия сможет свободно проходить через Дарданеллы и, оккупируя минимум территорий, добиться существенных изменений своих прав в проливах. К тому же таким образом Россия совершила бы важный первый шаг на пути к овладению всем этим регионом.

Представленный анализ позволяет выделить ряд ключевых моментов касательно отношения Сазонова к Константинополю и проливам. Во-первых, он полагал, что обеспечение русских интересов в регионе — экономических, военных, культурных — требует физического присутствия там, поскольку защитить их какими-либо соглашениями не представлялось возможным. Во-вторых, полностью осознавая потенциальную значимость для Российской империи и Константинополя, и проливов, он тем не менее считал, что нынешняя угроза австрийской экспансии их перевешивает. То есть, как мы видим, это был отнюдь не слепой романтический порыв удовлетворить традиционные чаяния, но скорее взвешенная оценка стратегического положения России. Австрийская экспансия на Балканах не только ставила крест на надеждах сдержать германские державы, но и обрушивала позиции России в качестве хранителя и предводителя всех южных славян. Так что, хотя проливы, по его мнению, и имели для России критическое значение, пользу от немедленного их обретения в данный момент перевешивали иные соображения; аналогичный выбор Сазонов сделает и в будущем.

С начавшимся 17 ноября наступлением на Чаталджинскую линию и срывом переговоров балканских союзников с Турцией болгарам, казалось, стало вполне по силам взять турецкую столицу. 20 ноября Сазонов был даже вынужден мимоходом объявить — пусть и лично французскому послу — о согласии на интернационализацию Константинополя и нейтрализацию проливов, — впрочем, окончательное заявление министр тогда отложил до совещания с царем и министрами[102]. Ведь если в вышеизложенных тезисах и предусматривалась интернационализация Константинополя, то о нейтральном статусе обоих проливов речи не было. Однако учитывая их значение для русских, стоит задаться вопросом: а не было ли это нарочито молчаливое согласие уловкой, чтобы завоевать благорасположенность и поддержку Франции с целью заявить впоследствии, что царь и русские власти не допустят полного нейтралитета проливов по причинам, аналогичным изложенным Сазоновым выше?

С провалом болгарского наступления и ликвидацией угрозы взятия Константинополя Петербург мог уделить более пристальное внимание и другим насущным вопросам. Наиболее острыми среди них являлись настойчивое стремление Сербии заполучить выход к Адриатическому морю, а также различные голоса относительно необходимости мирной конференци для урегулирования множества территориальных споров, разгоревшихся вследствие практически тотального европейского отступления Османской империи. Сазонов всякий раз подтверждал, что, пока

---

[102] Louis — Poincaré, 20 November 1912, dep. 330 // DDF. 3.4. № 506. Зотиадес также внимательно изучает данный эпизод, хотя и придает ему значение куда большее, чем предполагает контекст ноябрьских писем Сазонова, многочисленных донесений и приготовлений армии и флота к черноморской операции. См. [Zotiades 1970: 292].

Константинополь остается турецким, Россия не станет поднимать вопрос о проливах на какой бы то ни было будущей мирной конференции[103]. Узнав 28 ноября о предложении статс-секретаря по иностранным делам Германии Альфреда фон Кидерлен-Вехтера включить в обсуждение Великих держав судьбу Константинополя[104] и затем отвечая на прямой вопрос тому же Луи, Сазонов ясно дал понять, что в данном вопросе Россия проявлять инициативу не намерена. Он опасался, что державы затребуют компенсации, в особенности Австрия, хотя, указывая на готовность России к сотрудничеству по албанскому вопросу[105], считал, что и Австро-Венгрия должна пойти навстречу по изменению режима проливов. Так или иначе, хотя он и упомянул о потенциальном разрешении на проход через проливы военных судов государств Черноморского региона, в нынешних обстоятельствах необходимости в изменении ситуации, сложившейся де-факто, он не видел и каких-либо определенных предложений выдвигать пока не желал[106]. Так что, как только в Лондоне началась конференция послов держав, судьба Константинополя и проливов отошла на второй план.

Но в октябре-ноябре этим вопросам уделялось внимание весьма значительное. Хотя первые успехи болгарского наступления и толкнули Россию к уступкам в большинстве территориальных вопросов, теперь она неколебимо стояла на том, что Болгария не получит ни постоянного доступа в проливы, ни османской столицы. Решимость России подкреплялась подготовкой к десантной операции в Константинополе с целью обезопасить важнейшие интересы державы. Не желая доверять писанным на бумаге соглашениям, лишь на словах защищавшим российские

[103] Buchanan — Grey, 22 November 1912, tel. 446 // BD. 9.2. № 254.

[104] Benckendorff — Sazonov, 28 November 1912, tel. 349 // EDW. № 349.

[105] Тогда же, 28 ноября, была провозглашена независимость Албании. — *Примеч. пер.*

[106] АВПРИ. Ф. 151. Оп. 482. Д. 131. Л. 110–113. Сазонов — Извольскому, 29 ноября 1912 года, псм. 787; также (с купюрами) в EDW. № 491; АВПРИ. Ф. 151. Оп. 482. Д. 131. Л. 56. Сазонов — Извольскому, 30 ноября 1912 года, тел. 2764; также в EDW. № 490.

интересы, Сазонов заручился согласием коллег-министров и царя на то, чтобы предпринять военные шаги, призванные подкрепить слова.

Греция и острова близ проливов

Был и еще один требующий немедленного рассмотрения вопрос, прямо затрагивающий свободное судоходство в проливах, а именно судьба турецких островов в Эгейском море, оккупированных продолжавшими военные действия греческими силами[107]. Узнав, что данная тема будет поднята в Лондоне, 8 декабря Сазонов обратился к адмиралу Григоровичу с просьбой указать, какие острова, по его мнению, должны остаться турецкими, «дабы гарантировать безопасность проливов», а какие можно было бы уступить союзникам без ущерба интересам России[108]. Заручившись соответствующими данными Морского генштаба, 12 декабря Григорович уведомил Сазонова, что, по мнению его министерства, лучше бы островам остаться «в руках державы слабейшей», то есть не представлявшей угрозы русскому флоту; в качестве же наименее предпочтительного нового владельца значилась Австро-Венгрия. Словом, в Морском министерстве полагали, что Имброс [ныне — турецкий остров Гекчеада], Лемнос, Тенедос [турец. Бозджаада] и Самофракию стоит оставить Турции в силу географической близости этих островов к проливам. Все прочие вполне можно было уступить какой угодно из держав — за исключением, конечно, Австрии, — будь в том известные выгоды для России, ибо в противном случае принципиальной разницы между греками и турками для флота не было[109]. Переслав 12 декабря упрощенный вариант этого сообщения

---

[107] См. [Rossos 1981: 114].

[108] Сазонов — Григоровичу, 8 декабря 1912 года, псм. 832, по [Захер 1924: 60].

[109] РГАВМФ. Ф. 418. Оп. 1 Д. 5538. Л. 1–2. Ливен — Григоровичу, 10 декабря 1912, док. 301. Переслано Григоровичем — Сазонову, 10 декабря 1912 года, псм. 3964/442, по [Захер 1924: 60].

Бенкендорфу, Сазонов указал, что «для нас нежелательно, чтобы острова оказались под контролем иностранной державы, умевшей бы через таковое обладание угрожать безопасности проливов», понимая под «островами» те четыре, перечисленные ему Григоровичем[110].

На состоявшейся 18 декабря в Лондоне конференции послы держав действительно обсуждали острова в Эгейском море, но — к удовлетворению России — так ни к чему и не пришли. Бенкендорф, конечно, передал тезисы Сазонова, однако остальные державы опасались вероятного возмущения христианского населения островов по поводу возвращения турецкого владычества — на том переговоры и зашли в тупик. Поэтому делегаты единогласно приняли предложение Грея объявить о временном нейтральном статусе островов под протекторатом держав без дальнейших уточнений о чьем-либо над ними суверенитете.

В ходе дальнейших декабрьских обсуждений между Иностранным и Морским министерствами было решено все же «согласиться на переход [всех] четырех островов в обладание Греции, <...> с обязательством уничтожить всякого рода укрепления и иные военные и военно-морские сооружения, <...> никогда не возводить таковых, не пользоваться островами в каких-либо военных или связанных с войной целях», а также не дозволять подобного иным державам[111]. Острова обсуждались всю оставшуюся часть зимы, а затем и в весенне-летние месяцы[112], но Сазонов неколебимо стоял на позициях от 21 декабря, наотрез отказываясь признавать греческую аннексию островов до заявления о полной их нейтрализации. При этом, когда немцы настаивали на сохра-

---

[110] АВПРИ. Ф. 151. Оп. 482. Д. 131. Л. 91–94. Сазонов — Бенкендорфу, 12 декабря 1912 года, псм. 837.

[111] Нератов — Ливен, 23 декабря 1912 года, псм. 884, по [Захер 1924: 61].

[112] Эндрю Россос [Rossos 1981: 114] считает, что подобную позицию русский МИД занял преимущественно под влиянием Франции, но Яков Захер [Захер 1924: 61] более убедительно описывает ключевое межведомственное обсуждение между начальником Морского генерального штаба вице-адмиралом князем Ливеном и начальником канцелярии МИДа, близким другом Сазонова, бароном Шиллингом. Также см. [Helmreich 1938, chaps. 10–16].

нении островов Турцией, Сазонов был вполне готов с этим согласиться при условии гарантий безопасности для христиан[113]. В любом из обсуждавшихся вариантов его минимальные требования сводились к обеспечению русских интересов в проливах, а именно бессрочной нейтрализации четырех островов.

Пересмотр болгарских успехов

Срыв декабрьского перемирия и возобновление военных действий со 2 марта 1913 года с новой силой воодушевили болгар пойти на Адрианополь, а вместе с тем пробудили и прежние опасения России за безопасность Константинополя[114]. Петербург вновь обратился к своей осенней политике, с одной стороны настаивая на недопустимости болгарской оккупации Константинополя или прилегающих к проливам территорий, а с другой — подготавливая десантную операцию в защиту как константинопольских христиан, так и российских интересов.

Видя неизбежность нового наступления на Адрианополь, 22 марта Сазонов в беседе довел данную позицию до сведения болгарского генерала Радко Дмитриева, прибывшего в российскую столицу с визитом. На это Дмитриев отвечал, что Болгария желала бы получить границу с Турцией, включающую побережье Мраморного моря, и в особенности порт Родосто (ныне — турец. Текирдаг). Параллельно с этим он намекнул Сазонову на опасность, что в случае отказа нынешняя, пророссийски настроенная власть сменится новой, склонной скорее искать поддержки у Австро-Венгрии. Однако, поскольку болгарское предложение шло вразрез с одним из краеугольных камней политики Сазоно-

---

[113] АВПРИ. Ф. 151. Оп. 482. Д. 3714. Л. 55. Сазонов — Бенкендорфу, 1 февраля 1913 года, тел. 168; АВПРИ. Ф. 151. Оп. 482. Д. 3714. Л. 348. Сазонов — Извольскому и Бенкендорфу, 6 апреля 1913, тел. 860.

[114] Россос отмечает, что из документов не ясно, намеревалась ли София напасть на Константинополь или нет. Так или иначе, с уверенностью полагать, что болгары этого точно не сделают, Россия не могла. См. [Rossos 1981: 120–121].

ва в отношении проливов — никаким державам, кроме Турции и России, не дозволено влиять на навигацию в них, — он наотрез отказался и думать об этом. Он напомнил генералу, что Россия уже пошла на серьезные уступки, позволив Болгарии захватить Фракию по линии Энос — Мидия вдоль реки Эргене; требования же новых уступок способны лишь возбудить у России недоверие к болгарским замыслам в отношении Константинополя. Сазонов отметил значимость прежних шагов России навстречу Болгарии, лукаво сообщив Дмитриеву, что Генеральный штаб счел Адрианополь ключевым форпостом обороны турецкой столицы, хотя уже было известно, что это не так. Более того, он заявил генералу, что предостережение о смене правительства его вовсе не страшит: ведь если новое правительство в Софии действительно примет проавстрийский курс, это лишь покажет, как низко России следует оценивать Болгарию, а значит, и подавно ни о каких уступках и речи быть не может. Также Сазонов отклонил и предложение генерала Дмитриева о том, чтобы София принесла Константинополь Петербургу в дар, ибо вопрос был чересчур сложен, чтобы его можно было решить в рамках двустороннего русско-болгарского соглашения[115]. Русский министр прекрасно понимал, что после Лондонской конвенции 1871 года и Берлинского конгресса 1878-го какие бы то ни было изменения в вопросе проливов должны приниматься через многосторонние обсуждения, а учитывая нынешнее состояние русской армии, претерпевающей болезненные преобразования, момент был не самым удачным. Кроме того, последствия оккупации Константинополя — как для христианского населения, так и для российских интересов — потенциально могли обернуться настоящей ката-

---

[115] АВПРИ. Ф. 138. Оп. 467. Д. 318/321. Л. 4–5. Сазонов — Неклюдову, 22 марта 1913 года, псм. 262. В ходе беседы Дмитриев осознал, что, посылая его с миссией в Петербург, его не до конца ввели в курс дела по части дипломатических шагов болгарского правительства. Стоит также отметить, что обучавшийся в Одессе и Петербурге Дмитриев доблестно служил в русской армии на рубеже веков и после начала Первой мировой войны, в которой Болгария сохраняла нейтралитет, вернулся на русскую службу [Stone 1975: 21].

строфой, и дозволить болгарам добиться столь мощного влияния на ситуацию было никак нельзя.

После взятия союзниками Адрианополя 27 марта впереди уже отчетливо маячил Константинополь. Реакция Сазонова была ровно той же, что и в ноябре 1912 года: в османскую столицу следует послать эскадру с военным отрядом ради поддержания порядка и защиты русских интересов. 29 марта, оперативно возобновив полномочия Гирса вызывать флот в случае болгарской угрозы Константинополю [Захер 1924: 62], Сазонов отчитался царю, что отправка судов обоснована

> …как необходимостью принять меры к ограждению мирнаго христианскаго населения Константинополя во время безпорядочнаго отступления турецкой армии, так и желательностью, чтобы, в случае вступления болгарской армии в Константинополь, в водах Босфора находилась внушительная русская сила, способная своим присутствием оказать нужное давление для предотвражения таких решений вопроса о Константинополе и Проливах, кои были бы несовместимы с интересами России[116].

Царю было доложено также, что, послав эскадру к турецкой столице, правительство сумеет заранее купировать возможные кривотолки в печати, объявив, что русские силы пробудут там лишь столько, сколько потребуется для мирного урегулирования конфликта, — при этом сама манера изложения позволяла предположить, что истинные намерения министра иные[117]. Несмотря на то что Сазонов неоднократно указывал державам, что взятие болгарами Константинополя автоматически приведет к посылке к его берегам русских кораблей, ни в одном официальном документе не значится его заявлений о намерении России отправить в турецкую столицу пятитысячный корпус.

[116] АВПРИ. Ф. 138. Оп. 467. Д. 721/780. Л. 58–59. Сазонов — Николаю II, 29 марта 1913 года. 29 марта план был одобрен царем и переслан Сазоновым Коковцову: РГИА. Ф. 1276. Оп. 9. Д. 600. Л. 1. 30 марта 1913 года, псм. 288. Также см. РГИА. Ф. 1276. Оп. 9. Д. 600. Л. 4. Сазонов — Сухомлинову, 2 апреля 1913, псм. 297.
[117] Там же.

В апреле 1913 года был вновь подготовлен десантный отряд, но теперь из-за возросшего количества солдат возникли проблемы с их транспортировкой [Шацилло 1968: 102]. Таким образом, пока не прибыл корабль, а лучше несколько, пока их не разгрузили и не подготовили к перевозке личного состава — что заняло бы по меньшей мере еще несколько дней, — Россия оказывалась бессильна и не могла защитить ни христиан, ни собственные интересы в османской столице. Болгар же от Константинополя отделял теперь лишь один, последний оборонительный редут, и шансы России остановить их таяли на глазах. Не осведомленный о черноморской ситуации, Гирс телеграфировал 1 апреля, что если Россия не может направить к столице военный отряд, то «крайне необходимо ускорить заключение сторонами мира до падения Чаталджинских позиций, а затем — приложить все усилия, чтобы впредь подобного рода события не могли застать [Россию] врасплох»[118].

Лишившись одного из немногих реальных способов прямо влиять на ход событий, Сазонов удвоил усилия на дипломатической арене. Еще прежде, чем узнать, сколь ограниченны теперь его возможности, он предпринял попытку умиротворить болгар, предотвратив их дальнейшее наступление посредством очередной территориальной уступки. Памятуя о недавней беседе с миссией Дмитриева, 27 марта, еще до новой осады Адрианополя, Сазонов уведомил русских посланников в державах, что решил удовлетворить просьбу Софии об изменении ее границы с Турцией: теперь линия Энос — Мидия должна была быть проведена напрямую, не следуя, как прежде, разделяющей их реке Эргене. Сазонов торопил державы и Турцию как можно скорее одобрить план, опасаясь, что «всякое промедление чревато для Константинополя серьезной опасностью»[119], и настаивая при этом, что более уступок Болгарии быть не должно и ни при каких обстоятельствах ей не достанется выхода к морю — ни к Мраморному,

---

[118] РГИА. Ф. 1276. Оп. 9. Д. 600. Л. 5. Гирс — Сазонову, 1 апреля 1913, тел. 218.

[119] Sazonov — Giers, 27 March 1913, tel. 723 // DSI. 3. № 789.

ни через проливы[120]. Великие державы не выказали серьезных возражений против предложенной Сазоновым граничной линии, и та была включена в новое мирное соглашение.

Итак, одно из болгарских требований было удовлетворено, но его значимость омрачалась военно-гражданским конфликтом. Несмотря на то что болгарское правительство неоднократно заявляло державам, что после заверений в том, что ими будет гарантирована линия Энос — Мидия, наступление на Константинополь не планируется, все соглашались, что король Фердинанд и армейское руководство страны вскоре нанесут удар [Rossos 1981, chaps. 4, 7]. Даже сам болгарский премьер Иван Гешов всерьез опасался, что если как можно скорее не заключить перемирие, то атаки на Чаталджу уже «будет не избежать»[121]. А 29 марта русский посланник в Софии прямо заявил, что сдержать болгарский пыл можно, лишь возражая на действия короля и его генералов, а вовсе не гражданских властей[122].

Параллельно с попытками смирить Софию Сазонов стремился убедить державы согласовать турецкие контрибуции, затребованные болгарской миссией вместе с пересмотром границы во время того же визита в Санкт-Петербург в середине марта[123]. Он надеялся, что, как только все согласятся с необходимостью компенсаций, Болгария подпишет перемирие и не станет атаковать Константинополь. Однако, если новую границу державы поддержали весьма охотно, то предложение о контрибуциях встретило резкий отпор, и в первую очередь с французской стороны. Франция считала, что подобные изменения в пунктах Лондонской конференции послов обернутся тем, что и Вена выдвинет новые, своекорыстные требования; также, если туркам будет навязана контрибуция, Германия и другие державы несомненно восполь-

---

[120] Sazonov — Benckendorff, 27 March 1913, tel. 724 // DSI. 3. № 790.

[121] Panafieu — Pichon, 29 March 1913, tels. 95, 96 // DDF. 3.6. № 109.

[122] Nekliudov — Sazonov, 29 March 1913 in communication of Etter — Grey, 1 April 1913 // BD. 9.2. № 786; Panafieu — Pichon, 29 March 1913, tel. 97 // DDF. 3.6. № 111.

[123] Sazonov — Benckendorff, 22 March 1913, tel. 680 // DSI. 3. № 783.

зуются ситуацией, чтобы ближе сойтись с Высокой Портой[124]. К тому же французы опасались, что дополнительное финансовое обременение страны может прямо сказаться на их турецких активах[125]: Франция являлась держателем 45 % всех османских долговых обязательств, совершала крупные капиталовложения и потому переживала, что подобные потрясения могут попросту обрушить финансовую систему страны[126]. И как ни бился Сазонов, настаивая на переговорах с болгарами по этому вопросу, французы пошли лишь на то, чтобы уже после окончания войны его изучила Парижская комиссия по обслуживанию Оттоманского долга.

В попытках убедить французов Сазонов дипломатично разыгрывал единственную свою надежную военную карту — десантную экспедицию Черноморского флота в Константинополь и проливы. В отличие от секретных приготовлений сил для оккупации Константинополя, свою готовность задействовать флот Россия изъявила Британии и Франции вполне ясно. Так, 31 марта союзники были проинформированы, что в случае отхода турецкой армии Россия пошлет к Константинополю военно-морскую эскадру. Данный шаг предпринимался не только ради защиты христианского населения столицы, но также и на случай вторжения в столицу болгарских сил — «дабы самим присутствием [мощного русского корпуса в акватории Босфора] оказывать надлежащее воздействие к предотвращению таких решений по вопросам Константинополя и проливов, каковые были бы несообразны интересам России»[127]. Сазонов отметил, что проинфор-

[124] Ibid.

[125] Izvolskii — Sazonov, 31 March 1913, tel. 139 // LN. 2. 59.

[126] Note de Directeur des Affaires politiques (Paléologue), 7 April 1913 // DDF. 3.6. № 222.

[127] Note de l'ambassade de Russie, 31 March 1913 // DDF. 3.6. № 127; Benckendorff — Sazonov, 31 March 1913, tel. 287 // GBDS. 3. № 931. См. также: Communication from Etter, 1 April 1913 // BD. 9.2. № 788. В сообщениях Бенкендорфа и Эттера нет упоминаний о желании России применить флот для влияния на последующее решение вопроса о проливах. Но дальнейшая британская риторика подразумевает, что смысл морской операции был уже известен: быть

мирует прессу о том, что корабли пробудут под Константинополем лишь до подписания мира, однако риторика коммюнике, вкупе с прежними его заявлениями по этому поводу, подразумевала, что русский флот останется в турецких водах вплоть до тех пор, пока судьба Константинополя не разрешится удовлетворительным для России образом.

Данный элемент политики Сазонова, конечно, привлек пристальное внимание англичан и в особенности французов, стремившихся ограничить сферу односторонних действий России. 1 апреля Поль Камбон и сэр Эдуард Грей обсудили действия России, обнаружив при этом известное расхождение во взглядах. Как указывает Грей, Камбон тут же заявил, что французское правительство с подозрением относится к намерениям русских, подчеркнув, что «нельзя допустить, чтобы Россия добралась до Константинополя в одиночку»[128]. Грей же парировал, что лучше бы всем державам отправить корабли в район проливов и, когда Порта дозволит их проход, занять Константинополь. Он согласился обдумать предложение Камбона о том, чтобы подобный международный флот доставил на сушу какой-то отряд, который препятствовал бы вторжению в город болгар и поддерживал в нем порядок[129]. Когда же 3 апреля Камбон, Бенкендорф и Грей встретились, чтобы вместе обсудить сложившееся положение,

---

может, о том говорили или писали в МИДе французские или русские дипломаты, а быть может, англичане просто о том догадались. Телеграммы Сазонова, уведомляющие послов о текущей российской позиции, см. Sazonov — Giers, 30 March 1913, tel. 766 // DSI. 3. № 927; Sazonov — Benckendorff, 30 March 1913 // Ibid. № 777. Предложение Камбона о высадке в Константинополе, по всей видимости, являлось его личной инициативой, учитывая, что в телеграмме министра иностранных дел Пишона, в которой тот просит Камбона переговорить с Греем, о наземной операции не упоминается вовсе; также и Бенкендорф, встречавшийся с Камбоном два дня спустя, считает данную идею его частным мнением: Pichon — P. Cambon and Delcassé, 31 March 1913, tels. 356, 357, 420–421 // DDF. 3.6. № 130; РГИА. Ф. 1276. Оп. 9. Д. 600. Л. 6. Бенкендорф — Сазонову, 3 апреля 1913 года, тел. 298.

[128] Grey — Bertie, 1 April 1913, ltr. 232 // BD. 9.2. № 783.
[129] Ibid.

Грей заявил, что, по его мнению, болгарам следует силой пригрозить не предпринимать попыток захватить столицу, а также что его правительство «не готово на большее, нежели предложить державам отправить свои корабли к Константинополю». По его словам, на прямой вопрос Камбона об отправке войск он заявил, что Британия эту идею не поддержит, и, несколько развивая тему, продолжал, что, коль скоро мирные условия приняты, англичане «не смогли бы возражать против державы, действующей как сочтет то подобающим во имя поддержания принятых условий в означенных пределах»[130].

Описывая эту встречу Сазонову, Бенкендорф дает понять, что слова эти явно были адресованы России: произнеся их, Грей повернулся к нему и прибавил, что представляет себе так поступающей отнюдь не любую европейскую державу, но ту, что «наиболее кровно заинтересована в поддержании установленных границ и мира»[131]. Даже больше: когда Бенкендорф, не осведомленный о планах своего правительства послать в Константинополь пятитысячный отряд, повторил, что Россия не намерена отзывать корабли, пока болгарские силы не отступят, Грей заметил, что того может и недостать, чтобы Болгария выполнила взятые на себя обязательства и оставила побережья проливов и Мраморного моря. Тогда Камбон вновь предложил организовать международный экспедиционный корпус, на что, согласно Бенкендорфу, Грей повторил, что Великобритания не станет возражать против действий, каковые сочтет подобающими держава, наиболее в том заинтересованная[132]. И если после такого у России и оставались еще какие-то сомнения насчет британского одобрения ее возможных шагов, то в тот же день, после встречи Бенкендорфа с постоянным помощником британского министра иностранных дел Николсоном, были развеяны и они. Николсон прямо указал, что,

---

[130] Grey — Bertie, 3 April 1913, ltr. 235 // BD. 9.2. № 800.

[131] РГИА. Ф. 1276. Оп. 9. Д. 600. Л. 6. Бенкендорф — Сазонову, 3 апреля 1913 года, тел. 298.

[132] Там же.

> …если Болгария решится на наступление на Константино-
> поль, предотвратить взятие города можно будет лишь силой
> оружия. Россия же — единственная держава, способная
> к таковой крайности прибегнуть, и английское правитель-
> ство не станет возражать, если она сочтет подобные меры —
> необходимыми ради защиты собственных интересов[133].

Единственное, он предостерег Россию, что о своих намерениях ей надлежит уведомить Болгарию, чтобы не подталкивать ее
к Тройственному союзу. Таким образом Британия, как мы видим,
сама того не подозревая, потворствовала операции, втайне под-
готавливаемой Петербургом[134].

Реакция Парижа отличалась кардинально: французы питали
неприятные подозрения относительно того, чем обернется
де-факто овладение русскими турецкой столицей. И Камбон
немедленно заявил протест односторонним действиям, вследствие которых Россия получала бы контроль над Константинополем. Несколько раз на протяжении марта он выдвигал предложение создать международный оккупационный корпус, не желая
допустить единоличного присутствия в столице русских войск;
о британских же премьере Герберте Генри Асквите и лидере оппозиции Эндрю Бонаре Лоу он отзывался весьма пренебрежи-
тельно, считая, что они, вероятно, «совсем запутались в своих
воспоминаниях о классической эпохе», раз отвергают его предложения. Свои подозрения французы, в принципе, не очень
скрывали: ведь еще в ноябре 1912 года Сазонов жаловался Извольскому, что они склоняют болгар штурмовать город[135].

Масла в огонь французского противления русским планам
подливали также и опасения реакции Австрии. В свете недавнего отказа балканских союзников принять предложенные Вели-

---

[133] РГИА. Ф. 1276. Оп. 9. Д. 600. Л. 7. Бенкендорф — Сазонову, 3 апреля 1913 года, тел. 301.

[134] А. В. Игнатьев считает, что британцы более негативно отреагировали на
планы России. См. [Игнатьев 1962: 165–166].

[135] АВПРИ. Ф. 151. Оп. 482. Д. 130. Л. 110. Сазонов — Извольскому, 8 ноября
1913 года, тел. 2502.

кими державами условия новый глава французского МИДа Стефан Пишон 7 апреля писал посланнику в Петербурге Теофилю Делькассе, что «представляется очевидным, что эта отправка [русских судов к Константинополю] возымеет немедленные военно-морские последствия в том же регионе со стороны Тройственного союза, и хорошо, по крайней мере, если не в виде прямых военных действий Австро-Венгрии»[136]. Наилучшим же способом избежать подобного было изначально призвать к сотрудничеству все державы, тем самым снимая возможные будущие недоразумения между Россией и Австро-Венгрией и снижая угрозу всеевропейской войны.

К 8 апреля вероятность болгарского штурма уже постепенно сходила на нет. Уже несколько месяцев во фракийской армии болгар бушевала холера, сильно подрывавшая боевой дух солдат. И 8 числа Камбон отрапортовал своему министру, что Бенкендорф поведал ему и Грею о донесениях насчет холеры среди солдат под Адрианополем, так что «главнокомандующий мало расположен к наступлению. О нынешних настроениях короля Фердинанда [Бенкендорфу] неизвестно, но, надо полагать, эпидемия произвела на него сильное впечатление»[137]. 9 апреля французский министр заявил, что весьма сомневается, что болгары предпримут попытку захватить Константинополь, а на следующий день в беседе с французским посланником Сазонов вновь затронул тему холеры во Фракии — на сей раз в турецком лагере, что, он считал, также «могло стать для болгар сдерживаю-

---

[136] Pichon — Delcassé, 7 April 1913, tel. 393, 393 bis // DDF. 3.6. № 217. Пишон занял министерское кресло 18 марта в результате смены Кабинета министров (DDF. 3.6. 68). 21 февраля в связи с болезнью Жоржа Луи новым французским посланником в России стал Теофиль Делькассе. Сазонов поначалу воспринял его назначение настороженно, но уже через пару месяцев, когда тот вернулся во Францию, с грустью о нем вспоминал, ибо у них сложились весьма теплые отношения. Надо думать, если бы Франция чаще назначала в Россию подобных послов, и франко-русские отношения были бы куда как теплее. См. АВПРИ. Ф. 340. Оп. 835. Д. 39. Л. 31–32. Сазонов — Извольскому, 18 марта 1913 года, псм.; [Сазонов 1927: 65].

[137] P. Cambon — Pichon, 8 April 1913, tel. 111 // DDF. 3.6. № 234.

щим фактором»[138]. Аналогичными данными располагал и Грей, также сомневавшийся в возможности скорого наступления, что позволяло державам без спешки выработать мирные условия для Софии[139]. Словом, все сводки подтверждали полученную Петербургом информацию о готовности болгар к переговорам с турками [Rossos 1981: 127].

Большую часть имевшихся сведений о возрастающем нежелании болгар продолжать наступление Сазонов предпочитал не раскрывать, усиливая дипломатические позиции при помощи политики уступок, на деле таковыми отнюдь не являвшихся. 8 апреля он узнал о том, что Пуанкаре, ныне уже президент республики, но все еще игравший ключевую роль в формировании международной политики, собирается отказаться от идеи международной флотилии у берегов Константинополя, если Сазонов выкажет «хоть малейшее против того возражение»[140]. Полагая, что София уже готова подписать мир, Сазонов уведомил Францию и Британию, что согласен на международную морскую операцию — с учетом, что Порта дозволит проход кораблей[141]. Впрочем, согласился он, внешне давая понять, что тем самым многим поступается, на деле же рассчитывая приобрести дипломатические преимущества, использовать которые можно было бы в дальнейшем. Он также не преминул воспользоваться ситуацией для упрочения видимости общественного влияния, оказываемого на его политику, обмолвившись, что корабли следует отправлять лишь в случае неминуемой опасности, а раз так, державы должны позаботиться о том, чтобы русская эскадра не прибыла после их судов: ведь в противном случае в России под-

[138] Bertie — Grey, 9 April 1913, tel. 46 (by post) // BD. 9.2. № 822; Delcassé — Pichon, tels. 188, 189, 190 // DDF. 3.6. № 254.

[139] P. Cambon — Pichon, 10 April 1913, tel. 118 // DDF. 3.6. № 262. Содержание телеграммы переслано Извольским Сазонову: Izvolskii — Sazonov, 11 April 1913, tel. 171 // LN. 69.

[140] Izvolskii — Sazonov, 8 April 1913, tel. 165 // LN. 66.

[141] Sazonov — Benckendorff, 9 April 1913, tel. 897 // DSI. 3. № 832; Note de l'ambassade de Russie, 10 April 1913 // DDF. 3.6. № 252; Delcassé — Pichon, 10 April 1913, tels. 188, 189, 190 // DDF. 3.6. № 254.

нимется настоящая буря общественного негодования[142]. Пока флот не мог обеспечить транспортировку столь внушительного отряда, который Сазонов желал бы перебросить в Константинополь, так что реальные его возможности для усиления русского влияния были довольно ограниченны, — однако, чувствуя, что опасность миновала, он вполне мог позволить себе подобные уступки. И действительно, 15 апреля всякая необходимость отправлять войска отпала сама собой ввиду подписания Болгарией и Турцией перемирия. Победа балканских союзников позволяла Петербургу надеяться, что они еще усерднее будут помогать ему в противостоянии австрийской экспансии в Эгейское море и в защите обходных путей к Константинополю и проливам.

Восход полумесяца

Еще даже до окончания Первой Балканской войны союзники принялись делить добычу. Так, Сербия, которой Великие державы отказали в правах на Адриатическое побережье, считала, что заслуживает большей части Македонии, чем отходила ей согласно секретному договору 1912 года между Белградом и Софией, и потому отказалась передать оккупированные территории болгарам. Территориальные разногласия между Сербией и Грецией по одну сторону и Болгарией — по другую достигли апогея к концу июня, когда болгарская армия атаковала сербские части в Македонии. На помощь сербам тут же поспешили греки, а следом за ними и румыны, также заинтересованные в ослаблении Болгарии, рассчитывая взыскать с нее заслуженную, по их мнению, компенсацию за многочисленные территориальные приобретения болгар. Хотя Россия и сожалела о разгоревшейся междоусобице, угрожавшей нарушить едва установившееся и столь выгодное ей положение на Балканах, но признавала — в лице Сазонова, — что несколько отрезвить Болгарию, пожалуй, не лишено смысла. Как он писал Извольскому 10 июля, подобное

---

[142] Buchanan — Grey, 13 April 1913, tel. 147 // BD. 9.2. № 843.

развитие событий не было таким уж досадным, ибо мощная Болгария не сулила ничего хорошего. Вызванная нынешним противостоянием перестройка, надеялся он, оформит такой баланс сил на полуострове, который в будущем поспособствует созданию нового союза малых балканских держав[143].

Однако события развивались вопреки его чаяниям, и к 12 июля уже поступили первые сводки о подготовке турецких сил к штурму Адрианополя, все еще находящегося под контролем болгар, чей контингент там уже сильно уменьшился ввиду текущих операций против бывших союзников. Турки были настроены весьма серьезно, ибо Адрианополь имел для них особое значение как первая столица Османской империи до завоевания в 1453 году Константинополя. Желая упредить турецкое наступление, Сазонов попытался усадить Болгарию, Грецию, Румынию и Сербию за стол переговоров, но поскольку стороны не желали идти на уступки, усилия русского министра не увенчались успехом. Параллельно с этим он поручил Бенкендорфу на назначенной на 15 июля конференции послов в Лондоне предложить державам немедленно сформировать в Константинополе комиссию по делимитации и отправить ее представителей на линию Энос — Мидия, воздвигая тем самым психологический барьер перед Турцией. Исходя из того, что силовое возвращение Адрианополя под турецкий контроль стало бы очевидным вызовом авторитету Великих держав, воплощенному в Лондонском договоре, последние единогласно высказались за заявление протеста действиям Порты. Однако их готовность протестовать уже вскоре стала неактуальной: 16 июля турецкая армия пересекла линию Энос — Мидия и в четыре дня овладела едва обороняемым Адрианополем.

Несмотря на то что в свою защиту турки пеняли на нарушения условий договора балканскими державами уже во Вторую войну[144], Сазонов рассуждал иначе. В контексте Турции речь шла о христианах, едва освобожденных от османского — мусульманского —

---

[143] АВПРИ. Ф. 340. Оп. 835. Д. 39. Л. 37–38. Сазонов — Извольскому, 10 июля 1913 года, псм.

[144] Boppe — Pichon, 16 July 1913, tel. 347 // DDF. 3.7. № 378.

гнета, над которыми теперь нависла угроза возвращения того же самого ига. Подобный откат, вне всяких сомнений, задевал лично Сазонова как православного, а также возбуждал общественное негодование и в России, и на Балканах, и в некоторых европейских державах[145]. Николай II разделял мнение Сазонова, что родственные узы обязывают Россию попытаться оказать Болгарии помощь, несмотря даже на то, что, исходя из сугубо «материальных интересов», Адрианополь вполне можно было бы оставить Турции[146].

После начала турецкой осады Адрианополя Сазонов 17 июля призвал Великие державы — или хотя бы союзников по Тройственной Антанте — провести совместную военно-морскую демонстрацию, чтобы вынудить турецкие войска отойти за линию Энос — Мидия; при этом он совершенно отрицал наличие у России намерений действовать в одиночку[147]. 20 июля он вновь обратился к державам — еще более настоятельно — под натиском двух весомых обстоятельств. Во-первых, турецкое правительство настаивало, что линия Энос — Мидия должна проходить по руслу реки Марицы, тем самым включая Адрианополь в границы Османской империи. Указывая на необходимость усиления обороноспособности своей столицы, турки наотрез отказались от каких-либо переговоров по данному вопросу. Во-вторых, свою позицию турки подкрепили последовавшим вскоре взятием города[148]. Как заявил Сазонов Бьюкенену, «если державы готовы прибегнуть хоть бы и к силовым мерам принуждения, он охотно к ним присоединится; когда же, напротив, они отвергнут подобную идею, то ему, в случае крайней на то необходимости, останется действовать в одиночку», обратившись, по его выражению, к «чрезвычайным мерам»[149]. Грей сомневался в успехе подобного

---

[145] Buchanan — Grey, 21 July 1913, tel. 269 // BD. 9.2. № 1163; Delcassé — Pichon, 22 July 1913, tel. 469 // DDF. 3.7. № 440; Idem, 26 July 1913, tels. 488, 489 // DDF. 3.7. № 477; [Бьюкенен 1925: 108].

[146] Buchanan — Grey, 14 August 1913, tel. 302 // BD. 9.2. № 1235.

[147] Rifaat Pacha — Pichon, 20 July 1913, ltr. // DDF. 3.7. № 427.

[148] Delcassé — Pichon, 21 July 1913, unidentified tel. // DDF. 3.7. № 429n 3.

[149] Buchanan — Grey, 21 July 1913, tel. 269 // BD. 9.2. № 1163.

[военно-морского] предприятия, немецкий министр иностранных дел фон Ягов возражал категорически как против предложенного, так и вообще против какого-либо принуждения, а французы обусловили свое согласие участием всех держав и, значит, вряд ли пока намеревались присоединиться [к России][150]. Кроме того, союзники Сазонова отказались хоть каким-то образом обсудить возможность демонстрации силами одной лишь Тройственной Антанты, опасаясь, что таким образом нарушится гармония «европейского концерта» и возникнет угроза континентального конфликта[151]. Казалось, России представлялась отличная возможность приступить к единоличным — пусть пока до конца и не определенным — действиям.

Но оставалась и иная возможность: вынудить Турцию отказаться от наступления, тем самым предотвратив военный ответ России, а именно объявить Османской империи экономический бойкот от лица Великих держав. Теоретически экономика Турции всецело зависела от европейских держав, так что, если бы она пошла против выдвинутых требований, ее финансовой системе угрожало бы полное банкротство. Не вполне ясно, кто именно выдвинул данную идею, но ее обсуждение развернулось 18 июля в Лондоне и продолжалась в течение нескольких недель. Сазонов идею одобрил; Грей и так продвигал ее с самого начала; фон Ягов также не протестовал; французы же были категорически против.

Итак, между столицами союзных держав, Петербургом и Парижем, разгорелись жаркие дебаты о возможном бойкотировании Турции. С самого их начала Поль Камбон заявил, что, по мнению Франции, подобная стратегия не окажет на Турцию ожидаемого воздействия, поскольку «Европа вовлечена в османскую эконо-

[150] Grey — Cartwright, 21 July 1913, desp. 151 // BD. 9.2. № 1165; Granville — Grey, 22 July 1913, tel. 117 // BD. 9.2. № 1169; Pichon — Delcassé et al., 18 July 1913, tels. 770 et al. // DDF. 3.7. № 410; Pichon — Delcassé, 23 July 1913, tel. 789 // DDF. 3.7. № 446.

[151] Note of Russian embassy, 24 July 1913 // DDF. 3.7. № 460 (NB примечания); Grey — Bertie, 25 July 1913, desp. 467 // BD. 9.2. № 1179; Pichon — Delcassé, 25 July 1913, tel. 804 // DDF. 3.7. № 466; Извольский — Сазонову, 25 июля 1913 года, тел. 362, № 1 // ФРО. 393; LN. 2. 111–112.

мику куда сильнее, чем думается державам»[152], а еще через несколько дней в беседе с коллегами по Антанте заметил, что «европейский финансовый мир не дозволит державам довести Турцию до банкротства»[153]. Однако стремление французов выдать проблему за общеевропейскую было воспринято с недоверием: ни на Уайтхолл, ни на Певческом мосту ни секунды не сомневались, что французское правительство печется в первую очередь о французском финансовом мире, а не о европейском[154]. Их мнение подтверждали, к примеру, невнятные оправдания французского правительства за сотни и сотни тысяч франков, исправно выплачиваемых Турции через *Regie des tabacs*, посредством которых финансировались — на что неоднократно указывала Россия — турецкие военные нужды[155]. Франция поначалу утверждала, что обсуждаемые выплаты закреплены подписанными представителями *Regie* контрактами, нарушение которых усложнит положение компании на рынке[156]. 1 августа Сазонов жаловался Извольскому, что немцы убеждены в том, что французы будут и впредь игнорировать просьбы России прекратить выплаты Турции, и пользуются случаем, нагнетая столь нежелательные разногласия внутри Франко-русского союза[157]. 8 августа русский министр заявил, что финансовое давление является наилучшим — невоенным — средством воздействия на Турцию, вновь негодуя на французское финансирование Константинополя. Пишон тут же сослался на коммерческую тайну, защищающую контракт, и подкрепил свои доводы наличием среди акционеров компании, помимо французов, также немцев и австрийцев, отметив, что, как единогласно заявили его советники по юридическим вопросам, правительство не вправе вмешиваться в подобные контрактные отношения, иначе ему пришлось бы компенсировать

---

[152] P. Cambon — Pichon, 18 July 1913, tels. 199, 200 // DDF. 3.7. № 412.

[153] P. Cambon — Pichon, 21 July 1913, tels. 204, 205 // DDF. 3.7. № 433.

[154] Bertie — Grey, 26 July 1913, tel. 101 // BD. 9.2. № 1180 and minutes.

[155] Delcassé — Pichon, 8 August 1913 // DDF. 3.7. № 574.

[156] P. Cambon — Pichon, 24 July 1913, dep. 436 // DDF. 3.7. № 465.

[157] Сазонов — Извольскому, 1 августа 1913 года, тел. 2194 // ФРО. 396; LN. 2. 116.

все понесенные сторонами убытки[158]. Впрочем, уже 9 августа, вновь упомянув о юридических препонах, Пишон все же пообещал Извольскому постараться изыскать способ избежать очередного транша[159].

Но обещанные «старания» нетерпение Сазонова удовлетворили мало, и 12 августа Пишон попытался трояким образом аргументировать позицию Франции[160]. Во-первых, как он указал, резонно было бы опасаться, что если бойкот будет поддержан не всеми державами, то оставшиеся — в ущерб первых — окажутся в хорошем выигрыше. Однако еще накануне, 11 августа, немецкий министр фон Ягов[161] подчеркнул свою готовность присоединиться к бойкоту, а позднее Сазонов парировал этот тезис Пишона, процитировав его же финансовых советников, отвергавших возможность подобного выигрыша как для небольших европейских держав, так и для Америки[162].

Во-вторых, Пишон заявил Извольскому, что французы составляют лишь третью часть в совете директоров, а значит, не могут в одиночку прервать выплаты, нуждаясь в голосах австрийцев и немцев, которые, подразумевал министр, заполучить будет весьма непросто[163]. Словом, Россия требовала невозможного. Однако чуть позже Сазонов уведомил Извольского, что австрий-

---

[158] Pichon — Delcassé, 8 August 1913, tel. 848 // DDF. 3.7. № 575.

[159] Извольский — Сазонову, 9 августа 1913 года, тел. 392 // ФРО. 397; LN. 2. 118.

[160] Buchanan — Grey, 11 August 1913, tel. 299 // BD. 9.2. № 1231; Sazonov — Benckendorff, 11 August 1913, tel. 2278 // DSI. 3. № 1000.

[161] АВПРИ. Ф. 151. Оп. 482. Д. 3715. Л. 107. Броневский — Сазонову, 11 августа 1913 года, тел. 201. Данный шаг навстречу Петербургу стоит рассматривать скорее не как желание надавить на турок, расположение которых немцы стремились завоевать, а как очередной пример того, как Берлин последовательно пытался играть на противоречиях внутри Франко-русского союза, подталкивая Россию к его расторжению.

[162] Sazonov — Izvolskii, 20 August 1913, tel. 2338 // LN. 2. 136–137; неверно пронумерованная как тел. 2238 в ФРО, 410–411.

[163] Извольский — Сазонову, 12 августа 1913 года, тел. 396 // ФРО. 398–399; LN. 2. 120. См. также Pichon — Delcassé, 12 August 1913, tel. 860 and 860 bis // DDF. 3.8. № 13; и министерские источники заявлений Пишон — Note du Département, 11 August 1913 // DDF. 3.8. № 1.

ский и немецкий посланники в Петербурге положительно заявили ему, что абсолютное большинство в совете принадлежит как раз французам, а также подтвердили готовность своих правительств поддержать в данном вопросе русского министра[164]. На примере описанного обмена мнениями мы уже не впервые можем наблюдать, как Франция оппонирует России по важному для последней вопросу, в то время как Центральные державы с готовностью усугубляют разлад во франко-русских союзных отношениях.

Наконец, третий аргумент Пишона представляется чрезвычайно спорным, но, подобно предыдущим, все еще нацеленным убедить Россию не продавливать более план экономической блокады. Согласно сообщению Извольского от 12 августа, «из частных младотурецких источников, весьма близких к высшим правительственным кругам», Пишону стало известно, что Турция, отчаянно желая сохранить контроль над Адрианополем, попытается предложить России соглашение с грандиозными уступками, включая даже «разрешение известного вопроса в согласии с нашими [франко-русскими] договоренностями»[165]. Достоверность сведений Пишона сомнительна в значительной степени и ввиду того, что никаких других упоминаний об этих «частных источниках» в дипломатической корреспонденции Парижа не обнаружено. Если же история и правда была выдумкой и слух был пущен именно Парижем, а не дошел из Константинополя, то это является очевидной иллюстрацией тому, сколь усердно Париж старался отвадить Россию от идеи финансового бойкотирования Турции. Но даже если источник Пишона был и надежным, и турецким, французский министр должен был, зная позицию самого Сазо-

[164] Сазонов — Извольскому, 21 августа 1913 года, псм. 777 // ФРО. 411; LN. 2. 137–138. Впрочем, в переговорах с другими державами готовность держаться подобной линии Германия выражала далеко не столь охотно. См. Goschen — Grey, 20 August 1913, desp. 301 // BD. 9.2. № 1248; Хелмрайх не рассматривает русские документы и потому упускает из виду двойную игру, затеянную, судя по всему, Центральными державами и раскрытую Сазоновым, о чем свидетельствует его замечание в вышеуказанном письме Извольскому [Helmreich 1938: 401].

[165] Извольский — Сазонову, 12 августа 1913, псм. // ФРО. 399–402; LN. 2. 122–124.

нова, понимать, что тот не заинтересован в двусторонних переговорах по проливам, как подразумевалось в сообщении источника.
Ведь он уже неоднократно отвергал подобную возможность, начиная с попытки Чарыкова в 1911 году, а военный потенциал
России с тех пор укрепился недостаточно, чтобы придать ему
уверенности, что России по силам отбить любые требования
Австрии о компенсации в Сербии. Таким образом, третий аргумент Пишона, равно как и первые два, также был обречен на не-
удачу, и вплоть до окончания кризиса Сазонов постоянно возвра-
щался к идее бойкотирования Турции.

Итак, французы блокировали предпочтительный дипломатический путь, немцы возражали против какого-либо силового
метода и ни англичане, ни французы не желали пойти на независимые действия Тройственной Антанты, так что Сазонов принялся обдумывать возможные самостоятельные действия России.
Он предуведомил и Великие державы, и Турцию, что в случае
необходимости Россия будет действовать в одностороннем порядке[166]. Фон Ягов заявил британскому поверенному в Берлине,
что готов согласиться на подобный расклад, если русские действия
не коснутся Армении, но уже 23 июля в беседе с Бьюкененом
Сазонов допустил, что, возможно, именно там все и развернется.
Бьюкенен решительно предостерег его от подобных действий,
поскольку они могли повлечь за собой распад Турецкой империи
в Малой Азии[167]. Вместе с тем, сказанное Сазоновым являлось
скорее своего рода «мыслью вслух», чем выражением конкретных
намерений, ибо ни с императором, ни с председателем Совета
министров, ни с военным или морским министром он еще не
успел переговорить, но лишь собирался с ними встретиться
в течение нескольких последующих дней[168].

---

[166] P. Cambon — Pichon, 21 July 1913, tels. 204, 205 // DDF. 3.7. № 433; Lichnowsky —
Jagow, 21 July 1913, tel. 285 // GP. 35. № 13567; GDD. 3, 184–185 (in extract);
Pourtalès — Jagow, 22 July 1913, tel. 204 // GP. 35. № 13569.

[167] Granville — Grey, 22 July 1913, tel. 117 // BD. 9.2. № 1169.

[168] Buchanan — Grey, 23 July 1913, tel. 273 // BD. 9.2. № 1173; Delcassé — Pichon,
23 July 1913, tel. 473 // DDF. 3.7. № 473.

Тем временем партнеры по Антанте вновь принялись увещевать Россию не прибегать к силовым мерам. Несмотря на все заверения Сазонова, что он непременно обсудит с обоими послами какие бы то ни было намерения, прежде чем их воплотить, те отнеслись к его словам с недоверием[169]. С одной стороны, они расписывали картину глобальной угрозы, указывая на возможную реакцию Тройственного союза, и в особенности Австрии[170]. Собственно, посол последней 25 июля нанес визит Сазонову, предложив России свободу действий против Турции в обмен на ее невмешательство против Австро-Венгрии в Сербии. Сазонов предложение отверг, что ничуть не удивительно, если вспомнить, что он отказывался пожертвовать Сербией и за куда большее[171]. С другой стороны, Британия и Франция давили на Россию, чтобы не допустить ее в Армению, оглядываясь на мнение Германии. Так как турецкое наступление угрожало отбросить Болгарию к довоенным границам, те или иные шаги со стороны России все более представлялись державам неизбежными, что 26 июля подтвердил и сам Сазонов, предложив в качестве предостережения туркам отозвать два русских корабля, стоящих под Константинополем[172]. Невзирая на недавние утверждения Пишона, что Европа к военному ответу не готова, 26 июля под влиянием Британии он уже был не столь категоричен[173] и вечером этого дня заявил Извольскому, что, пока Австро-Венгрия с Рос-

[169] Delcassé — Pichon, 22 July 1913, tel. 470 // DDF. 3.7. № 441; Buchanan — Grey, 11 August 1913, tel. 299 // BD. 9.2. № 1231.

[170] Pichon — Delcassé, 23 July 1913, tel. 789 // DDF. 3.7. № 446; Grey — Granville, 25 July 1913 // BD. 9.2, tel. 281; Pichon — Delcassé, 25 July 1913, tel. 804 // DDF. 3.7. № 466 и прим.; Извольский — Сазонову, 25 июля 1913 года, тел. 362, № 1 // ФРО. 394; LN. 2. 111–112; Idem, tel. 362, № 2 // ФРО. 394; LN. 112–113; Buchanan — Grey, 26 July 1913, tel. 276 // BD. 9.2. № 1184.

[171] Delcassé — Pichon, 25 July 1913, tels. 484, 485 // DDF. 3.7. № 470.

[172] Grey — Granville, 25 July 1913, tel. 281 // BD. 9.2. № 1176; Grey — Bertie, 25 July 1913, tel. 467 // BD. 9.2. № 1179; Buchanan — Grey, 26 July 1913, tel. 276 // BD. 9.2. № 1184.

[173] Извольский — Сазонову, 25 июля 1913 года, тел. 362, № 2 // ФРО. 394; LN. 2. 112–113.

сией «преследуют одинаковую цель предотвратить разгром Болгарии», Россия вольна предпринять известные меры. При этом, памятуя о Германии, он предупредил посла, что России было бы куда сподручнее действовать в европейской части Турции или на Черноморском ее побережье, чем в Армении[174].

Англо-французские уговоры, судя по всему, возымели определенный эффект, поскольку уже 28 июля Сазонов выразил сомнение касательно того, что Россия нацелит свои усилия на Армению. При этом он по-прежнему недоумевал, отчего союзники столь упорствуют в привлечении к обсуждению Германии, сетуя:

> ...И дня не проходит, чтобы Германия не склоняла нас к возрождению Союза трех императоров; мы же привержены Тройственной Антанте, а не Союзу, и именно с Парижем и Лондоном — не с Берлином — намерены обсуждать и согласовывать меры и условия наших действий, если уж таковых не избежать[175].

Сазонов досадовал на упрямство союзников, подозревая к тому же, что Германия имеет свои скрытые мотивы, подыгрывать которым он не имел никакого желания. Тем не менее в тот же день Николай II одобрил его идею отозвать два русских эсминца в качестве предупреждения Турции о серьезности намерений России[176].

Всю следующую неделю Сазонов попеременно спекулировал готовностью России действовать то одним, то другим образом: всячески убеждая Францию присоединиться к финансовому

---

[174] Извольский — Сазонову, 26 июля 1913 года, тел. 363 // ФРО. 394; LN. 2. 113. Пишон получил подтверждение данной позиции от Жюля Камбона, французского посла в Берлине, сообщившего ему, что фон Ягов не видит проблем в отношении независимых русских действий, коль скоро таковые 1) имели место в Европе; 2) носили временный характер; и 3) о них было заблаговременно известно державам. Что интересно, фон Ягов также поставил под сомнение австрийский ответ на действия России, заявив, что не верит, что Вена действительно собирается осуществить подобные угрозы.

[175] Delcassé — Pichon, 28 July 1913, tels. 495, 496, 497, 498 // DDF. 3.7. № 487.

[176] Delcassé — Pichon, 28 July 1913, tel. 494 // DDF. 3.7. № 484.

бойкоту Турции, он вместе с тем несколько подслащивал пилюлю и для самих турок, испросив согласия Николая II на стратегическое уточнение линии Энос — Мидия, а также на отмену контрибуции, которую по условиям Лондонского договора Турция обязана была выплатить Болгарии[177]. Сазонов по-прежнему настаивал, что Адрианополь не должен фигурировать при территориальном обмене, и Россия продолжала готовиться дать силовой ответ. 2 августа французский консул в Одессе уведомил свое министерство о том, что русский флот приведен в состояние полной боевой готовности, снаряжен на месячное пребывание в открытом море и теперь ожидает лишь сигнала из Петербурга[178].

Однако, когда пошли слухи, что Болгария с Турцией начали обсуждать мирные условия, Сазонов тут же смягчил риторику, признавшись 2 августа Бьюкенену, что уверенности в конкретных шагах России у него никогда не было. Он распространялся далее о пакете стимулов, призванных склонить Турцию к сотрудничеству, включая уточнение границы и повышение установленных таможенных пошлин. Он отметил, что по-прежнему опасается австрийских действий против Сербии, в случае если Россия попытается силой воздействовать на Турцию. А теперь, когда уже почти убран урожай, он опасается также, что Турция ответит закрытием проливов, что обернется настоящей экономической катастрофой и вынудит Россию прибегнуть к еще более радикальным мерам[179].

По мере того как патовая ситуация затягивалась, колебания Сазонова также проявлялись все отчетливее в его противоречивых заявлениях касательно намерений России: если 2 августа он говорил Бьюкенену, что не уверен насчет конкретных шагов, то уже 6 числа заявил ему, что русское правительство располагает четким планом действий в случае необходимости[180]; а на следующий день британский посол сообщил Грею, что Россия еще не

[177] Delcassé — Pichon, 28 July 1913, tels. 495, 496, 497, 498 // DDF. 3.7. № 487.
[178] Savoye — Pichon, 2 August 1913, dep. 14 // DDF. 3.7. № 524.
[179] Buchanan — Grey, 3 August 1913, tel. 285 // BD. 9.2. № 1198.
[180] Buchanan — Grey, 6 August 1913, tel. 288 // BD. 9.2. № 1205.

определилась окончательно в своих действиях, а встречи Сазонова с Николаем и министрами никаким решением не увенчались. Позиция Сазонова сделалась еще менее резкой: помимо опасений по поводу Австрии и Сербии, а также закрытия Дарданелл, Бьюкенен объясняет это также последовательной оппозицией главы правительства и министра финансов Коковцова любым предприятиям, грозившим потрясениями экономике страны[181].

Наконец 7 августа представители держав получили соответствующие распоряжения и предъявили Порте совместную декларацию, выработанную еще 24 июля на Лондонской конференции послов. В ней утверждалось, что любые будущие болгаро-турецкие разграничения должны основываться на линии Энос — Мидия[182]. К тому моменту ничего нового здесь для турецкого правительства, конечно, уже не прозвучало, а с учетом того, что Великим державам потребовалось целых две недели, чтобы хоть как-то согласовать данную ноту, слишком уж опасаться, что на Константинополь будет оказано какое-то реальное давление, не приходилось. Когда 9 августа Сазонов сообщил Бьюкенену, что военное руководство приняло решение отказаться от планов операции в Армении, поскольку она скорее приведет не к решению проблем, а к возникновению еще больших, разочарование министра было весьма очевидно. Он полагал, что если бы державы охотнее шли навстречу друг другу и просто предъявили Турции ряд ультимативных условий, то ей бы пришлось принять его; «однако же, — сетует он, — ожидать чего-то подобного от держав — дело совершенно безнадежное». Так что ему оставалось лишь пенять Бьюкенену, а еще более Делькассе на финансовые отношения Парижа с Константинополем[183].

Ситуация мало изменилась и в течение следующей недели, прошедшей под знаком русско-французских споров об экономическом бойкоте. Никаких самостоятельных военных шагов

---

[181] Buchanan — Grey, 7 August 1913, desp. 242 // BD. 9.2. № 1218.

[182] Boppe — Pichon, 6 August 1913, tel. 401 // DDF. 3.7. № 555; P. Cambon — Pichon, 24 July 1913, desp. 436 // DDF. 3.7. № 465.

[183] Buchanan — Grey, 9 August 1913, tel. 295 // BD. 9.2. № 1228; Delcassé — Pichon, tels. 538, 539, 540 // DDF. 3.7. № 589.

Россия больше не предпринимала, поскольку еще оставалась надежда, что Сазонову удастся добиться согласованных действий держав, и Николай отказался от силового пути, за исключением крайней на то необходимости[184]. 10 августа Болгария, Греция, Румыния, Черногория и Сербия подписали Бухарестский мирный договор — не слишком щедрый для Болгарии по части границ с означенными державами, а потому побудивший Россию попытаться добиться хоть каких-нибудь преференций и для Софии [Helmreich 1938: 403–404].

Уже казалось, что все усилия России тщетны, но турецкие действия в районе реки Марицы побудили державы к противодействию. 13 августа Турция уведомила Россию, что в связи с резней, учиненной болгарами среди местных мусульман, ради их защиты турецкие силы вынуждены будут пересечь реку. Сазонов решительно предостерег Турхан-пашу от подобных шагов, заметив, что возобновление войны с Болгарией может «обернуться [для Турции] войной и с иной державой», разумея, очевидно, Россию[185]. Не теряя времени, Сазонов тут же обратился к державам, указывая несговорчивым союзникам на цену турецких обещаний в свете новой угрозы: ведь только в конце июля турки обязались не оккупировать земли в районе Марицы, а теперь намеревались предпринять ровно обратное[186]. И неудивительно, что, в очередной раз пренебрегая протестами со стороны держав, турецкие войска форсировали реку. Допустить, чтобы Болгария, уже порядком обделенная Бухарестским договором, оказалась теперь территориально даже беднее, чем до начала войны, Сазонов не мог. Болгария могла, конечно, отступить ненадолго, но, чуть только восстановив силы, она вновь попытается развязать новую войну, в очередной раз накаляя общеевропейскую ситуацию и угрожая безопасности проливов. Кроме того, Сазонов

---

[184] Buchanan — Grey, 14 August 1913, tel. 302 // BD. 9.2. № 1235.

[185] Buchanan — Grey, 14 August 1913, tel. 302 // BD. 9.2. № 1235; Note de l'ambassade de Russie, 14 August 1913 // DDF. 3.8. № 27.

[186] Note de l'ambassade de Russie, 15 August 1913 // DDF. 3.8. № 33. См. также Rifaat Pasha — Pichon, 20 July 1913, ltr. // DDF. 3.7. № 427.

полагал, что Великим державам не следует более дозволять туркам «столь презрительно относится к Европе, тем паче, что нынешние их действия идут вразрез с их прежними заверениями», и в очередной раз сетовал на недостаточную поддержку России со стороны держав[187]. Бьюкенен понимал, что Сазонов в равной мере отстаивает и европейский, и русский престиж: ведь Россия уже неоднократно возвышала голос перед Европой и собственным народом, настаивая на достойной компенсации болгарам, а нынешние турецкие действия говорили совершенно об обратном. А если, окрепнув, Турция будет склонна открыто пренебрегать мнением держав, положение России в проливах может сделаться еще более шатким.

Сазонов с готовностью принял новый вызов, оставив текущий вопрос по Адрианополю, который надеялся разрешить через финансовое давление на Турцию. Он возобновил утратившую было актуальность угрозу независимых силовых мер воздействия со стороны России и предложил Тройственной Антанте отозвать послов из Константинополя. Если же державы откажутся, тогда Россия может отозвать своего посланника и оккупировать турецкий выход к Черному морю[188]. 19 августа турецкое правительство отвергло обвинения в том, что войска продвинулись за Марицу далее, чем того требовала безопасность Адрианополя и железнодорожного сообщения с Константинополем, подчеркнув свою приверженность июльским обязательствам[189]. Еще прежде, чем он узнал о заявлении турецкой стороны, Сазонов получил дозволение Николая отозвать в случае необходимости — и вне зависимости от действий Великобритании с Францией — Гирса из Константинополя. Прочие меры было решено определить позднее[190], и это, вероятно, указывает, что Николай все еще не был

---

[187] Buchanan — Grey, 18 August 1913, tel. 307 // BD. 9.2. № 1242; Delcassé — Pichon, 18 August 1913, tels. 570, 571, 572, 573, 574 // DDF. 3.8. № 44.

[188] Buchanan — Grey, 19 August 1913, desp. 253 // BD. 9.2. № 1244; Sazonov — Izvolskii, 20 August 1913, tel. 2338 // LN. 2. 136–137.

[189] Bompard — Pichon, 19 August 1913, tels. 419, 420 // DDF. 3.8. № 48.

[190] Buchanan — Grey, 20 August 1913, tel. 308 // BD. 9.2. № 1247.

расположен идти силовым путем, за исключением крайней на то необходимости. Ознакомившись с турецкой позицией, Сазонов решил, что проводить сформулированные ранее угрозы в жизнь смысла пока не имеет, но через Гирса потребовал подтвердить заверения делом — иначе принять их Россия отказывается[191].

После того как Гирс передал его послание, Сазонов вернулся к проблеме Адрианополя, теперь, впрочем, готовый признать возвращение города туркам, пусть открыто о том и не объявляя. Министр был донельзя измотан непрестанными дипломатическими войнами и 24 августа отбыл из Петербурга в давно запланированный, но задержанный почти на неделю отпуск[192]. В его отсутствие министерством вновь принялся заведовать товарищ министра Нератов, которому уже ничего не оставалось, кроме как наблюдать за развязкой. Турецкий бросок через Марицу, очевидно, завершался, и все большую популярность среди держав завоевывал немецкий план, предполагавший обсуждение судьбы Адрианополя на прямых переговорах между Болгарией и Турцией [Helmreich 1938: 405]. Для России, не сумевшей согласовать с державами собственные планы по вытеснению Турции из Адрианополя, теперь уже было достаточно, чтобы турки оставались по ту сторону Марицы. Под увещевания Италии, готовой выступить в роли посредника[193], и давлением Петербурга, уведомившего Софию, что на помощь держав надежды нет, Болгария согласилась отправить делегацию на переговоры в Константинополь[194]. И спустя месяц разного рода дипломатических проволочек, оставшись без поддержки держав, 29 сентября Болгария вынуждена была уступить Адрианополь туркам. Болгары все же питали некоторые надежды, что вскоре после

---

[191] Ibid.; Delcassé — Pichon, 20 August 1913, tel. 578 // DDF. 3.8. № 53.

[192] Doulcet — Pichon, 30 August 1913 // DDF. 3.8. № 104; Delcassé — Pichon, 19 August 1913, tel. 576 // DDF. 3.8. № 47.

[193] См. Pichon — Doulcet et al., 27 August 1913, tels. 899, etc. // DDF. 3.8. № 86; Pichon — de Billy, 28 August 1913, tel. 860 // DDF. 3.8. № 90; Bompard — Pichon, 28 August 1913, tels. 428, 429 // DDF. 3.8. № 91.

[194] Panafieu — Pichon, 29 August 1913, tel. 291 // DDF. 3.8. № 96.

подписания державы настоят на пересмотре условий, но те, изнуренные целым годом дипломатических переговоров, сопровождавших Балканскую войну, оставили договор, как и Бухарестский, в силе.

Итак, по прошествии 12 месяцев с начала Первой Балканской войны до подписания болгарами с турками Константинопольского мира российской дипломатии особо похвалиться было нечем. Сазонов стремился удовлетворить то, что сам он разумел под интересами России, каковые, впрочем, нередко друг другу противоречили. Внедряемые императорскими распоряжениями преобразования или ограничения, вкупе с иными факторами вроде финансовых, военных и морских возможностей, а также способностей тех, кто ими руководил, — все это чрезвычайно затрудняло управление русской внешней политикой. Были и положительные моменты: проливы остались под турецким контролем, а значит, Россия не могла быть отрезана от внешнего мира. Сохранение статус-кво позволяло рассчитывать, что, как только Россия достаточно окрепнет, она сможет добиться изменений в вопросе о проливах — в полном соответствии со своими интересами. Более того, несмотря на агрессивные действия Австрии, России удалось сохранить независимость Сербии, а другие балканские государства в той или иной степени обрели новые земли и иные возможности. С другой стороны, отношения с ними заметно охладели в силу непоследовательности России, порой поддерживавшей все балканские государства, а порой — лишь некоторые; иной раз ее забота (в особенности о Сербии) превосходила даже собственные чаяния изменений в проливах, а в других случаях балканские государства были вынуждены подчинять свои цели русским интересам в регионе. Наиболее очевидно и ярко подобные колебания видны на примере Болгарии. Сазонов считал, что необходимо то и дело ограничивать устремления Болгарии, особенно когда та продвигалась к Константинополю; когда же она развязала Вторую Балканскую войну, Россия нимало не препятствовала тому, чтобы она пострадала от Сербии, Греции, Румынии и Турции. Впоследствии Сазонов попытался наладить отношения, ограничив турецкие завоевания, но Россия не располагала ни достаточным финансовым, ни дипломатическим капиталом, чтобы завоевать поддержку прочих держав. Раздосадованная потерями турецкой армии, уже некоторое время обучавшейся немецкими инструкторами, Германия наотрез отказалась от любых чересчур затратных для турок мер, а Франция ставила свои собственные финансовые интересы превыше интересов русских союзников. В результате авторитет России пострадал как на международной, так и на внутренней арене. Пусть Сазонов при определении внешнеполитического курса и не прислушивался ежечасно к гласу общественности, он вместе с тем прекрасно понимал, что международная победа сулит лавры и дома. Поражения же, которые он потерпел в Балканских войнах, вслед за поражениями Извольского в 1908–1909 годах, лишь усилили потребность России изъявить свою дипломатическую волю. Сокровенное желание Сазонова добиться осуществления этой воли способствовало тому, что дипломатия все чаще стала дополняться военными угрозами, и это повлияло на реакцию на очередную угрозу проливам. Непрерывное усиление турецкого военно-морского флота несло опасность экономическому и военному положению России на Черном море, а нарастающее военно-политическое влияние Германии угрожало ее интересам и в самой турецкой столице.

4
Турецкая морская экспансия и кризис Лимана фон Сандерса

Март 1912 года — июль 1914 года

К концу 1913 года Россия столкнулась с еще более серьезным кризисом: генерал Отто Лиман фон Сандерс был назначен главой немецкой военной миссии с широкими полномочиями, включающими, что вызывало наибольшие опасения, прямое подчинение ему турецких сил в столице Османской империи[1]. Этот новый вызов русским интересам означал, что угроза суверенному контролю Турции над водным путем исходила теперь уже не с моря, как во время Итало-турецкой войны, и не с суши, как в Балканских войнах, но изнутри самой Турции, начиная уже с береговой линии Черноморских проливов.

Однако история того, что впоследствии стало именоваться «кризисом Лимана фон Сандерса», зачастую рассматривалась без учета критически важных элементов для понимания изменения взгляда русских на значение проливов[2]: в усилении турецкого

---

[1] См. подробное обсуждение кризиса в [Albertini 1952–1957, 1: 471–487; Williamson 1991: 151–156].

[2] Типичные оценки см. в [Kerner 1927–1928; Albertini 1952–1957, 1: 540–550; Lieven 1983: 47–48]. Более широкий взгляд представлен в работах [Stevenson 1996: 348–349; Шацилло 1968: 144–148].

военно-морского флота они видели угрозу собственному выходу в открытое море и, ввиду того что баланс сил в Черном море мог измениться в любую минуту, обратились как к дипломатическим мерам, так и к судостроению, отчаянно пытаясь приостановить, а если возможно, и предотвратить подобный сдвиг. В полной же мере безотлагательный характер проблемы проявился лишь в кризисных ситуациях 1913 года.

Развитие военно-морского флота

Параллельно с набирающим обороты усилением турецкого флота разворачивалось и переоборудование русского. Период с 1912-го по 1913 год стал в прямом смысле водоразделом: именно тогда по целому ряду причин произошло радикальное увеличение военно-морского потенциала России, особенно в акватории Балтийского моря. Главнейшей же из причин, способствовавших развитию русского флота, явилось назначение морским министром адмирала И. К. Григоровича. Иван Константинович привнес в Морское ведомство дух усердия и энергичного трудолюбия, что, пожалуй, было редкостью у его предшественников, и сделал, по выражению современника, «исключительно блестящую карьеру»[3]. Под командой Григоровича ходили как гражданские пароходы, так и военные корабли; он служил морским агентом (атташе посольства) в Лондоне, где внимательно изучил устройство Королевского флота; не менее успешно он работал и на суше, включая командование крупнейшими морскими портами в европейской части России и Порт-Артуром — на Востоке при японской осаде, за доблесть и боевой дух в которой был отмечен наградами. Кроме того, он провел ряд значимых административ-

---

[3] Gallaud — Minister of Marine, 19 November 1912, rep. 17 // SHM. BB7. 121 k. Научной биографии адмирала Григоровича еще не написано, однако его «Воспоминания бывшего морского министра» [Григорович 1993] пестрят подробностями его работы по улучшению флота, пусть и скорее с технической и управленческой, чем с политической точки зрения.

ных реформ, благодаря которым Морское министерство стало функционировать более эффективно[4].

Дарования новоназначенного морского министра не прошли незамеченными и в Государственной думе, годами отказывавшей министерству в дополнительном финансировании со ссылкой на царящую в ведомстве халатность и некомпетентность. Также депутаты были недовольны чересчур пристальным вниманием, уделяемым Балтийскому флоту в ущерб Черноморскому [Gatrell 1994: 137]. Пусть вплоть до самого назначения Григоровича министром весной 1911 года Дума и не спешила всецело поддерживать его инициативы, но влиятельные парламентарии куда охотнее теперь шли на контакт с Морским ведомством в надежде, что его новое руководство окажется более деятельным, чем предыдущее[5]. Примечательнее же всего, что даже П. Н. Милюков, лидер центристской партии кадетов, вышел из полной оппозиции, хотя и продолжал настаивать на большей важности Черноморского флота [Шацилло 1968: 191–196]. В конце следующего, 1912 года, размышляя о завершении крупнейшей со времени Русско-японской войны судостроительной программы, французский военно-морской атташе отметил управленческие преобразования Григоровича в Морском ведомстве как решающие для будущего содействия Думы в восстановлении флота[6].

Немалую помощь в убеждении Думы согласиться на военно-морские инициативы 1912 года оказали и иные ветви власти. Одним из решительнейших поборников преобразований выступил граф Коковцов, который неоднократно выступал в Думе,

---

[4] Grenfell — Buchanan, 8 January 1913, desp. // BDFA. 1.A. 6. № 133. Григорович внедрил структуру Генерального штаба по образцу виденных им в странах Западной Европы. Еще в 1909 году, когда Григорович был товарищем (то есть заместителем) министра и курировал преобразования в ведомстве, он пытался провести реформу Генерального штаба, которую, однако, ветировал царь, опасаясь, что недоработки в законопроекте позволят Думе чересчур влиять на флот. См. [Коковцов 1933, 1: 294–301; Chmielewski 1967].

[5] Smith — Buchanan, 20 May 1911, desp. // BDFA. 1.A. 6. № 71.

[6] Gallaud — Minister of Marine, 19 November 1912, annual report // SHM. BB7. 121e.

продвигая судостроительные планы. Пожалуй, столь же убежденный в необходимости для России могучего флота, сколь и понуждаемый императором Николаем II к поддержке Григоровича в Думе, Коковцов двояко подошел к реализации морских реформ. Во-первых, будучи министром финансов, уже в начале июня 1912 года он заверил сперва думскую Бюджетную комиссию, а спустя несколько дней и всех депутатов Думы, что предполагаемые расходы не повлекут за собой ни новых налогов, ни займов, равно как и сокращения средств на культурные, образовательные или армейские нужды[7]. Во-вторых, несколько позже, уже в качестве председателя Совета министров, он указывал и на значительные «политические выгоды в обретении державой мощного флота»[8].

То же мнение на июньском заседании Бюджетной комиссии высказал и Сазонов: министр выразил опасения касательно нестабильности ситуации на Балтике, заявив, что России следует быть во всеоружии для защиты собственных интересов. По

---

[7] РГИА. Ф. 1278. Оп. 2. Д. 2287. Л. 72. Заключение Бюджетной комиссии Думы от 7–8 июня 1912 г.; РГИА. Ф. 1278. Оп. 2. Д. 3203. Л. 797. Журнал заседания Бюджетной комиссии Гос. Думы от 7 июня 1912 г.; MAE. NS. R. 84. Louis — Cruppi, 8 June 1912, desp. 156; [Коковцов 1933, 2: 47–48, 52–53, 64, 71–72]. См. также O'Beirne — Grey, 12 June 1912, desp. 180 // BDFA. 1.A. 6. № 101. Британский морской атташе капитан Гарольд Грэнфель в рапорте о тех событиях высказывает предположение, что Коковцов изначально был против морской программы отчасти по финансовым соображениям, а отчасти — не доверяя адмиралу, отвечавшему за распределение судостроительных подрядов. Первое, безусловно, было вполне в духе Коковцова, неоднократно выступавшего против тех или иных военных мер, находя их чересчур дорогостоящими. Что же до второго, то в его мемуарах нет свидетельств подобных колебаний, хотя его утверждение о вере в необходимость флота звучит в лучшем случае прохладно: «Лично я глубоко сочувствовал этому делу [морской программе], хорошо понимая, что России нужен флот и что провести это через Думу можно, только устранивши именно финансовые препятствия». См. [Коковцов 1933, 2: 53]; Grenfell — O'Beirne, 22 June 1912, desp. // BDFA. 1.A. 6. № 104. Шацилло, впрочем, указывает на явную и скрытую оппозицию Коковцова морской программе даже зимой и весной 1912 года [Шацилло 1968: 73–76]. О бюджетных вопросах см. [Коковцов 1933, 2: 160]; Durand — Minister of Marine, 12 June 1912, rpt. // SHM. BB7. 121 L.

[8] Grenfell — O'Beirne, 22 June 1912, desp. // BDFA. 1.A. 6. № 104.

словам британского поверенного, «его превосходительство процитировал русскую пословицу, гласящую примерно то же, что известное[9] "уповайте на союзников, а порох держите сухим"»[10]. Поговаривали, что именно предостережения Сазонова помогли убедить членов комиссии одобрить предложение Морского ведомства, поскольку произвели впечатление столь сильное, что несколько депутатов-октябристов даже публично выступили против лидера собственной партии[11].

Решающую роль для флота в совершении подобного «законодательного подвига» играла и поддержка Николая II, считавшего, что «флот должен быть воссоздан в могуществе и силе, отвечающих достоинству и славе России»: ведь от этого зависели «и наша внешняя безопасность, и наше международное положение» [Шацилло 1968: 77]. Николай серьезно давил на Коковцова, пытаясь получить одобрение Думы на морские инициативы, и уполномочил председателя уведомить ключевых парламентариев о личной заинтересованности императора в вопросе. С одним из депутатов он даже намеревался переговорить самолично, но Коковцов отсоветовал, указав, что это было бы неуместно, и от идеи было решено отказаться [Коковцов 1933, 2: 64]. Николай II всегда относился к существованию Думы весьма неоднозначно, если не враждебно, поэтому подобное предложение свидетельствует о серьезности его намерений. Словом, с царской поддержкой Григорович куда увереннее шел в направлении поставленных целей, несмотря на непрестанное противодействие [Шацилло 1968: 63–78].

---

9 Известное англичанам. Максиму «уповайте на Бога, ребята, но порох держите сухим» часто (и, видимо, ошибочно) приписывают лорду-протектору Оливеру Кромвелю; Сазонов же, вероятно, говорил (если говорил, см. примечание ниже), что следует «на Бога [или, перефразируя, «на союзников»] надеяться, а самим не плошать». — *Примеч. пер.*

10 O'Beirne — Grey, 12 June 1912, desp. // BDFA. 1.A. 6. № 101. Дословного выступления Сазонова в протоколах не сохранилось. См. РГИА. Ф. 1278. Оп. 2. Д. 3203. Л. 797. Журнал заседания бюджетной комиссии Гос. Думы, 7 июня 1912 года.

11 MAE. NS. R. 84. O'Beirne — Grey, 12 June 1912, desp. См. также Louis — Cruppi, 8 June 1912, desp. 156.

Итак, политический фундамент был подготовлен, и морское руководство в деталях представило свою аргументацию в пользу усиления Балтийского флота, который сможет выходить в открытый океан, в отличие от Черноморского, закупоренного турецкими проливами[12]. В основе предложения, очевидно, лежало искреннее принятие тогдашних навалистских идей, активно пропагандируемых американским военно-морским теоретиком Альфредом Мэхэном и популяризируемых в России морским капитаном Н. Л. Кладо [Matthei 1979: 22]. Авторы проекта соглашались с тем, что статус Великой державы теперь зависит от наличия конкурентоспособного океанского флота. Поскольку европейские державы, а также Соединенные Штаты и некоторые южноамериканские государства уже агрессивно наращивали свой военно-морской потенциал, России также необходимо было спешить, пока ее отставание не сделалось критическим[13].

---

[12] Данный эпизод наиболее полно отражен в двух документах того времени: 1) «Законе об Императорском Российском флоте и программе усиленного судостроения» 1911 года, перевод которого [BDFA. 1.A. 6. № 105] был присовокуплен к донесению британского морского атташе Грэнфеля поверенному в делах в Петербурге О'Берну: Grenfell — O'Beirne, 22 June 1912, desp. // BDFA. 1.A. 6. № 104; и 2) рапорте военно-морского атташе капитана Галло французскому морскому министру: Gallaud — Minister of Marine, 26 March 1913, rep. 96 // SHM. BB7. 122 b, в котором фигурируют фрагменты более объемного документа, полученного из Морского генштаба. Документы не идентичны: второй явно более проработан, сохраняя при этом значительную часть обоснований первого. Ниже будут приведены цитаты из обоих документов вкупе с информацией из иных источников. Несмотря на появление первого документа еще в 1911 году, согласно Грэнфелю, он был секретно распространен в Думе при представлении июньского законопроекта 1912 года.

[13] Русский флот был чрезвычайно медлителен в отношении строительства дредноутов. В таблице наглядно отражено отставание России. Данные по [Preston 1972: 214–218; Greger 1997: 190–193; Jane 1969: 338–339]. Даты отражают ключевые моменты в русском судостроении начала XX века: 13 июля 1909 года были заложены первые дредноуты на Балтийском море [Preston 1972: 214], а 30 октября 1911 года было начато строительство и первых черноморских кораблей данного типа [Greger 1997: 192]. Крейсеры типа «дредноут» включены в таблицу потому, что заложенные накануне войны были уже мощнее самых первых дредноутов.

Табл. 2. Дредноуты и линейные крейсеры, 1906–1914.

NB: данные по линейным кораблям (и крейсерам), с последовательным указанием общего количества заложенных (слева) и спущенных на воду (справа) судов.

Страна	Заложено к 12 июля 1909 года	Заложено к 30 октября 1911 года	Заложено к началу войны	Завершено к 12 июля 1909 года	Завершено к 30 октября 1911 года	Завершено к началу войны
Австро-Венгрия	0	2	4	0	0	3
Франция	6	8	18	0	8	10
Великобритания	9 (4)	18 (8)	32 (9)	5 (3)	10 (4)	20 (7)
Германия	8 (3)	16 (2)	19 (5)	0	13 (2)	14 (4)
Италия	1	4	6	0	0	3
Япония	4	5	7	1	4	5
Россия, Балтийский флот	0	4	4(4)	0	0	0
Россия, Черноморский флот	0	1	4	0	0	0
Испания	0	2	3	0	0	1
Турция	0	1	2	0	0	0
США	6	10	14	0	6	10

Теоретики морской войны считали, что для необходимой обороны России размер ее флота должен позволять успешно сдержать нападение противника, прикрыть сухопутные войска с фланга, а также делать Россию привлекательным союзником для Франции. Кроме того, ее флот должен быть способен преследовать противника в открытом море[14]. Проще говоря, раз Россия желала, чтобы «ее голос был слышен в концерте держав», она нуждалась в грандиозном флоте[15].

Цель ставилась поистине грандиозная, и июньский законопроект предлагал пусть пока и не радикальное, но весьма ощутимое усиление Балтийского флота. Количество строящихся кораблей типа «дредноут» возросло с четырех до восьми, в дополнение к четырем небольшим линкорам на Балтике. Таким образом, будущий Балтийский флот должен был состоять из четырех легких крейсеров современного типа при поддержке четырех тяжелых линкоров и четырех маневренных крейсеров разных лет постройки и могущества; также еще по два линкора было заложено для Черноморской и Тихоокеанской флотилий. Что касается меньших судов, было одобрено строительство 36 эсминцев с современным вооружением в дополнение к уже имеющимся 59, опять же различной огневой мощи и времени постройки, а также дюжины подводных лодок, которые должны были увеличить

---

[14] Шацилло несколько преувеличивает, указывая данную причину в качестве ключевой в «расчете царизма», однако его мнение, что мощный линейный флот нужен был «не столько *против* какого-либо вероятного соперника, сколько *за* какого-нибудь будущего союзника», представляется в известной мере обоснованным [Шацилло 1968: 82]. Литература по Франко-русскому союзу до сих пор на удивление скудна, хотя вопрос нередко разбирается в работах, посвященных более широким темам. На данный момент не существует исследования союза, охватывающего все время его существования. По истокам союзных отношений России с Францией и по сей день классическим остается «Роковой Союз» Джорджа Кеннана [Kennan 1984], а в плане русского контекста весьма полезна более поздняя работа И. С. Рыбаченок [Рыбаченок 1993]. Современный западный взгляд на Франко-русский союз можно почерпнуть в [Hogenhuis-Seliverstoff 1997]. См. также [Bovykin 1979; Collins 1973; Spring 1988b].

[15] Gallaud — Minister of Marine, 26 March 1913, report 96 // SHM. BB7. 122 b.

балтийские подводные силы, состоящие из 14 лодок; еще шесть субмарин было заложено для остальных флотилий[16].

Впрочем, теперь, добившись согласия Думы на обширную строительную программу, морские начальники и теоретики ожидали, что и дальнейшие их планы также вскоре получат парламентское одобрение[17]. Британскому и французскому атташе были продемонстрированы планы Морского ведомства по развитию Императорского флота вплоть до 1930 года, согласно которым к восьми линейным кораблям класса «дредноут» прибавятся (учитывая постепенный отказ от наиболее устаревших судов) еще 26; также к тому времени флот будет располагать 24, против восьми в 1912 году, современными крейсерами и тем же количеством малых судов[18]. Оба атташе скептически отнеслись к возможностям русских реализовать столь смелую программу, а также укомплектовать все суда обученным экипажем, однако и британский поверенный, и французский атташе Галло отметили, что наличие подобного флота у России, безусловно, вынудит Германию пересмотреть распределение собственных военно-морских сил, а это, вероятно, несколько ослабит давление на Королевский флот. Французский атташе также отметил, что Франция, будучи другом и союзником России, может лишь порадоваться столь положительному воздействию морской программы на русскую военную мощь[19]. Однако на Черном море было сделано весьма мало.

---

16 Детали по доукомплектованию см.: Grenfell — O'Beirne, 22 June 1912, desp. // BDFA. 1.A. 6. № 104; Durand — Minister of Marine, 12 June 1912, rep. // SHM. BB7. 121. l and 20 June 1912, rep. Подробные характеристики старых и новых судов см. в [Jane 1969: 338–359]. Также см. дополнительные сведения в [Preston 1972: 204–118]; так, коль скоро четыре новых дредноута формально являлись линейными крейсерами, Престон замечает, что точнее было бы говорить о «маневренных линкорах» — в силу их больших габаритов, вооружения и скорости в сравнении с линкорами-дредноутами вроде «Гангута», заложенными за несколько лет до того [Preston 1972: 218].

17 Durand — Minister of Marine, n.d., 1912, Annual Report // SHM. BB7. 121 e.

18 Gallaud — Minister of Marine, 26 March 1913, rep. 96 // SHM. BB7. 122 b; 12 April 1913, rep. 107 // SHM. BB7. 122 b.

19 Gallaud, 19 November 1912, Annual Report for 1912 // SHM. BB 7; Grenfell — O'Beirne, 22 June 1912, desp. // BDFA. 1.A. 6. № 104; O'Beirne — Grey, 25 June 1912, desp. 194 // BDFA. 1.A. 6. № 103.

Турецкая угроза

МИД решительно поддержал субсидирование инициативы Морского ведомства для Балтийского флота, одновременно не прекращая добиваться поддержки подобной же судостроительной программы и на Черном море. На Певческом мосту были убеждены, что для восстановления своих позиций на Черном море Россия обязана реагировать на усиление турецкого флота. Необходимость в этом возрастала вместе с тревогой о возможной войне между Российской и Османской империями, как следствие Итало-турецкой, а за ней и Балканских войн.

Весь 1912 год военно-морская проблематика пребывала в центре внимания русского МИДа. В феврале этого года Чарыков, опираясь на доклад русского военно-морского агента, предупредил своего министра, что вопреки надеждам России османское правительство вкладывает значительные средства в подготовку экипажей для укомплектования новых линкоров. Посол заметил, что турки, вероятно, уже подготовили полный экипаж для своего первого дредноута, строящегося в Великобритании, и эта команда «не только не испортит новый корабль, но, напротив, вполне сумеет по назначению его применить»[20]. Далее Чарыков напомнил своему корреспонденту, что русское превосходство над Турцией зависит не только от сухопутных, но также и от морских сил, и как только Турция получит новейшие дредноуты, Россия перестанет доминировать в регионе. Поэтому необходимо срочно ускорить строительство отечественных кораблей данного типа, укомплектовав их обученным экипажем и современным вооружением.

МИД прямо выразил свои опасения Морскому министерству на мартовском межведомственном заседании, посвященном обсуждению судостроительных планов [Шацилло 1968: 75]. В целом поддержав предложенную программу, представитель МИДа настаивал на том, что первоочередной задачей должно стать укрепление Черноморского флота — причем с прицелом не на уравно-

---

[20] АВПРИ. Ф. 138. Оп. 467. Д. 461/480. Л. 1–2. Чарыков — Сазонову, 22 февраля 1912 года, псм. 17.

вешивание турецких морских сил, а на преобладание над ними. Несмотря на то что данное замечание мало повлияло на планы морского руководства, МИД не сдавался. В ноября того же 1912 года, уже после начала Первой Балканской войны, в своем обширном письме, которое мы обсуждали в предыдущей главе, Сазонов возвращается к той же мысли. Так, описывая возможные сценарии для Черноморского региона, он отмечает, что с учетом контроля над Босфором и «вкупе с Черноморским флотом, *потребующим усиления*, в нашем распоряжении окажутся достаточные средства воздействия для обеспечения свободного прохода через Дарданеллы» (курсив авт.)[21]. То есть наращивание черноморских военно-морских сил являлось для Сазонова непременным условием любого окончательного разрешения вопроса о проливах.

Сердце русских навалистов лежало к Балтийскому флоту, однако нестабильность на Балканах с растянувшейся на весь 1912 год войной вынудила морское руководство уделить больше внимания ситуации на юге России. Осенью 1911 года, когда началась Итало-турецкая война, Григорович сообщил военному министру, что конфликт может потребовать русского вмешательства, включая военно-морские операции и десантирование войск на Черноморском побережье[22]. В свете непрестанного военного планирования, осуществлявшегося в тот период всеми военными ведомствами, известное внимание было уделено и морским силам империи. В январе 1912 года армия представила доклад, в котором утверждалось, что флот не в состоянии гарантировать контроль над морем ввиду превосходства турецких военно-морских сил[23]; начальник Морского генерального штаба вице-адмирал князь Ливен 25 февраля возразил на это, что на данный момент российский флот полностью контролирует Черное море. Османские флагманы, отметил он, уступают русским как по возрасту, так

---

[21] АВПРИ. Ф. 151. Оп. 482. Д. 3700. Л. 242–249. Сазонов — [Коковцову и руководству Генштаба], 12 ноября 1912, псм.

[22] По: РГВИА. Ф. 2000. Оп. 1. Д. 2220. Ч. 2. Л. 131–132. Жилинский — Сухомлинову, 23 января 1912 года, рап. 5.

[23] РГВИА. Ф. 2000. Оп. 1. Д. 2220. Ч. 2. Л. 133–137. Жилинский и Данилов — Сухомлинову, 23 января 1912 года, рап. 6.

и по вооружению: новейшие турецкие линкоры двумя годами старше и бронированы значительно легче старейших русских визави. Спорной, резюмировал он, ситуация может стать лишь в 1914 году с появлением у турок строящегося ныне в Великобритании дредноута и до завершения в 1915-м первого русского корабля данного класса[24]. То есть допуская, что турецкий флот сможет захватить контроль над Черным морем, Ливен не выказал ни тревоги, ни рвения предотвратить подобную ситуацию.

В 1912 — начале 1913 года флотское руководство более волновало одобрение и финансирование учений по отработке высадки войск на Черноморском побережье, чем постройка новых военных кораблей, способных обеспечить безопасность на море. В июне 1912 года Григорович заявил о необходимости проведения учебных маневров, чтобы убедиться, что все расчеты верны, а 16 июня, через несколько дней после принятия Думой его проекта морского строительства, нацеленного преимущественно на Балтийский флот, морской министр обратился по поводу учений к своему сухопутному коллеге. Ссылаясь на угрозу войны с Турцией, а также недостаточный опыт русских войск в подобных операциях, Григорович определил обсуждаемые маневры как «не терпящие отлагательства», прося армию поддержать его ведомство в получении как высочайшего дозволения на широкомасштабные учения, так и требующихся на их проведение средств[25]. И большую часть следующего года офицеры обоих Генштабов провели в Одессе, за разработкой соответствующих планов[26]. В сентябре

---

[24] РГВИА. Ф. 2000. Оп. 1. Д. 2220. Ч. 2. Л. 148–149. Ливен — Жилинскому, 25 февраля 1912 года, псм. 351/29.

[25] РГВИА. Ф. 2000. Оп. 1. Д. 2220. Ч. 3. Л. 237–238. Григорович — Сухомлинову, 16 июня 1912 года, псм. 2056/204.

[26] О приготовлениях см., например, РГВИА. Ф. 2000. Оп. 1. Д. 2220. Ч. 3. Л. 191–195. Журнал специального заседания, посвященного организации десантной экспедиции, 26 июля 1912 года; РГВИА. Ф. 2000. Оп. 1. Д. 2220. Ч. 3. Л. 114–115. Зарубаев — Сухомлинов, 14 декабря 1912 года, псм. 91; РГВИА. Ф. 2000. Оп. 1. Д. 2221. Л. 14. Вернан — Григорович, 16 января 1913 года, псм. 35; РГАВМФ. Ф. 418. Оп. 1. Д. 784. Л. 2. Ливен — Жилинский, 31 мая 1913 года, псм. 2094/148; РГВИА. Ф. 2000. Оп. 1. Д. 2221. Л. 43. Васильев — Данилов, 10 июня 1913 года, псм. 23.

1912 года, незадолго до начала Первой Балканской войны, Сазонов призвал морское руководство поторопиться с планированием, предупредив, что, по его мнению, в регионе вскоре произойдет военный конфликт. Он считал, что в случае угрозы турецкому контролю над проливами со стороны третьей державы для защиты русских интересов потребуется высадка войск. Но в Морском генеральном штабе четко понимали, что русские силы еще нуждаются в большой подготовительной работе[27]. В июне 1913 года Григорович обратился к министру финансов Коковцову с просьбой о секретном финансировании намеченных на осень учений[28]. Коковцов отказал, предложив адмиралу подать проект о регулярном финансировании на весенний квартал 1914 года. Однако армейский штаб чересчур затянул с подготовкой требовавшейся флоту информации, и в октябре 1913 года было решено перенести маневры на осень следующего, 1914 года[29].

Угроза распада Османской империи до тщательного апробирования готовящихся планов всерьез тревожила русское правительство, стремившееся упрочить турецкую оборону. Вскоре после окончания Первой Балканской войны возникла идея усилить контроль Великих держав над турецкими финансами. Сазонов выступил против, поскольку опасался, что средства, требовавшиеся вооруженным силам, будут перенаправлены на внедрение внутренних реформ, что будет почти равнозначно

---

[27] РГАВМФ. Ф. 418. Оп. 1. Д. 5537. Л. 85–86. Ливен — Григоровичу, 19 сентября 1912 года, рап. 222.

[28] Служебную переписку Григоровича с Коковцовым см.: РГАВМФ. Ф. 418. Оп. 1. Д. 784 — «морские» экземпляры; и РГИА. Ф. 1276. Д. 9. Оп. 533 — «финансовые»; страницы и листы следуют в порядке РГАВМФ/РГИА: Л. 5–6 / Л. 1. Григорович — Коковцову, 20 июня 1913 года, псм. 2376/178; Л. 11–12 / Л. 4–5. Коковцов — Григоровичу, 25 июня 1913 года, псм. 4211. Также см. рапорт Григоровичу по резолюции Коковцова: РГАВМФ. Ф. 418. Оп. 1. Д. 784. Л. 13–14. 2 июля 1913 года, рап. 231.

[29] РГАВМФ. Ф. 418. Оп. 1. Д. 784. Л. 23. Жилинский — Ливену, 30 октября 1913 года, псм. 2097. Об армейских задержках см., например, РГАВМФ. Ф. 418. Оп. 1. Д. 784. Ливен — Жилинскому, 20 октября 1913 года, псм. 3849/283; РГВИА. Ф. 2000. Оп. 1. Д. 2220. Ч. 3. Л. 241. Григорович — Сухомлинову, 31 октября 1912, псм. 3227/540.

приглашению недовольной результатами войны Болгарии вновь
попытаться захватить Константинополь. В инструкциях от 1 мая
министр подтвердил своим посланникам жесткий отказ России
допустить какую-либо третью державу к контролю над проливами, снимая опасения — и по поводу нового наступления болгар,
и по вопросу о проливах, — возникшие до того, как Россия
подготовилась к захвату важнейшей водной артерии[30]. Копию
письма он отослал сперва Сухомлинову, а затем, с приложением
одобрения военного министра, — Григоровичу[31]. Адмирал согласился с Сазоновым в оценках экономической значимости проливов, подтвердив, что те «с неизбежностью станут рано или
поздно русским достоянием, <...> нахождение которого в руках
иностранной державы может грозить отечеству неисчислимыми
бедствиями» [Захер 1924: 62–63]. Единственный же надежный
способ обеспечить своевременное получение Россией проливов — это «быстро создать на Черном море военный флот такой
силы, чтобы он мог при современной политической конъюнкту-
ре овладеть во время войны водами и берегами обоих турецких
проливов и не пустить в них флот враждебных держав» — вне
зависимости от мнения дружественных. «Только при этом условии достигнет цели и десантная операция», и Россия овладеет
проливами [Захер 1924: 64].

Далее он весьма оптимистично отметил, что если судострои-
тельная программа не встретит непреодолимых препятствий, то
в течение следующих пяти лет вполне можно будет создать бое-
способный флот. А до тех пор, пока Россия подобными морскими
силами не располагала, было «важно, чтобы вопрос о проливах
не был поставлен вовсе; чтобы никакая другая держава не поку-
шалась на них и чтобы <...> Турция была достаточно сильна <...>,
дабы не пустить к Константинополю и Дарданеллам Болгарию».

---

[30] АВПРИ. Ф. 138. Оп. 467. Д. 318/321. Л. 6–10. Сазонов — Извольскому и Бенкендорфу, 1 мая 1913 года, псм. 381; копия была приложена к письму: РГВИА.
Ф. 2000. Оп. 1. Д. 3845. Л. 10–15. Сазонов — Сухомлинову, 2 мая 1913 года,
псм. 392; также см. выдержки в [Захер 1924: 62–63].

[31] РГВИА. Ф. 2000. Оп. 1. Д. 3845. Л. 19–25. Сухомлинов — Сазонову, 4 мая
1913 года, псм. 3977; в выдержках в [Захер 1924: 63].

Пожалуй, «непреодолимыми препятствиями» Григоровичу могли представляться тогдашние возможности и состояние черноморских верфей; и вместе с тем русское будущее проливов зависело от строительства даже более мощного Черноморского флота, чем на тот момент предполагалось. Так что, замалчивая вопрос о проливах на международных обсуждениях, русские дипломаты пытались выиграть время для наращивания флота.

МИД и Морское ведомство постоянно обменивались сведениями, поскольку оба занимались проработкой возможных сценариев для России. Начальник Второго оперативного отделения Морского генштаба, специально ведающего делами Черного моря, капитан А. В. Немитц также поддерживал план усиления Черноморского флота и уже некоторое время занимался этим вопросом [Алхазашвили 2000: 109][32]. Первым высокопоставленным дипломатом, решившим этот вопрос с ним обсудить, стал барон М. Ф. Шиллинг, директор канцелярии Министерства иностранных дел и близкий друг Сазонова. Во время состоявшейся 17 июня беседы Шиллинг отметил, что «цель Министерства иностранных дел — обеспечить России завладение проливами в случае общеевропейской или вообще большой европейской войны» [Захер 1924: 66]. Немитц позже имел еще ряд встреч с помощником Шиллинга и также близким другом Сазонова — Н. А. Базили, которому вскоре отослал новый вариант своей прошлогодней «Объяснительной записки», где из общих экономических, стратегических и историко-политических соображений он объяснял цели России в отношении Черноморских проливов. Если в прежнем докладе он отдельно на необходимости судостроения на Черном море не останавливался, то теперь заявлял о том с самого начала, указывая, что «России необходимо быть готовой [овладеть обоими турецкими проливами] в ближайшие же годы» [Захер 1924: 54–57, 66; Шацилло 1968: 104].

---

[32] Биографию Немитца см. в [Лебедько 1996]. Летом 1917 года Временное правительство назначило Немитца командующим Черноморским флотом. После Октябрьской революции он поступил в Красную армию и дослужился до чина вице-адмирала советского флота.

Подход самого Базили был более детальным. Он полагал утрату контроля над Черным морем неизбежной, если Россия как можно скорее не приступит к наращиванию военно-морских сил, — к трем уже одобренным Думой дредноутам необходимо прибавить еще «три (или еще лучше четыре) дредноута новейшего типа с [более современной] 14-дюймовой артиллерией»[33]. В духе прошлогодних дискуссий между русским и французским морскими штабами Базили высказывается в пользу создания Средиземноморской эскадры, которая помешала бы Турции сосредоточить мощнейшие флагманы против России, а также могла бы блокировать корабли потенциальных союзников Турции. Базили полагал, что не стоит выжидать несколько лет, пока будут готовы едва заложенные крейсеры — вместо этого он указывал на реальную возможность приобретения уже почти достроенного англичанами для Бразилии дредноута и вероятного прибавления к нему и других кораблей, также строящихся по заказу южноамериканских стран. Покупка бразильского дредноута была тем важнее, что корабль могла приобрести и Турция, что привело бы к еще более стремительному ухудшению баланса военно-морских сил. В приложении к своей записке, оценивая количество и качество кораблей у обеих держав, Базили ясно описывает грядущий упадок русского морского господства. Он считал, что лишь в 1917 году — в отличие от более оптимистичного прогноза Ливена о 1915-м — Россия получит шанс восстановить контроль над Черноморским регионом, но и тогда это окажется задачей нелегкой, поскольку строящиеся для турок корабли получат более тяжелое вооружение в сравнении с отечественными. И ситуация ухудшится еще более, если Турция перекупит южноамериканские суда. Базили весьма прямо и четко формулирует цель, полагаемую МИДом для Морского министерства, а именно непрерывное строительство новых кораблей на юге страны, чтобы свести к минимуму продолжительность турецкого господства на Черном море. Также следует приложить

[33] АВПРИ. Ф. 138. Оп. 467. Д. 461/480. Л. 13–18. О необходимости увеличения наших морских сил в Черном море, Базили, июль 1913 года, пам. зап.

все усилия — как морскому руководству, так и МИДу — к приобретению южноамериканских кораблей или по крайней мере не позволить этого сделать Турции.

Ту же мысль выразил в ноябре 1913 года и константинопольский посол Гирс в направленной Сазонову депеше, исполненной неутешительных предвестий о будущем положении России на Черном море. Ссылаясь на военно-морского агента, Гирс предупреждал, что турки всерьез работают над усилением и наращиванием своего флота, осуществляя как прямые заказы новых кораблей, так и переговоры о перекупке уже заложенных для других стран. Турция, продолжал Гирс, не испытывает затруднений ни в деньгах, ни в подборе квалифицированных экипажей. «Таким образом, — резюмирует он, — мы должны считаться с возможным фактом значительного — или, скорее, даже неизбежного — усиления турецкого военного флота и его преобладания на Черном море». Он вновь подчеркнул, что подобное развитие событий «совершенно недопустимо», поскольку «неминуемо грозит нанести сильнейший удар по нашему политическому господству над Турцией»[34]. Хоть он и надеется, что перевооружение турецкого флота не нацелено против России, Гирс полагает, что раньше или позже Османская империя может соединиться с враждебной и угрожающей Петербургу коалицией держав. Мрачный посыл и безотлагательный тон Гирса усугубил и без того царившее в МИДе ощущение необходимости действовать срочно.

Тем же ощущением проникнута и подробная памятная записка Сазонова Николаю II от 6 декабря 1913 года[35]. Основываясь на аналитике политической ситуации на Балканах, а также на данных, представленных Немитцем и Базили [Захер 1924: 67], Сазонов испрашивал высочайшего дозволения скорейшим образом созвать межведомственное совещание на высоком уровне, чтобы

---

[34] АВПРИ. Ф. 138. Оп. 467. Д. 461/480. Л. 21–23. Гирс — Сазонову, 27 ноября 1913 года, деп. 189.

[35] Нижеследующее обсуждение и анализ основываются на копии записки Сазонова Николаю: АВПРИ. Ф. 138. Оп. 467. Д. 718/777. Л. 14–19, 5 декабря 1913 года [несмотря на проставленную дату, доставлена была лишь на следующий день], док.; далее — *Доклад*.

обеспечить России в ближайшие несколько лет готовность ответить на любой брошенный вызов, в особенности в проливах. Подчеркивая безотлагательный характер изложенного, Сазонов присовокупил к записке ноябрьскую депешу Гирса с собственноручной пометой на титуле, гласившей, что он разделяет мнение константинопольского посла[36]. Он также отметил шаткое положение на Балканском полуострове, что, вкупе с недовольством болгар исходом войны, ставило под сомнение долголетие Османской империи, а с ней и судьбу проливов. Сазонов отрицал прямую заинтересованность России в завоевании новых территорий, поскольку требования ее «внутреннего развития ставят задачу поддержания мира на первое место» (Доклад: 14).

Однако неспособность проконтролировать ситуацию на международной арене вынуждала ее готовиться к любому неожиданному развитию событий, включая и падение Турции. Сазонов далее воспроизводит уже знакомый нам рефрен о том, что Россия не может допустить, чтобы третье государство имело возможность нанести ей серьезный экономический ущерб через завладение Босфором и Дарданеллами. Ведь государство, владеющее этими проливами, «получит в свои руки не только ключи морей Чернаго и Средиземнаго. Он будет иметь ключи для поступательного движения в Малую Азию и для гегемонии на Балканах» (Доклад: 15). И для разрешения подобного вопроса России следует иметь сильный голос.

Сазонов отметил, что, несмотря на вложенные в создание мощного Черноморского флота немалые средства и время, их все еще было недостаточно. «Впрочем, в настоящее время приходится говорить не только о невозможности серьезных активных выступлений против Турции, но о недостаточности наших оборонительных средств против морской программы, которая может быть осуществлена в ближайшее время Турцией» (Доклад: 17). Он призвал правительство принять эффективные меры по защите своих интересов в регионе. Перечисляя целый ряд вопро-

---

[36] АВПРИ. Ф. 138. Оп. 467. Д. 461/480. Л. 20. Сазонов — Николаю II, 6 декабря 1913 года, титульный лист.

сов, которые надлежит решить армии, флоту, Министерству торговли и промышленности и МИДу, он подчеркнул задачу своего ведомства как можно дольше откладывать развязку ситуации, повторив уже неоднократно высказанное им мнение, что вопрос о проливах следует поднимать лишь в контексте масштабного европейского кризиса. На текущий момент мир зависел от позиций Австро-Венгрии и Болгарии — Россия же могла заявить о собственной, лишь имея достаточно сил в подкрепление заявленного.

> Заглядывая вперед и отдавая себе отчет в том, что сохранение столь желаннаго для нас мира не всегда будет в наших руках, приходится ставить себе задачи не на один сегодняшний и завтрашний день, дабы не оправдать столь часто делаемаго упрека в том, будто русский государственный корабль плывет по ветру и относится течением без твердаго руля, направляющаго его путь (Доклад: 19).

Утомленный необходимостью довольствоваться лишь реакцией на происходящие события и постоянно наблюдая, как дипломатические маневры подрываются несоответствием им в силе военных, Сазонов решительно призвал правительство предпринять скоординированные шаги в защиту жизненно важных интересов империи, прежде чем ситуация полностью выйдет из-под ее контроля.

Николай II всегда ратовал за усиление своего флота и еще более — за повышение престижа России, а потому слишком убеждать его не пришлось. Одновременно с одобрением запроса Сазонова о правительственном совещании император написал ему, что, как и прежде, уверен, что первейшее условие спокойного развития юга России – «безусловное преобладание ея Черноморскаго флота над турецким. Поэтому нам предстоит необходимость чрезвычайных усилий для достижения и в будущем этого преобладания на Черном Море»[37]. И вместе с тем между строк

---

[37] АВПРИ. Ф. 138. Оп. 467. Д. 461/480. Л. 20. Николай II — Сазонову, 6 декабря 1913 года, титульный лист.

Сазонова о скоординированных шагах звучало несогласие с тем, что царское правительство вновь принимает лишь спорадические решения. После убийства Столыпина Николай был рад отойти от крайне централизованной правительственной системы к более традиционной, когда именно он, а не председатель Совета министров являлся тем властным звеном, что скрепляло всю остальную правительственную цепочку, в то время как межведомственная конкуренция надежно защищала его собственные прерогативы[38]. И потому Николай предпочитал совещания *ad hoc*, подобные тому, что предлагал провести Сазонов. Заручившись поддержкой царя в отношении своего предложения и намеченной цели и собрав воедино руководителей важнейших ведомств, Сазонов теперь мог попытаться присовокупить к своим дипломатическим маневрам столь долгожданные полевые.

Немецкая угроза

Назначение немецкого генерала Отто Лимана фон Сандерса командующим турецкими силами в Константинополе еще более добавляло веса аргументам Сазонова. Немецкие советники и инструкторы пребывали в Османской империи еще с 1883 года, когда после поражения от России в 1878 году офицеры турецкой армии проходили переквалификацию при военной миссии, возглавляемой Кольмаром фон дер Гольцем [Karpat 2004: 705]. После же ощутимых поражений в Балканских войнах османское правительство стремились поправить положение при помощи новой немецкой миссии с еще более широкими возможностями [Karpat 2004: 712].

Единодушная реакция России и союзников на это назначение достигла цели: полномочия непосредственного командования турецкими силами были сняты, хотя немецкий генерал и остался верховным инструктором османской армии. Появление немецкого генерала с военной миссией несло новые угрозы русским

---

[38] См. [McDonald 1992b, chap. 8].

позициям в Константинополе и проливах. Во-первых, это могло решающим образом повлиять на баланс сил в регионе, уже более века склонявшийся в пользу Германии. Во-вторых, немецкое командование турецкими войсками в столице усилило бы влияние Берлина на Османскую империю в целом ввиду ослабления суверенитета султана над своими владениями. Ни одной другой державе никогда не удавалось добиться подобного властного положения в Константинополе, что, как позже заметил в воспоминаниях Сазонов, «было равносильно установлению в столице Турции германской власти» [Сазонов 1927: 144–145]. В-третьих, немецкое вторжение в регион угрожало статус-кво в проливах, от которого Россия зависела все сильнее. Полномочий распоряжаться войсками, ответственными за оборону проливов, Лиман фон Сандерс не имел[39], но пребывание его миссии в непосредственной близости от них не могло оставить Россию безучастной. Ведь и без прямого командования фортами проливов со стороны Германии обученные немецкими инструкторами офицеры без труда займут все ключевые позиции, а вскоре подоспеют и сами немцы, чтобы взять на себя руководство их дальнейшими действиями. В свете такого рода угроз вкупе с возрастающим риском для России утраты господства на Черном море Петербург видел в отмене назначения фон Сандерса или хотя бы изменении его полномочий задачу чрезвычайной важности.

Склонить турок к сотрудничеству представлялось делом нелегким, что еще более усложняло всю ситуацию. Излюбленным русским методом являлся финансовый бойкот со стороны Тройственной Антанты, когда в случае отказа сместить назначенного немецкого генерала Константинополю угрожало банкротство. Но, опасаясь, что подобные меры могут оказаться неэффективными или же что державы-союзники к ним не присоединятся, в Петербурге куда чаще обговаривали вариант захвата той или иной территории, в частности черноморского порта, с ее удержанием вплоть до получения согласия турок на условия России. Данная альтернатива продемонстрировала бы серьезность рус-

---

[39] Note d'Ambassade de Russie, 18 December 1913 // DDF. 3.8. № 595.

ских намерений, но вместе с тем могла представлять угрозу и стабильности Османской империи, что было чревато ее разделом. Как будет четко заявлено месяц спустя на тайном февральском совещании, Россия полагала, что еще недостаточно сильна, чтобы самостоятельно разрешить вопрос о проливах. Таким образом, хотя подобная стратегия выгодно подчеркивала, что Россия не желает отступить в столь важном для нее вопросе, результатом могли стать именно те изменения, которых она всеми силами стремилась избежать. Но удача была на стороне Петербурга: Берлин выразил готовность к сотрудничеству, предложив реорганизацию миссии, отвечавшую требованиям России, и избавив ее от необходимости прибегать к опасным мерам. Пусть и не приняв команду над константинопольскими силами, Лиман фон Сандерс оставался на службе султана, сохраняя огромное влияние на турецкий офицерский корпус. В России по-прежнему переживали по этому поводу, но, добившись устранения прямой угрозы в Константинополе, сделать более уже ничего не могли.

Когда страсти миновавшего кризиса понемногу улеглись, развитие турецкого флота с новой силой стало беспокоить Россию. Сочетание этих проблем позволило Сазонову еще усерднее отстаивать свою позицию по Черному морю, встречавшую теперь уже меньшую оппозицию. Кризис Лимана фон Сандерса явился для русской политики не столько поворотным моментом, сколько катализатором для принятия уже обсуждавшихся прежде или обсуждаемых ныне решений[40].

Решение по черноморскому судостроению

За семь месяцев до начала внезапно грянувшей Первой мировой войны МИД придерживался в отношении Турции и Черного моря двух магистральных линий, и обе они предполагали совместную работу с Морским министерством. В долгосрочной перспективе планировалось в конечном итоге заполучить кон-

---

[40] См. по этому поводу [Stevenson 1996: 348].

троль над Босфором и Дарданеллами; краткосрочная же стратегия была направлена на поддержание статус-кво и нивелирование турецких попыток усилить свой флот — по крайней мере до тех пор, пока Россия не будет в силах завладеть проливами.

Долгосрочное направление было определено 21 февраля 1914 года на особом совещании, созванном вследствие декабрьского обращения Сазонова к Николаю II. Совещание первоначально намечалось на конец декабря, но тогда серьезно заболел адмирал Ливен. Он вынужден был уехать на лечение за границу и запросил отложить заседание до его возвращения в Россию[41]. Но болезнь протекала столь тяжело, что вернуться к исполнению своих обязанностей и принять участие в совещании он уже не мог, так что по разрешении кризиса Лимана фон Сандерса руководители военного, морского и дипломатического ведомств собрались для обсуждения дальнейших шагов.

Подробное описание совещания можно почерпнуть в статьях Роберта Кернера, посвященных кризису Лимана фон Сандерса[42], мы же отметим лишь ряд важных для нас моментов. Во-первых, усилия Сазонова были направлены на выработку согласованного плана действий по защите российских интересов в проливах. Он подчеркнул, что если Турция утратит контроль над проливами,

> то Россия не может допустить укрепления на берегах их какой-либо иной державы и может поэтому оказаться вынужденной завладеть ими, дабы затем в той или иной форме установить соответствующий ее интересам порядок вещей на Босфоре и Дарданеллах. Заметив, что успех этой операции в значительной степени зависит от скорости ее выполнения, министр указ[ал] на необходимость предусмотреть для разрешения задачи, помимо действий морских сил, еще и десантную операцию[43].

[41] ГАРФ. Ф. 813. Оп. 1. Д. 127. Л. 10–12. Дневник Шиллинга, 23 декабря 1913 года.

[42] См. [Kerner 1927–1928, 4: 104–106]; также см. протокол совещания в МО. 3.1. № 295.

[43] Журнал особого совещания от 21 февраля 1914 года // МО. 3.1. № 295.

Практически все говорившие соглашались, что раз экспедиция в проливах возможна лишь во время масштабной европейской войны, то армия не сможет обеспечить достаточного для того личного состава: слишком много сил потребуется на западном фронте. Кроме того, даже при наличии достаточного боевого отряда все равно недоставало надлежащего транспорта. Исходя из этих вводных, участники совещания выработали ряд мер, призванных повысить готовность России к подобной операции. Во-первых, армия обязывалась снарядить достаточный отряд, снабдив его необходимым для ведения штурмовых операций вооружением. Во-вторых, Финансовому, Торгово-промышленному и Морскому ведомствам предстояло обеспечить транспортировку отряда. В-третьих, морское руководство должно было как можно скорее приступить к постройке второй эскадры новейших дредноутов для Черноморского флота. Наконец, в-четвертых, необходимо было в самое ближайшее время развернуть строительство железнодорожных путей на Кавказе, ибо коммуникации в регионе до сих пор зависели исключительно от моря [Kerner 1927–1928, 4: 104–106]. Если Россия последует данным рекомендациям и сумеет избежать общеевропейского конфликта до их осуществления, ей представится наилучшая возможность для завладения проливами. Дальнейшая реализация этого плана, одобренного царем 5 апреля того же года, теперь зависела от двух краткосрочных предпосылок: избегания континентальной войны и недопущения чрезмерного изменения баланса сил на Черном море в пользу Турции, активно укреплявшей свой флот.

Сохранение мира было задачей отнюдь не легкой. Хоть инцидент с Лиманом фон Сандерсом и закончился небольшим отступлением Германии ради удовлетворения прямых требований России, в подобном сценарии Сазонов ясно прочитывал нешуточные агрессивные намерения Германии и еще более серьезную военную угрозу. Он уже давно настаивал на более тесном взаимодействии России, Франции и Великобритании, чтобы в случае пересмотра Берлином своих колонизаторских амбиций союзники могли выступить против Германии единым сплоченным фронтом. Несмотря на то что франко-русский союз действительно усложнил стратегическое положение Германии, Сазонов был твердо убежден, что лишь «новому тройственному союзу», образованному державами Тройственной Антанты, — или иного, более прочного союзного договора, — по силам сдержать Германию [Сазонов 1927: 152–157][44]. По его мнению, «мир в мире будет обеспечен лишь тогда, когда Тройственное согласие — чье действительное существование было доказано не убедительнее змея морского — будет преобразовано в оборонительный союзный договор без секретных положений, который опубликуют газеты всего мира»[45]. Понимая, что британская политика не позволяет Лондону пойти на полномасштабный военный союз на континенте в мирное время, Сазонов вместо этого стремился найти взаимопонимание с Британией в духе Англо-французского морского соглашения от ноября 1912 года, согласно которому державы договаривались координировать береговую оборону[46]. Ни к чему конкретному не обязывая, это соглашение имело серьезный моральный вес — пусть, возможно, и сильно переоцененный в Париже и Петербурге, — и на Певческом мосту надеялись на нечто подобное или даже большее.

Несмотря на то что желаемое соглашение являлось военно-морским, руководство флота играло относительно малозначимую роль при его обсуждениях, поскольку решение по их проведению было в значительной степени политическим. Вместо этого общую почву для начала переговоров пытались подготовить министры иностранных дел. Англо-русские разногласия по поводу Персии усложняли поиски компромисса, но Сазонов лишь с еще большим

---

[44] См. также BD. 10.2. 774–814; Сазонов — Извольскому, 2 апреля 1914 года, псм. 23 // MO. 3.2. № 137; Buchanan — Nicolson, 16 April 1914, ltr. // FO. 800. 373. 45–54.

[45] АВПРИ. Ф. 138. Оп. 467. Д. 323/327. Л. 6–7. Сазонов — Бенкендорфу, 19 февраля 1914 года, псм.

[46] Сазонов — Бенкендорфу, 25 апреля 1914 года, псм. // MO. 3.2. № 224; Sazonov — Benckendorf, 28 May 1914, ltr. 47 // EDW. № 850. Об англо-французском соглашении, закрепленном в ноябрьской переписке Грея с Камбоном, см. [Steiner, Neilson 2003: 105–111; Keiger 1983: 110–116; Williamson 1969, chap. 12].

нетерпением ожидал заключения морского соглашения[47]. Российский МИД решил избегать политических дискуссий о судьбе проливов, в случае если тема будет затронута применительно к возможным действиям в Средиземноморье[48]. Но хотя черновой вариант соглашения уже был готов и в июне 1914 года в Лондоне и Петербурге началось его обсуждение, русский морской агент не был уполномочен вести переговоры по существу, да и британцы в целом особого энтузиазма не проявляли[49]. На август был назначен визит в Россию первого морского лорда — принца Людвига фон Баттенберга, и Сазонов с Николаем II надеялись, что результат лондонских переговоров можно будет утвердить во время визита. Однако серьезного прогресса стороны не достигли, и все внимание было сосредоточено на предстоящем визите[50], необходимость в котором отпала с началом войны.

Впрочем, не ограничиваясь столь неспешным дипломатическим вальсированием, Россия предпринимала и более настойчивые шаги по защите своих позиций в проливах. План состоял из трех пунктов: во-первых, надлежало замедлить или вовсе застопорить турецкие действия по наращиванию флота; во-вторых, увеличить количество собственных строящихся кораблей — либо заложив дополнительные линкоры на русских верфях, либо законтрактовав таковые за границей, а еще лучше — перекупив уже строящиеся для других стран; и, в-третьих, максимально ускорить завершение уже строящихся и только заложенных кораблей.

Мы уже отчасти касались энергичных попыток России сдержать турецкую военно-морскую экспансию, и контрмеры еще более усилились в 1914 году, когда турки принялись активнее подыскивать для своего флота новые корабли. В январе Григоро-

[47] Сазонов — Бенкендорфу, 24 июня 1914 года, псм. // МО. 3.3. № 343; Idem, 25 июня 1914 года, псм. // МО. 3.3. № 361. См. также [Kazemzadeh 1968, 676–677; Бьюкенен 1925: 102–103, 121–125].

[48] Журнал совещания у начальника морского генерального штаба, 26 мая 1914 года // МО. 3.3. № 86.

[49] Churchill — Grey, 7 July 1914, ltr. // BD. 10.2. № 559; Волков — Русину, 6 июня 1914 года, рап. 182 // МО. 3.3. № 175; EDW. № 851.

[50] Buchanan — Grey, 25 June 1914, ltr. // FO. 800. 74. № 285–289.

вич наконец сообщил Сазонову, что над Россией действительно
нависла угроза, в чем теперь он сомнений не имеет. «До самого
последнего времени» адмирал сомневался, что турки сумеют
изыскать средства, необходимые — и по слухам «совершенно
непосильные для казначейства» — для исполнения морской
программы, и был весьма доволен тем, что форсировать развитие
Черноморского флота не требуется[51]. Теперь же Морское ведомство получило достоверные сведения о том, что турки не только
уже заказали у англичан два дредноута, но и приобрели третий,
строящийся также в Англии для Бразилии, и намеревались
приобрести еще один, строящийся для Чили. То есть к концу
1914-го или, самое позднее, к середине 1915 года Турция будет
располагать тремя или даже четырьмя дредноутами, что, «вместе
с флотом, имеемым Турциею в настоящую минуту», по мнению
адмирала, приблизительно вшестеро превышало нынешние
черноморские силы России. А раз завершение первого русского
дредноута ожидается лишь в конце 1915 года, то на возвращение
господства на море уйдет еще несколько лет. Подобные последствия указывали на те же проблемы, что затем будут отмечены
на февральском совещании. Это был кризис и русских интересов
в проливах, и всего восточного вопроса: наличие у Турции столь
мощного флота препятствовало каким-либо агрессивным маневрам в проливах; ухудшалась военная обстановка на Кавказе,
поскольку армия по-прежнему зависела там от флота; располагая
подобными морскими силами, турки сами могли осуществить
десантную операцию — как на правом (кавказском) фланге
России, так и на левом (западном); к тому же новые поражения
русского флота угрожали внутреннему порядку империи и были
чреваты «еще большим уменьшением веса русского голоса в международном концерте»[52]. Григорович полагал, что «в подобном

---

[51] ГАРФ. Ф. 813. Оп. 1. Д. 127. Л. 10–12. Дневник Шиллинга, 23 декабря 1913 года; Григорович — Сазонову, 19 января 1914 года, псм 39/7 // МО. 3.1. № 50.

[52] Там же. 1 января 1914 года, основываясь на новых данных о приобретениях
турецкого флота, Морской генштаб вновь довел эти вопросы до сведения
морского министра, изложив ряд возможных мер, в числе которых значилось
обращение к МИДу с просьбой изыскать способ убедить Великобританию

случае, лишь совокупные усилия Морского ведомства и Министерства иностранных дел могут защитить отечество от сурового факта утраты господства на Черном море»[53]. МИДу предстояло найти некие дипломатические средства, при помощи которых можно было бы помешать Турции получить чилийский или какой-либо иной линкор, а также задержать доставку почти достроенных англичанами кораблей в Константинополь. Григорович выразил надежду, что британское правительство пойдет навстречу и приостановит завершение дредноутов, он отметил, что и сами британцы, как и русские, обеспокоены тем, что новые корабли могут всерьез осложнить текущие переговоры об островах в Эгейском море, оспариваемых Грецией и Турцией еще со времен Балканских войн[54].

Сазонов полностью согласился с тем, что посредством дипломатического вмешательства «необходимо оградить преобладание нашего Черноморского флота над турецким»[55]. 21 мая он дал указание Бенкендорфу уведомить Грея о том, что Россия весьма встревожена наращиванием турецкого флота, и подчеркнуть, что турецкие морские силы не должны, по крайней мере, расти прежде русских, ограниченных строительными возможностями собственных верфей. А 1 июня, ссылаясь на сведения о заказе Турцией, невзирая на неважное финансовое положение, уже третьего дредноута, Сазонов выразил надежду, что британское

отложить завершение строящихся кораблей. Также обсуждался вариант с использованием кораблей, закупленных Россией для несения службы в Средиземном море. Эти идеи Сазонов подхватит в весенних меморандумах о морском соглашении с британским правительством. В дальнейшей переписке корреспонденты обходят вниманием и еще одно примечательное предложение: Россия давала согласие на миссию Лимана фон Сандерса, в обмен на что Турция соглашалась пропустить в Черное море через проливы два тяжелых военных корабля. Возникло ли данное предложение в Морском министерстве или же в МИДе, неизвестно. См. РГАВМФ. Ф. 418. Оп. 1. Д. 5551. Л. 115–116. Ненюков — Григоровичу, 1 января 1914 года, рап. 470.

[53] АВПРИ. Ф. 138. Оп. 467. Д. 461/480. Л. 32–33. Григорович — Сазонову, 4 января 1914 года, псм. 5062/343.

[54] Там же.

[55] Сазонов — Григоровичу, 20 января 1914 года, псм. 12 // МО. 3.1. № 55.

правительство сумеет заморозить сделку[56]. Лондон же отвечал, что не имеет законных рычагов, позволяющих влиять на работу частных верфей[57]; однако на деле Лондон, конечно, мог притормозить сдачу двух почти готовых дредноутов, так что, когда началась война и корабли все еще стояли на стапелях, они были реквизированы для нужд Королевского флота [Miller 1997: 200–201]. Еще меньшего успеха Сазонов добился, негодуя на французские кредиты для турок и утверждая, что благодаря этим средствам они закупают военную технику и вооружение. Французы отрицали, что кредиты оказывают влияние на ситуацию, близоруко указывая на то, что первый транш Турция обязана употребить на погашение долговых обязательств по Балканским войнам, а получение ею второго уже будет зависеть от поддержания мира в регионе[58]. К тому же французы не сомневались, что если они воздержатся от финансовых отношений с турками, то вмешаются немцы и еще более укрепят свое влияние на Порту[59]. В своем внешнеполитическом курсе Сазонову никогда не удавалось заручиться финансовой поддержкой Франции — не стала исключением и нынешняя ситуация.

Следующей мерой Петербурга по удержанию господства на Черном море значилось наращивание собственного флота. В январском письме Сазонову Григорович указал, что следует попытаться перекупить линкоры, строящиеся для Чили и Аргентины, прежде чем это сделает Турция (или, кстати, Греция)[60]. Таким образом, одновременно замедляя рост турецкого флота, можно было бы ускорить увеличение русского флота на Балтике; когда же он станет достаточно крупным, из него можно будет выделить эскадру для отправки в Средиземное море, вынуждая турок разделить морские силы. Предложение Григоровича было не-

---

[56] Memorandum of Russian government — British government, 1 June 1914 // FO. 371. 2114. 25026/115.

[57] Benkendorf — Sazonov, 12 June 1914, tel. 149 // EDW. № 853.

[58] Doumergue — Paléologue, 23 April 1914, tels. 193, 194 // DDF. 3.10. № 147.

[59] Boppe — Doumergue, 25 January 1914, tels. 56, 57 // DDF. 3.9. № 152.

[60] Григорович — Сазонову, 19 января 1914 года, псм. 39/7 // МО. 3.1. № 50.

обычно тем, что до сих пор русское правительство настаивало на строительстве кораблей на собственных судоверфях, что было более затратно и долго, но развивало отечественное судостроение [Stevenson 1996: 150; Gatrell 1994: 271–277]. Тем не менее ответ Сазонова был скорым и всецело положительным[61]. Подобная готовность приобрести корабли, конечно, в известной степени отражала горячее желание министров усилить русский флот, но все же в первую очередь они стремились опередить турок, сохраняя тем самым контроль России над Черным морем. Как писал сам Сазонов: «...наша главная цель — недопущение продажи строящихся аргентинских броненосцев в другие руки»[62]. 20 февраля Николай II одобрил идею с приобретением кораблей, поощряя дальнейшие согласованные шаги министров[63].

К январю 1914 года русский МИД уже активно прорабатывал возможные варианты покупки кораблей у Чили и Аргентины[64]. Сазонов поручил посланнику в Аргентине добиться у ее правительства обещания, что в случае, если корабли будет решено продать, первым делом они будут предложены именно России. В феврале — марте посланники в Буэнос-Айресе и Вашингтоне вели регулярные переговоры с аргентинскими коллегами о покупке кораблей, строящихся на американских верфях[65]. Но аргентинцы неизменно и вне зависимости от предложенной суммы заявляли, что в продаже не заинтересованы[66]. В апреле и мае Россия нацелилась на один или сразу на оба строящихся для Чили дредноута, но и их заполучить не удалось в силу отказа

---

[61] Сазонов — Григоровичу, 20 января 1914 года, псм. 12 // МО. 3.1. № 55.

[62] Сазонов — Бахметеву, 23 марта 1914 года, тел. 538 // МО. 3.2. № 64.

[63] РГАВМФ. Ф. 418. Оп. 2. Д. 195. Л. 71. Григорович и Ненюков — Николаю II, 20 февраля 1914 года, рап.

[64] Foreign Office Minutes by A. N. Nicolson, 26 January 1914 // FO. 371. 2090. 4239/4239.

[65] Сазонов — Штейну, 25 февраля 1914 года, тел. 340 // МО. 3.1. № 325; Бахметев — Сазонову, 26 февраля 1914, тел. 8 // Там же. № 341; Сазонов — Штейну, 10 марта 1914 года, тел. 431 // Там же. № 408.

[66] Бахметев — Сазонову, 10 March 1914, тел. 11 // МО. 3.1 № 418.

Аргентины расстаться со своими[67]. По совету Григоровича Сазонов даже обратился к англичанам, чтобы те помогли убедить чилийцев продать России корабли. Чуть ранее в марте Британское адмиралтейство запросило информацию о новом аэроплане, сконструированном изобретателем И. И. Сикорским и недавно приобретенном правительством. Сазонов ответил Лондону, что Морское ведомство дозволит передать сведения о машине Сикорского в обмен на помощь в получении Россией двух чилийских линкоров, строящихся в Великобритании. Но британский МИД лишь повторил уже знакомые заверения чилийцев о нежелании продавать свои корабли[68].

Пока за морями русские посланники пытались помешать турецким планам, отечественное Морское ведомство получило от Думы дополнительное финансирование на развитие судостроительной программы. 30 марта 1914 года Григорович подал в Думу законопроект о строительстве новых кораблей на Черном море, включая и четвертый русский дредноут; в сопроводительной записке указывалось, что строительство турецких кораблей в Великобритании представляет серьезную угрозу для русского флота[69]. Некоторое время Военно-морская комиссия обсуждала,

---

[67] Buchanan — Grey, 12 April 1914, tel. // FO. 371. 2090 with minutes 370–371; idem, 16 April 1914, tel. 90 // FO. 371. 2090 with minutes 373–376.

[68] Подробнее об этом см. Admiralty — Foreign Office, 13 March 1914, ltr. M. 0398/14 // FO. 371. 2092. 11277/11277; Buchanan — Grey, 17 March 1914, tel. 72 // Ibid. 11964/11277; Buchanan — Grey, 12 April 1914, tel. // FO. 371. 2090. 16083/4239; Grey — Buchanan, 15 April 1914, tel. // Ibid.; Buchanan — Grey, 16 April 1914, tel. 90 // Ibid. 16760/423; Grey — Buchanan, 21 April 1914, tel. 185 // Ibid.; Buchanan — Grey, 22 April 1914, tel. 96 / Ibid. 16788/4239; Сазонов — Григоровичу, 27 апреля 1914 года, псм. 35 // МО. 3.2. № 306. В данной переписке отчетливо проступают границы англо-русской дружбы: так, согласно телеграмме Бьюкенена № 90 от 16 апреля, один высокопоставленный чиновник британского МИДа сообщил, что правительство его величества осведомлено о внесенном Турцией задатке в 80 000 фунтов стерлингов за один из кораблей, но сообщать об этом России не планируется. Впрочем, в Лондоне и правда считали, что чилийцы свой корабль продавать не намерены, так что ценность данной информации все же сомнительна.

[69] Законопроект, представленный Морским министерством в Государственную думу, 30 марта 1914 года // МО. 3.2. № 123. Также см. приложенную к проек-

будет ли запрошенных средств достаточно, после чего Дума одобрила проект[70]. Желая убедиться, что рекомендации февральского совещания исполняются должным образом, 30 июня Сазонов осведомился у морского министра о ходе усиления Черноморского флота[71], на что в середине июля Григорович ответил предложением «внести [проект дополнительного финансирования] в Совет министров и законодательные учреждения [Думу] в виде особой программы», предусматривающей постройку нового дредноута в дополнение к заложенным еще в 1912 году трем, отметив, что финансирование постройки еще двух линкоров всецело зависит от темпов и намерений Австро-Венгрии или Турции и далее наращивать свой флот[72].

С началом войны было намечено — хотя и не гарантировано — крупное пополнение Черноморского флота. Внешние оценки данной программы были весьма неоднозначны. Британский военный секретарь был настроен скептически, полагая, во-первых, что определенная на 1917 год дата завершения морской программы чересчур оптимистична, а во-вторых, что к тому времени невозможно достаточно повысить уровень квалификации личного состава, чтобы новые корабли использовались наиболее эффективно[73]. Напротив, французский морской атташе, ближе знакомый с офицерами и особенностями русского флота, считал, что экипажи готовят должным образом[74]. Он ожидал, что

ту объяснительную записку «Об отпуске средств на спешное усиление Черноморскаго флота в период 1914–1917» от 30 марта 1914 года (РГИА. Ф. 1276. Оп. 9. Д. 492. Л. 371–388), отосланную в Совет министров Григоровичем в тот же день — 30 марта 1914 года, псм. (РГИА. Ф. 1276. Оп. 9. Д. 492. Л. 381). См. также [Шацилло 1968: 158].

[70] См. РГИА. Ф. 1278. Оп. 5. Д. 194. Л. 150–153, 323. Журнал заседания Комиссии по военным и морским делам, 31 мая 1914 года.

[71] РГАВМФ. Ф. 418. Оп. 1. Д. 33. Л. 139. Сазонов — Григоровичу, 30 июня 1914 года, псм. 459.

[72] РГАВМФ. Ф. 418. Оп. 1. Д. 33. Л. 140–142. Григорович — Сазонову, 10 июля 1914, псм. 3929/284; МО. 3.4. № 170.

[73] Grenfell — Buchanan, 19 March 1914, desp. // BD. 10.2. № 531 encl.

[74] Gallaud — Gauthier, 7 April 1914, dep. 269 // SHM. SS. Ea 157.

готовящаяся Россией на севере флотилия вынудит немцев не только разделить свои морские силы между Северным и Балтийским морями, но и отрядить на Балтийское побережье большее количество войск на случай высадки там русских. Имей место подобное перераспределение сил, Королевский флот получил бы преимущество в Северном море, а французы — сокращение (по крайней мере поначалу) враждебных сил на границе с Германией. Словом, он не сомневался, что к 1917 году Россия будет располагать достаточными черноморскими силами, чтобы не допустить эскадры Тройственного союза в проливы[75].

Помимо усилий по замедлению или прекращению роста турецкого флота и увеличению собственного, третий элемент намеченного выше «плана» МИДа предполагал наращивание темпов собственного судостроения, бывшего до неприличия неторопливым. В марте 1914 года французский морской атташе отметил, что в сравнении с прошлым годом русские верфи работали уже намного эффективнее. По его данным, количество рабочих удвоилось, а с учетом прочих нововведений, внедренных за последние несколько лет, он полагал, что русские судоверфи теперь не уступают в скорости иностранным[76].

Параллельно с напряженной работой по усилению флота русские власти провели важную дипломатическую встречу с турецкими. По сложившейся традиции, когда в мае царь отправился на несколько недель в ежегодную поездку в Крым, султан «в знак вежливости» отправил туда приветственную делегацию. В этом году ее возглавил близкий к младотурецкой верхушке министр внутренних дел Мехмед Талаат-бей. После двух дней ничем не увенчавшихся переговоров, на прощальном банкете, отведя Сазонова в сторону, Талаат-бей предложил ему союз между двумя империями. Сазонов был застигнут врасплох и отвечал уклончиво, впрочем не отказом. Он предложил возобновить обсуждение этой идеи в Константинополе при участии Гирса. В общем, реакция

---

[75] Paléologue — Doumergue, 27 May 1914, dep. 136 // DDF. 3.10. № 290.

[76] Gallaud — Gauthier, 7 April 1914, dep. 269 // SHM. SS. Ea 157; [Stevenson 1996: 349].

Сазонова была весьма взвешенной: с одной стороны, он пока не имел уверенности, что Великобритания или Франция оценят возобновление двусторонних отношений России с Турцией, учитывая, что затеянные в 1911 году Чарыковым переговоры в большой восторг их не привели; он также понимал, что Германия и Австро-Венгрия, при подобном повороте лишь терявшие влияние на Турцию, выступят решительно против. Вполне вероятно, что Центральные державы ответят давлением на Россию в какой-либо непредвиденной сфере. Впрочем, с другой стороны, пусть Лиман фон Сандерс и не получил прямого командования над войсками в Константинополе и проливах, но немецкое влияние в османской армии и в целом в империи с очевидностью возрастало. Так что формальное соглашение с Турцией значительно улучшило бы позиции России и Тройственной Антанты в противодействии немецкой экспансии. Давление со стороны Германии и Австрии так и не позволило турецкому правительству слишком продвинуться в новом направлении. И тем не менее на краткий миг в Европе мелькнул луч надежды, что, возможно, на востоке образуется новое союзное объединение[77].

Дипломатические шаги по укреплению позиций России обернулись неудачей, а усилия по созданию мощного флота были приложены слишком поздно, чтобы они принесли серьезную пользу для Петербурга, — Первая мировая война разразилась еще прежде, чем перевооружение хотя бы немного приблизилось к завершению. Уже 1 августа Россия была в состоянии войны с Германией, а вскоре после этого — и с Австро-Венгрией. Сазонов довольно рано определил новые угрозы позициям России в проливах, однако ему так и не удалось мобилизовать достаточные силы ни для обеспечения контроля над Черным морем, ни для нейтрализации нараставшего немецкого влияния в Константинополе.

---

[77] См. [Miller 1997: 197; Howard 1931: 70–75; Сазонов 1927: 158–162]; Гирс — Сазонову, 18 мая 1914 года, деп. 57 // МО. 3.3. № 26; Гирс — Сазонову, 18 мая 1914 года, псм. // МО. 3.3. № 27; Buchanan — Grey, 17 May 1914, tel. 114 // BD. 10.1. № 365; Mallet — Grey, 2 June 1914, desp. 400 // BD. 10.1. № 370 and minutes in FO. 371. 2135. 25458/25458.

Впрочем, в одном ему сопутствовал успех: рост турецкого флота прекратился. Какие-то часы помешали туркам организовать доставку уже построенных дредноутов: прибывшие из Турции моряки уже готовились отплыть к турецким берегам, но грянуло 1 августа, и правительство его величества арестовало суда [Miller 1997: 219–224]. Кроме того, он всерьез способствовал повышению морской боеготовности России, строившей к концу июля 12 кораблей типа «дредноут»: восемь — на севере и четыре — на юге. Отчасти ему это удалось благодаря налаженному им чрезвычайно тесному сотрудничеству как с самим морским министром, так и между их ведомствами, все более координировавшими свои шаги с конца 1913 года и вплоть до начала войны. В отличие от привычных конкурентных отношений между николаевскими министрами[78], Сазонов и Григорович быстро убедились, что их цели совпадают и состоят в защите русских интересов на юге и повышении престижа империи в Европе; также они были согласны, пусть и ошибочно, и в отношении средства достижения таковых целей, а именно наличия у России флота мирового уровня. Весьма маловероятно, чтобы без тесного взаимодействия этих двух министров Россия столь скоро — если вообще когда-либо — обзавелась мощным флотом на Черном море.

Но фактически на начало войны в распоряжении России находился ровно ноль спущенных на воду дредноутов, и лишь семь из заложенных в итоге поступили на вооружение Императорского флота. Россия оказалась беззащитна перед нападением с юга, последовавшим спустя уже несколько месяцев после начала войны. Уязвимость в проливах — в силу невозможности развернуть активные боевые действия на Черном море — усугублялась относительно недавно оформившимся немецким влиянием на Константинополь, чему в значительной степени способствовало присутствие военной миссии. Словом, Россия вступила в Первую мировую войну, имея слабейшие по меньшей мере за последние полвека позиции в проливах.

[78] Лучшее изложение обычаев имперского правительства см. в [Fuller 1985].

Если рассматривать ситуацию шире, после завершившегося в начале 1914 года кризиса Лимана фон Сандерса вопрос о проливах напрямую не повлиял на ухудшение русско-германских и русско-австрийских отношений, вылившееся в итоге в решение начать войну летом того же года. Однако неявно вопрос все равно затрагивался, все более накаляя атмосферу между сторонами и вынуждая Сазонова все более подозрительно относиться к намерениям Германии в регионе. Австро-немецкие угрозы Сербии в июле и августе 1914 года выглядели как очередной шаг Центральных держав в направлении жизненно важных для русской экономики южных водных артерий.

Из совокупности данных факторов с очевидностью следует, что Россия в 1914 году не искала войны. Безусловно, она планировала захват проливов, но когда-нибудь в будущем, а не в ближайшие годы. Сазонов неоднократно сам заверял и соглашался с собеседниками относительно того, что захват проливов может произойти лишь в контексте масштабной войны и лишь после того, как Россия будет располагать достаточными для того силами. Даже если бы все шло строго согласно амбициозному плану Морского министерства, на приготовления требовалось еще несколько лет. Как и в случае с наращиванием сухопутной армии, которое невозможно было завершить до 1917–1918 года, достижение флотом минимальной желаемой силы не могло произойти ранее 1917 года. Поэтому мировая война была в принципе крайне нежелательным развитием событий, но, несмотря на это, в ответ на прямой вызов, брошенный Австрией Сербии, Россия предпочла сражаться. Не интересы России в проливах побудили ее к войне, а действия Центральных держав, угрожавшие русским интересам, включая и такие жизненно важные, как Черноморские проливы.

5
Война отложенная: доминирование дипломатии в период турецкого нейтралитета

Июль 1914 года — октябрь 1914 года

В первый триместр Первой мировой войны Россия придерживалась по вопросу о проливах довоенной политики. Хотя Турция уже 2 августа 1914 года подписала тайный договор о союзе с Германией, она не вступала в войну до конца октября, когда корабли ее флота под немецким командованием атаковали русское побережье Черного моря. Увлеченные размахом происходящего на Западном и Восточном фронтах континентальной Европы, а также затеянными в ноябре переговорами относительно передачи России Константинополя и проливов, историки зачастую лишь мимоходом касаются российской политики в отношении Черноморских проливов и связанных с ними решений в первые военные месяцы. Более того, и в тех работах, в которых данный вопрос рассматривается подробно, это делается практически исключительно с дипломатической и политической точки зрения, тогда как его влияние на военно-гражданские отношения игнорируется. Некоторые исследователи затрагивали широкую проблематику, обсуждая, получили ли после начавшейся мобилизации военачальники власть над гражданскими лицами, ответственными за принятие решений, однако о формировании политического курса России было сказано довольно мало, несмотря на то что расхождения во мнениях между гражданскими и военными ведомствами (в нашем случае — Морским министерством и МИДом) предлагают здесь важнейший контекст[1]. В первые несколько месяцев войны МИД лишал Морское министерство привилегии определять позицию России по Черному морю. Сазонов стремился избежать любых шагов, которые могли бы спровоцировать Турцию нарушить нейтралитет в европейском конфликте, чтобы, пусть и ценой проливов, в целом защитить политико-стратегическое положение России.

Борьба за турецкий нейтралитет

Для России нейтральный статус Турции был весьма важен ввиду нескольких причин. Во-первых, экономической, поскольку торговый путь через проливы обретал теперь еще большее значение в силу необходимости финансировать военные действия. Аналогичным образом и западные союзники, отрезанные теперь от центральноевропейских поставок зерна, все больше полагались на русский хлеб, доступный им как раз благодаря проливам [Nol'de 1928]. Во-вторых, военные интересы державы подразумевали открытый и нейтральный статус проливов. Черноморский флот по-прежнему пребывал на начальных этапах развития: ведь до завершения первого русского дредноута оставалось еще несколько месяцев. Учитывая, что турецкое правительство в военное время могло пропускать военные корабли через проливы избирательно, Россия опасалась, что мощные австрийские или немецкие суда могут зайти в Черное море. Тогда бы опасность грозила не только южным портам и флоту, но и в целом коммуникациям и транспорту на Кавказе, по-прежнему слабо обеспеченному железнодорожным сообщением со столицами.

---

[1] См. [Taylor 1969; Stevenson 1988: 72–75, 102–103; Herwig 1997a: 130–135; Chickering 1998: 60–65; Ritter 1969–1973; Craig 1955].

К тому же правительство намеревалось направить как можно большую группировку войск на Западный фронт как главный театр военных действий, а не разделять силы для войны на два фронта [Сазонов 1927: 277; Трубецкой 1983: 61][2]. Россия сознавала, что, вынуждая Берлин держать внушительные военные силы на ее границе, она потенциально ослабляет наступление на Францию. Достигавшееся таким образом соотношение сил повышало шансы французов благополучно выстоять в первую волну немецкого натиска и перейти в контрнаступление[3]. И действительно, вскоре после начала активных боевых действий русские силы были переброшены с турецкой границы на Кавказе на европейский театр.

Теперь обе стороны боролись за лояльность нейтральных государств, особенно Италии и Балкан, исходивших каждое из собственных нетривиальных соображений относительно того, стоит ли, и если да, то когда и на чьей стороне вступить в войну; и не последнюю роль здесь играла степень турецкого участия. Одним из ключевых факторов являлась возможность новых территориальных приобретений. Греция, Италия и Болгария вполне могли поживиться за счет оставшихся османских владений, но лишь в том случае, если они присоединятся к будущим победителям. И чем раньше нейтральное государство вступит в конфликт, тем большую ценность возымеет его участие, тем большего оно сможет потребовать от Великих держав, но и тем меньшей будет ее уверенность в том, какая же сторона окажется победителем. Поэтому турецкий нейтралитет представлялся державам Антанты чрезвычайно важным. Ведь присоединись Турция к Центральным державам, южные морские пути оказались бы для России отрезаны, что стало бы ощутимым ударом по военным и экономическим позициям союзников. Подобное ослабление было бы очевидно и нейтральным наблюдателям,

---

[2] См. также Журнал особого совещания от 21 февраля 1914 года // МО. 3.1. № 295.

[3] Подробнее об этих стратегических перспективах и французском «плане XVII» см. [Stevenson 1996, chap. 5; Kennedy 1979; Doise, Vaïsse, 1992, chap. 5].

которые затем могли бы вслед за Турцией присоединиться к вражескому лагерю.

Невзирая на объявленный с самого начала войны нейтралитет, русское правительство подозревало турок в двойной игре[4]. В начале августа они начали мобилизацию, и, хотя до приведения армии в боеготовность оставалось еще несколько месяцев, Россия тревожилась относительно того, к бою с кем именно шли приготовления, особенно с учетом все еще находящейся в Турции немецкой военной миссии[5]. Турецкое руководство всячески пыталось успокоить Россию, настаивая, что мобилизованные силы планируется сосредоточить не у кавказской границы, а во Фракии. Вместе с тем русское правительство было осведомлено о попытках Германии и Австрии склонить Турцию вступить в войну на их стороне[6].

В Петербурге переживали прежде всего за непосредственную безопасность черноморских портов. Опасаясь, что Порта может пропустить австрийский флот, возможно даже «усиленный присоединением германских судов», в Черное море, Россия запросила поддержку у Британии и Франции[7]. Лондон с Парижем были сосредоточены на обеспечении безопасности при переброске колониальных войск из Северной Африки во Францию, но заверили Россию, что их совокупных морских сил достанет, чтобы блокировать австрийский флот в Адриатическом море[8].

---

[4] Гирс — Сазонову, 1 августа 1914 года, тел. 604 // МО. 3.5. № 439.

[5] Гирс — Сазонову, 3 августа 1914 года, тел. 618 // МО. 3.5. № 509; Леонтьев — в отдел генерал-квартирмейстера генерального штаба [далее — ОГКГШ], 4 августа 1914 года, тел. 245, 246 // МО. 3.5. № 561, 562.

[6] Леонтьев — ОГКГШ, 1 августа 1914 года, тел. 232, 236 // МО. 3.5. № 440, 441; Гирс — Сазонову, 2 августа 1914 года, тел. 611 // Там же. № 478; Он же, 3 августа 1914 года, тел. 617 // Там же. № 508.

[7] АВПРИ. Ф. 133. Оп. 470. Д. 391. Л. 3. Эбергард — Сазонову, 6 августа 1914 года, тел. 7016; Сазонов — Извольскому и Бенкендорфу, 6 августа 1914 года, тел. 1703 // МО. 3.6.1. № 13; Сазонов — Гирсу, 7 августа 1914, тел. 1712 // Там же. С. 14, прим. 1.

[8] Сазонов — Извольскому и Бенкендорфу, 10 августа 1914, тел. 1776 // Там же. С. 30, прим. 5; Delcassé — Paléologue, 8 August 1915, tel. 16 // DDF (1999). 1. № 185.

И если австрийский флот во время войны практически не осуществлял активных действий вне пределов Адриатического бассейна [Halpern 1987], то два немецких корабля, согласно полученным 8 августа тревожным донесениям, взяли курс на Дарданеллы. Первый из них — «Гебен», линейный крейсер дредноутного типа, был мощнее любого корабля Черноморского флота и вполне мог склонить чашу весов в пользу противников России. Попытки британского Королевского флота заблокировать корабли успехом не увенчались, и 11 августа «Гебен» в паре с легким крейсером «Бреслау» вошли в Дарданеллы[9]. Данное 8 августа великим визирем Гирсу обещание «никоим образом» не пропустить корабли через проливы оказалось в длинной череде прочих, также невыполненных, и наглядно показывает, сколь малым влиянием на турецкое правительство он пользовался[10].

В тот же день Сазонов заявил, что, если корабли войдут в проливы под немецким флагом, Антанта должна настоять на немедленном их отбытии или «в крайнем случае» разоружении, как то предписывалось международными соглашениями касательно воюющих судов, заходящих в нейтральный порт. Опасаясь усиления турецкого флота немецкими кораблями, превосходящими черноморские, Сазонов указывал, что «поднятие ими турецкого флага <...> сделает положение серьезным», — словом, он предпочел бы, чтобы корабли были просто удалены из проливов или разоружены[11].

И хотя турки поспешили объявить, что собираются корабли приобрести, Антанта была настроена весьма скептически. Петербург, Лондон и Париж настаивали, что немецкие офицеры и экипажи надлежит немедленно высадить на берег — как в согласии с нормами международного права, так и в доказательство турецкого нейтралитета. И 13 августа великий визирь заверил Гирса, что немецкие экипажи были с кораблей сняты[12], хотя на

---

[9] О прорыве «Гебена» и «Бреслау» см. [Miller 1996; Lumby 1970, chaps. 2, 3].

[10] Гирс — Эбергард, 8 августа 1914 года, тел. [689] // МО. 3.6.1. С. 30.

[11] Сазонов — Гирсу, 8 августа 1914 года, тел. 1746 // МО. 3.6.1 № 33.

[12] Гирс — Сазонову, 13 августа 1914 года, тел. 684 // МО. 3.6.1. С. 80, прим. 3.

деле те оставались на прежнем месте, но теперь инкогнито. Американский посланник в Константинополе так описывал происходящее:

> Немецкие офицеры и прочие члены экипажей были в восторге от всего этого маскарада — что «Гебен» и «Бреслау» турецкие корабли. Они с удовольствием напяливали турецкие фески, являя миру убедительные доказательства тому, что эти верные моряки кайзера ныне исправно несут службу на флоте султана. Как-то раз «Гебен» прошел по Босфору, остановился прямо перед русским посольством и бросил якорь. Офицеры и матросы выстроились на палубе — на обозрение вражескому посольству — и разом торжественно сняли турецкие фески, надев немецкие фуражки. Оркестр заиграл «Deutschland über Alles», потом «Die Wacht am Rhein» и прочие песни, а моряки громогласно пели под аккомпанемент. Так они распевали серенады под окнами русского посланника около часа, а то и больше, а затем все вновь сняли фуражки и сменили их на фески. После чего «Гебен» снялся с якоря и направился на юг, к месту стоянки, а до слуха русских дипломатов еще некоторое время долетали неспешно затихающие вдали обрывки немецких военных песен [Morgenthau 1926: 79].

Подобное неприкрытое бахвальство лишний раз подтверждало державам Антанты, что немцы сохраняют в Турции солидные позиции, а турецкий нейтралитет не более чем фарс[13].

Все старания союзников нейтрализовать корабли были быстро сведены на нет. Османская империя имела вескую причину для подобной покупки: ведь если руководство страны и не питало особых иллюзий относительно подконтрольности ему «Гебена» и «Бреслау», то народные массы приняли известие об их покупке бурным одобрением, подпитываемым еще и тем, что один из кораблей, арестованных Великобританией, был оплачен по

---

13 Немецкий офицер, адмирал Вильгельм Сушон, командующий прибывшими кораблями, объявил, что «пусть крейсеры и ходят под турецким флагом, но являются судами германского флота, так что приказам турок он подчиняться не намерен». См. [Karpat 2004: 718].

публичной подписке[14]. Теперь же все выглядело так, что Германия эту ошибку исправила, еще более ослабляя позиции Антанты; а поскольку турки действительно получили корабли по контракту, англичане довольно вяло требовали от них отослать суда обратно в Германию. 12 августа Бенкендорф сообщил Сазонову, что, по мнению британского МИДа, после конфискации турецких кораблей опротестовать покупку «Гебена» и «Бреслау», апеллируя к нормам международного права, будет затруднительно. Пытаясь рассуждать оптимистично, англичане указывали, что в плане морской ситуации лучше все же иметь два корабля нейтрального турецкого флота в Мраморном море, чем в Средиземном и в составе активно воюющего немецкого[15].

Сазонов был категорически не согласен, причем по ряду причин. Во-первых, он адекватно оценивал угрозы, связанные с немецкими кораблями, представлявшими серьезную опасность менее мощному русскому флоту. Во-вторых, по рекомендации Морского генштаба он настоятельно советовал Лондону сохранить военно-морскую миссию в Турции, ибо в противном случае немцы займут вакантные должности и еще более упрочат контроль над турецкими вооруженными силами. Сазонов, не скрывая этого, досадовал на англичан; никаких положительных сторон в сложившейся морской ситуации он не наблюдал. Стремясь не ослаблять давления на турок, пристально следя за соблюдением ими объявленного нейтралитета, он при этом не желал и слишком облегчить немцам установление контроля в Константинополе. И тем более конечный результат представлялся ему «прискорбн[ым], что англичане имели возможность не допустить [корабли] в Дарданеллы»[16].

---

[14] Необходимую сумму предполагалось собрать из добровольных пожертвований, но Моргентау описывает случаи принуждения, в особенности в отношении немусульманских жителей страны [Morgenthau 1926: 76–77]. См. также [Miller 1997: 238].

[15] Бенкендорф — Сазонову, 12 августа 1914 года, тел. 303, 304 // МО. 3.6.1. № 76 и прим. 1.

[16] Сазонов — Бенкендорфу, 13 августа 1914 года, тел. 1873 // МО. 6.1. С. 68, прим. 1.

Надежды на нейтралитет, попытки выиграть время

В Морском министерстве полностью разделяли обеспокоенность Сазонова прибытием «Гебена» и «Бреслау». Еще прежде появления угрозы в виде двух немецких кораблей командующий Черноморским флотом адмирал А. А. Эбергард уведомил Сазонова, что в случае войны с Турцией надлежит в срочном порядке заминировать выход из Босфора[17]. Вплоть до октябрьского нападения турок на Черноморское побережье Эбергард непрестанно испрашивал дозволения принять необходимые меры, но к 9 августа получил конкретное распоряжение избегать мероприятий, направленных непосредственно против турок, чтобы не спровоцировать их вступление в войну [Григорович 1993: 144–145][18]. Но если на краткий период флот оказался столь стеснен в движениях, то уже в последующие недели с новой силой нарастало обратное давление, требующее более ощутимых приготовительных маневров.

В то же время политика Сазонова в отношении Османской империи была незыблема: избегать любых действий, которые могли бы подтолкнуть турок вступить в войну на стороне противника. Министра поддерживало и армейское руководство, стремившееся сосредоточить силы против Центральных держав и заинтересованное в том, чтобы перебросить как можно большее количество подразделений с кавказского театра военных действий, не подвергая при этом границу излишнему риску [Трубецкой 1983: 61]. Данная точка зрения воплощалась в политических решениях, задававших направление как военно-морских, так и дипломатических маневров. Что касается флота, Сазонов многократно настаивал на ограничении активности на Черном море. 6 августа, когда в Петербурге еще гадали, представляет ли Турция угрозу и пропустит ли австрийские или немецкие корабли через проливы, Сазонов писал, что «какие-либо предупреди-

[17] АВПРИ. Ф. 133. Оп. 470. Д. 391. Л. 4. Эбергард — Сазонову, 7 августа 1914 года, тел. 7035.

[18] См. также Сазонов — Гирсу, 9 августа 1914 года, тел. 1748 // МО. 6.1. № 38.

тельные меры, принятые нами в непосредственной близости с Босфором, получили бы враждебный против Турции характер, что крайне желательно избежать, ибо это только побудило бы турок присоединиться к нашим противникам»[19]. В случае если австрийская эскадра «обнаружит несомненное намерение пройти через Дарданеллы», Эбергард, безусловно, был бы о том «быстро оповещен», однако «без уговора с турками»[20] все равно ничего нельзя было предпринять, пусть сами же турки и были прямо замешаны в проходе австрийских судов. Приказ был возобновлен и 9 августа: Эбергарду предписывалось «избегать, за исключением крайней необходимости, мероприятий, направленных непосредственно против Турции»[21]. Именно предотвращение любого рода «несвоевременных мер» являлось ключевым элементом изначальной военной политики Сазонова.

Что же до дипломатии, Сазонов инструктировал Гирса с возможной строгостью указать Порте на недопустимость вторжения «Гебена» и «Бреслау» в Дарданеллы, при этом предостерегая его от излишне жестких формулировок: посланнику предписывалось добиваться удаления судов из турецких вод или их разоружения, но «не доводит[ь] дела до разрыва». Сазонов подчеркнул важность своего предостережения, резюмировав, что «телеграмма эта сообщается Эбергарду»[22]; последний получил аналогичные указания.

Целью Сазонова, по его выражению, являлся «выигрыш времени», то есть ему требовалось по возможности на более продолжительный срок отодвинуть вступление Турции в войну против Антанты[23]. Он, Гирс и генерал Леонтьев, русский военный агент в Константинополе, — все были согласны с этой целью. И очередную возможность отложить войну с Портой они видели

---

[19] Сазонов — Извольскому и Бенкендорфу, 6 августа 1914 года, тел. 1703 // МО. 3.6.1. № 13.

[20] Сазонов — Гирсу, 7 августа 1914 года, тел. 1712 // МО. 3.6.1. С. 14, прим. 1.

[21] Сазонов — Гирсу, 9 августа 1914 года, тел. 1748 // МО. 3.6.1. № 38.

[22] Сазонов — Гирсу, 8 августа 1914 года, тел. 1746 // МО. 3.6.1. № 33.

[23] Сазонов — Гирсу, 6 августа 1914 года, тел. 1705 // ЦР. № 16.

в турецком предложении союза с Россией. Первым на это намекнул еще 5 августа османский военный министр Исмаил Энвер-паша — один из влиятельнейших людей в турецком правительстве, по праву считавшийся ярым сторонником Центральных держав. Как 13-го числа подытожил Леонтьев, пропозиция османских властей состояла в военном союзе «на срок от пяти до десяти лет»[24]. Итак, Турция изъявляла готовность оказать России «военное содействие в текущей войне», при условии что та «при[мет] во внимание турецкие интересы и пожелания», каковые состояли в возврате Эгейских островов и территорий западной Фракии, отвоеванных соответственно Грецией и Болгарией в ходе Балканских войн. Энвер-паша настаивал на том, что «Турция не имеет никаких агрессивных намерений по отношению к России», что «мобилизация продиктована [сугубо] тревогой за судьбу [самой] Турции», а также что «вопреки существующему мнению, Турция не связана никаким соглашением с Тройственным союзом»[25]. Последнее было откровенной ложью: уже 2 августа Турция подписала соглашение с Германией. Энвер-паша полагал, что ввиду подобных дружеских сношений между империями проливы перестанут быть причиной разногласий. Он заявил далее, что возмездия Германии, если та выиграет в войне, он не боится, ибо у нее нет с Турцией общей сухопутной границы. Признавая, что немецкий и австрийский представитель в Константинополе, равно как и силы в турецком правительстве и общественность, — все выступят против подобного союза, сам паша и его сторонники будут настаивать на его заключении, как только Россия согласится с «интересами и пожеланиями» Турции.

Ни тогдашнее русское правительство, ни впоследствии историки не определились, каким образом следует расценивать данное предложение. Одни исследователи находят здесь попытку Энвер-паши спутать карты и отвлечь Россию, чтобы уже самому «выиграть время» на завершение мобилизации без помех со стороны русских: сумей он убаюкать их рассказами о «турецком содей-

---

24 Леонтьев — ОГКГШ, 13 августа 1914 года, рап. 313 // МО. 3.6.1. № 94.
25 Там же.

ствии», это существенно улучшило бы военные позиции его страны. Другие историки видели в турецком предложении желание оставить открытой еще одну дверь, пусть и заключив уже договор с Германией: ведь если бы Константинополю удалось сговориться с Россией, самой отчаянно ищущей усиления своих шатких военных позиций, о пересмотре границ на Балканах, то и причин подыгрывать немецким планам стало бы куда меньше[26].

И Сазонов, и Гирс, и Леонтьев — все желали за счет турецкого предложения выиграть время. Гирс и Леонтьев яро отстаивали заключенную вообще на любых условиях сделку, которая бы удержала Турцию от вступления в войну. Несмотря на некоторые сомнения поначалу, как сам Леонтьев, так и Гирс принялись убеждать своих патронов согласиться на предложенные условия. 9 августа, после предметного предложения Энвер-паши, Леонтьев доложил, что у него сложилось впечатление, что русское правительство вполне может достичь своих целей, если будет

---

[26] Вольфрам Готлиб не согласен ни с одной из сторон [Готлиб 1960: 54–55]. Фируз Йасами, вслед за Говардом [Howard 1931: 96–102], склоняется к мысли о неискренности турецких намерений, хотя положительный ответ со стороны Антанты, возможно, и правда подтолкнул бы турок к сближению [Yasamee 1995: 243, note 47]. Смит же указывает на неуверенность Турции в своих силах, вследствие чего Энвер-паша и постарался избежать столкновения с державами Антанты, а может, даже и получить некоторые территории [Smith 1956: 69–70]. В. А. Емец расценивает предложение союза в качестве простого маневра, позволяющего выиграть время для подготовки армии к войне с Россией [Емец 1977: 110]. О том же говорит и Ульрих Трумпенер, добавляя, что турки держали немцев в курсе переговоров [Trumpener 1968: 24–25]. В недавних работах, посвященных Первой мировой войне в целом, данному эпизоду вовсе не уделяется внимания [Gilbert 1994; Tucker 1998; Keegan 1999]. Миллер говорит, что Энвер-паша действительно хотел, чтобы русские думали, будто Турция заключила соглашение с Германией, чтобы вселить в них сомнения в отношении нападения на Османскую империю. Гипотеза весьма спорная. Ведь Энвер-паша прекрасно знал, что русские быстро осознают, что немцы не смогут ощутимо поддержать турок на суше, поскольку все их усилия были сосредоточены на Западном и Восточном фронтах. Куда более заметной была бы поддержка на море, и она реально имела место — с прибытием «Гебена» и «Бреслау», — однако в самом начале Энвер-паша, по всей видимости, не был в курсе, что крейсеры направятся к Константинополю [Miller 1997: 235–236].

действовать без промедления[27]. Того же мнения придерживался и Гирс, предлагая компенсировать острова и Фракию Греции с Болгарией за счет каких-либо иных территорий. В случае же, если договор сорвется, он предвидел неминуемое объединение турок с Берлином[28], а еще через день прибавил, что «настал исторический момент», когда появился шанс чрезвычайно укрепить позиции России на Ближнем Востоке[29]. И даже после опровергавшего все заверения великого визиря прибытия-приобретения 11 августа «Гебена» и «Бреслау» Гирс высказывался за скорейшее принятие предложенного Энвером союза, считая, что присутствие немецких кораблей еще более побуждает противодействовать нарастающему немецкому влиянию[30].

Сазонов с гораздо большим подозрением отнесся к намерениям турок, но стремился посредством переговоров оттянуть их вступление в войну против держав Антанты. Совершаемые турками военные приготовления шли вразрез с их заявлениями о нейтралитете, и все активнее ходили слухи о том, что Турция — либо одна, либо вместе с Болгарией — уже состоит в сговоре с Центральными державами[31]. Так, еще 5 августа Гирс доложил, что болгарский посланник в Константинополе сообщил ему, что «между Турцией и Германией состоялось будто бы уже соглашение об общности действий против России»[32]. Леонтьев располагал иными сведениями, согласно которым турки, поддерживаемые в этом немцами, вели переговоры о союзе с болгарами[33]. Так что 8 августа Сазонов уже считал, что совместные турецко-немецкие усилия в приготовлении османской армии к войне «оставляют

[27] Гирс — Сазонову, 9 августа 1914 года, тел. 650 // МО. 3.6.1. № 48.

[28] Гирс — Сазонову, 9 августа 1914 года, тел. 652 // МО. 3.6.1. № 49.

[29] Гирс — Сазонову, 10 августа 1914 года, тел. 653 // ЦР. № 25.

[30] Гирс — Сазонову, 12 августа 1914 года, тел. 674 // МО. 3.6.1. № 84. («в Ор[анжевой] кн[иге] (с. 12) вместо слова: "покупка" стоит: "приход"». — *Примеч. пер.*)

[31] О русской позиции в отношении болгарского нейтралитета во время войны см. [Potts 1963].

[32] Гирс — Сазонову, 5 августа 1914 года, тел. 632 // ЦР. № 13.

[33] Гирс — Сазонову, 5 августа 1914 года, тел. 630 // ЦР. № 11.

мало сомнений», что при удобном случае и под руководством Германии Турция перейдет к активным действиям[34].

Прибытие и «приобретение» немецких крейсеров лишь усугубило скептическое отношение к турецкому предложению. В адресованной Гирсу телеграмме с изложением юридических оснований для опротестования покупки «Гебена» и «Бреслау» Сазонов ссылался на нератифицированную, но де-факто общепринятую Лондонскую декларацию о праве морской войны 1909 года, регулировавшую передачу судов от комбатантов нейтральным государствам и воспрещавшую маневры, подобные предпринимаемым турками; 11 августа он настаивал, что покупка кораблей турками «преследует явную помощь Германии», поскольку та могла легко лишиться их в Средиземноморском бассейне, который бороздили британские и французские флотилии[35]. А уже на следующий день он прямо уведомил турок об очевидном факте: «внезапное» завладение означенными судами «в то время, когда они [турки] начали переговоры с нами, едва ли облегчит задачу нашего сближения»[36]. И все же с учетом очевидной настроенности Сазонова и далее затягивать переговоры, «выигрывая время», срыв их был исключен.

Также немалое влияние на отношение Сазонова к русско-турецкому союзу оказали и иные дипломатические лица. Так, 10 и 11 августа Извольский уведомил его, что на набережной Орсе многие, включая и самого французского министра Гастона Думерга, слышали, что османское правительство опасается, не воспользуется ли Россия победой в войне для завладения Константинополем и проливами. Думерг предположил, что Россия вполне могла бы успокоить Турцию, гарантировав соблюдение ее территориальной целостности. Зная при этом о серьезном интересе России к зоне проливов, он заметил, что подобное ручательство никоим образом не помешает в конце войны разре-

---

[34] Сазонов — Извольскому и Бенкендорфу, 8 августа 1914 года, тел. 1747 // МО. 3.6.1. № 34.

[35] Сазонов — Гирсу, 11 августа 1914 года, тел. 1810 // ЦР. № 27.

[36] Сазонов — Гирсу, 12 августа 1914 года, тел. 1846 // МО. 3.6.1. С. 49, прим.

шить «вопрос о проливах в соответствии с [русскими на него] взглядами»[37].

А 12 августа Сазонов узнал, что турецкий поверенный в Петербурге в несколько иных формулировках рассуждает о союзе с Россией. В отличие от Энвер-паши, Фахреддин заявил, что Турция не ищет территориальных приращений, но в обмен на сотрудничество желает получить контроль над немецкими концессиями в Малой Азии, а также ручательство России не поддерживать армянских националистов в Османской империи. Сазонов, пусть и без уверенности в серьезности высказанных посланником идей, сообщил Гирсу, что, исключая разрыв с армянами, все прочие пункты он считает вполне приемлемыми[38].

Отвергнутые предложения

Приняв во внимание описанные выше соображения, Сазонов принялся за разработку встречного предложения Энвер-паше и 13 августа сообщил Фахреддин-бею, что Россия готова заключить с Турцией соглашение, в котором не было речи о территориальных приобретениях, но предоставлялись гарантии ее территориальной целостности, — иными словами, Россия обязалась не нападать на Турцию, пользуясь ее ослабленным положением. Сазонов указал турецкому поверенному, что туркам будет куда целесообразнее получить контроль над немецкими интересами в своей империи, чем прирасти новыми территориями, ценность которых представляется сомнительной. Озвученное министром практически совпадало с тем, что предлагал накануне сам Фахреддин, так что долго убеждать его не потребовалось. С турецким правительством дело обстояло, конечно, совершенно иным об-

---

[37] Izvolskii — Sazonov, 10 August 1914, tel. 259 // LN. 3.1. 2 (with Ponceau). Стоит заметить, что Смит неверно интерпретирует этот документ как требование французской стороны [Smith 1956: 71]; Извольский — Сазонову, 11 августа 1914 года, тел. 264 // МО. 3.6.1. № 65.

[38] Сазонов — Гирсу, 12 августа 1914 года, тел. 1855 // МО. 3.6.1. № 72.

разом. Лишь 15 числа Сазонов известил союзные столицы о своих планах: он бы желал просить турок о демобилизации — в подтверждение искренности объявленного нейтралитета. В качестве компенсации за подобную меру, фактически оставлявшую турок беззащитными перед полностью мобилизованной русской армией, Сазонов предлагал державам Антанты выступить коллективным гарантом территориальной целостности Турции. А в качестве дополнительного стимула он намеревался предложить Турции владение всеми немецкими концессиями и предприятиями в Малой Азии [вписав соответствующий пункт и в будущий мирный договор][39]. Подчеркивая благосклонность России по отношению к Турции, Сазонов указывал, что, невзирая ни на продолжающуюся мобилизацию, ни на провокацию с покупкой немецких крейсеров, русские войска не возвращены на Кавказ и по-прежнему сосредоточены на немецком фронте[40].

А на следующий день, 16 числа, Сазонову представилась и еще одна возможность засвидетельствовать приверженность территориальной целостности Турции, когда Бьюкенен довел до его ведома, что Константинополь, с подозрением относясь к намерениям России, готов принять гарантии лишь в том случае[41], если таковые даст весь триумвират Согласия. Тогда Сазонов вновь указал на вывод войск с кавказской границы и готовность России присоединиться к ручательству за территориальную целостность Турции в доказательство отсутствия какой-либо против нее враждебности[42]. Еще несколькими днями ранее Гирс сообщил ему, что турки потребуют территориальных уступок, существенных настолько, что они умиротворили бы как армию, так и об-

---

[39] Сазонов — Бенкендорфу, 15 августа 1914 года, тел. 1896 // МО. 3.6.1. № 100.

[40] Сазонов — Бенкендорфу и Извольскому, 15 августа 1914 года, тел. 1912 // ЦР. № 38.

[41] На первоначальном варианте телеграммы Бенкендорфу № 1896 (см. выше) значилось «Россия гарантирует», исправленное позже на «три державы гарантируют». — *Примеч. пер.*

[42] Buchanan — Grey, 16 August 1914, tel. 288 // BDFA. 1.H. 1. № 61; Beaumont — Grey, 15 August 1914, tel. 545 // BDFA. 1. № 58. В последней телеграмме упоминается о том, что Бьюкенен обсудил ситуацию с Сазоновым.

щественность. Сазонов отвечал, что Гирсу следует быть готовым подтвердить прежние гарантии, а также возвращение немецких концессий. Что касается территорий, министр предложил союзникам уступить Турции остров Лемнос, находившийся в греческом владении и имевший стратегическое значение для проливов[43]. Среди дополнительных вариантов значились также прочие Эгейские острова и Западная Фракия[44]. Однако британцы высказались «положительно против идеи предложения какого-либо территориального увеличения» в данных обстоятельствах, и в особенности за счет Греции ввиду опасений, что та, раздосадованная таким ходом событий, может примкнуть к Германии. Они уже откомандировали советника на греческий флот и выстроили прочные отношения с этим стратегически чрезвычайно важным государством, так что, если турки действительно вступят в войну против Антанты, греческий флот сумеет оказать решающую поддержку в борьбе с турецким[45]. Поэтому, несмотря на ожидания Гирса, что Сазонов убедит союзников в вопросе о греческих островах, министр от этой идеи отказался в надежде, что турки удовлетворятся всем прочим[46].

Внимание Сазонова к Эгейским островам, возможно, было обусловлено и иным мотивом. Пусть он прямо о том и не упоминал, но, высказываясь за возвращение Лемноса Османской империи, он, вполне вероятно, держал в уме будущие русские позиции в проливах. Россия весьма пристально следила за тем, в чьих руках окажутся ближайшие к проливам острова, и лишь в силу стремительного развития событий в итоге согласилась на их

[43] Сазонов — Гирсу, 16 августа 1914 года, тел. 1925 // ЦР. № 43; Сазонов — Бенкендорфу, 16 августа 1914 года, тел. 1924 // МО. 3.6.1. № 110; Paléologue — Doumergue, 16 August 1914, tel. 445 // DDF (1999). 1. № 69.

[44] Гирс — Сазонову, 13 августа 1914 года, тел. 690 // ЦР. № 32.

[45] Бенкендорф — Сазонову, 17 августа 1914 года, тел. 331 // МО. 3.6.1. № 118; Grey — Bertie, 17 August 1914, tel. 415 (and — Buchanan as tel. 548) // BDFA. 1.H. 1 № 69. Стоит заметить, что греческая королева София приходилась родной сестрой кайзеру Вильгельму II, а оба они являлись внуками британской королевы Виктории.

[46] Гирс — Сазонову, 19 августа 1914 года, тел. 782 // МО. 3.6.1. № 138.

переход к Греции. Если же турки сейчас вновь получали Лемнос, Россия от этого только выигрывала в дальнейшем, когда придет черед захватить интересующую ее область. Греческое же обладание островами всерьез компрометировало стратегическое положение России в проливах. Еще в конце 1912 года князь Ливен, тогдашний начальник Морского генерального штаба, отмечал, что, как только Россия расширится в регионе, ей «необходимо [будет] занять опорный пункт в Средиземном море. И наилучшим вариантом был бы остров Лемнос»[47].

Другое свидетельство тому, что тогдашние шаги МИДа были продиктованы положением России в проливах, предлагает письмо от 20 августа управляющего отделом Ближнего Востока князя Г. Н. Трубецкого Гирсу в Константинополь. Описывая возможный выигрыш России в войне, Трубецкой замечает, что, независимо от прибавления тех или иных земель вдоль западных границ, «прежде всего мысль обращается к проливам». Если Турция останется нейтральной, а Антанта гарантирует ее территориальную целостность, «по заключении мира нам [России] необходимо [будет] оговорить преимущественное для прибрежных государств Черного моря право прохода военных судов через проливы». Если же Турция вступит в войну против России или балканских государств, «желательно было бы <...> определить то обеспечение нашего контроля над проливами, которое менее всего встретило бы сопротивление Англии и явилось бы вообще наиболее осуществимым». Можно было бы «все турецкие укрепления [в проливах уничтожить и завладеть] укрепленными пунктами на обоих побережьях у выхода Босфора и у выхода Дарданелл» или же занять подходяще укрепленные позиции неподалеку, чтобы, разместив там флот, добиться «достаточного стратегического для нас обеспечения свободы проливов». Куда более сдержанно Трубецкой говорил о судьбе Константинополя — вопрос этот ему представлялся на текущий момент «ака-

---

[47] РГАВМФ. Ф. 418. Оп. 1. Д. 5538. Л. 1–2. Ливен — Григоровичу, 10 декабря 1912 года, рап. 301. Григорович оставил на документе пометку, предписывающую переслать его в МИД.

демическим», и он предлагал действовать осмотрительно, чтобы Россия не повторила «ошибки Германии, вооружившей всех против себя своим явным стремлением поколебать равновесие в Европе»[48]. Если территориальные преобразования в проливах и не обсуждались пока официально, политики, безусловно, были о них вполне осведомлены.

К англичанам, возражавшим против территориальных уступок туркам, присоединились и французы, отвергавшие другое предложение Сазонова — передачу Константинополю немецких концессий. Поначалу Париж нехотя соглашался уступить концессии Порте, но Морис Бомпар, константинопольский посол, выступил резко против и в итоге сумел настоять на своем[49]. В итоге, когда 18 августа послы Антанты наконец сделали заявление Порте, от первоначального предложения Сазонова осталась лишь совместная гарантия территориальной целостности Турции. Русский министр остался разочарован и выразил Парижу неудовольствие его несговорчивостью в решениях по Османской империи[50].

Немудрено, что и турецкое правительство не пришло в восторг от столь ограниченного предложения. Соперничавшие за власть группы влияния были уверены, что от Антанты можно требовать куда большего, чтобы вскоре Энвер-паша оказался в меньшинстве [Yasamee 1995: 247][51]. Министр финансов Джавид-бей сказал Гирсу, что в правительственных кругах желали бы, чтобы данные накануне гарантии целостности были «повторены на письме и имели силу на срок не менее пятнадцати — двадцати лет»; в том же документе следовало также закрепить полную экономическую независимость Турции и ликвидировать капитуляционный режим[52]. В беседе с британским и французским послами Джавид-бей

---

[48] Трубецкой — Гирсу, 20 августа 1914 года, псм. // КП. 1. 1.

[49] Гирс — Сазонову, 18 августа 1914 года, тел. 753 // ЦР. № 48; Mallet — Grey, 18 August 1914, tel. 562 // BDFA. 1.H. № 76.

[50] Сазонов — Извольский, 20 августа 1914 года, тел. 2028 // ЦР. № 53.

[51] Стоит отметить, что Миллер считает происходящее сценарием самого Энвера, желавшего таким образом отвлечь внимание держав [Miller 1997: 282].

[52] Гирс — Сазонову, 19 августа 1914 года, тел. 780 // МО. 3.6.1. № 137.

и морской министр Ахмед Джемаль-бей ясно выразили опасения по поводу намерений России, настаивая, что каждая из держав Антанты должна дать гарантии в отдельности[53]. Ведь трехсторонние гарантии будут оберегать Турцию лишь до тех пор, пока их соблюдает весь триумвират держав-гарантов. Если же одна из подписавших держав проявит агрессию, две другие уже не будут связаны никакими обязательствами. Однако, если каждая из держав самолично примет на себя обязательства, то соглашения останутся в силе, невзирая на действия кого-либо одного.

И вновь Сазонов более склонялся к согласию на турецкие условия, чем его западные союзники, что отражало преследуемую им цель — не допустить вступления Турции в войну. Но Россия проигрывала от отмены капитуляций менее всего, поскольку ее экономическое проникновение в Османскую империю было весьма незначительным; потери же Великобритании с Францией оказались бы весьма значительны, и потому союзники выступали против столь «чрезмерных» уступок[54]. Самое большее, они готовы были обещать туркам вернуться к их требованиям после войны, чтобы разрешить вопрос «в либеральном духе»[55]. А к 28 августа державы Антанты были «готовы гарантировать неприкосновенность оттоманской территории и рассмотреть в дружественном духе [экономические и судебные] требования» в вопросе капитуляций, если «Высокая Порта обязуется сохранять строгий нейтралитет»[56]. Но и теперь турецкое правительство осталось недовольно и 9 сентября объявило, что в одностороннем порядке прекращает систему капитуляций. В результате оказались ослаблены позиции воюющих держав по обе стороны фронтовой линии, а их протесты ни к чему не привели. В течение недели

---

[53] Гирс — Сазонову, 19 августа 1914 года, тел. 791 // ЦР. № 52; Mallet — Grey, 20 August 1914, tel. 575, BDFA, 1.H. № 82.

[54] Сазонов — Гирсу, 23 августа 1914 года, тел. 2090 // ЦР. № 55.

[55] Бенкендорф — Сазонов, 25 августа 1914 года, тел. 364 // МО. 3.6.1. № 131, прим. 1.

[56] Сазонов — Извольскому, Бенкендорфу и Гирсу, 28 августа 1914 года, тел. 2210 // МО. 3.6.1. № 173.

противники начали обсуждение практических аспектов отмены капитуляций, одновременно разрабатывая иные механизмы защиты иностранцев в Османской империи [Yasamee 1995: 249–250].

Подготовка к турецкому выступлению

К тому времени Тройственная Антанта все более пессимистически относилась к перспективе когда-либо убедить турок, так сказать, сменить немецкие платья, не говоря уж о том, чтобы на деле присоединиться к антигерманской коалиции. С середины августа Гирс, Леонтьев и чиновники консульства в Малой Азии докладывали в российскую столицу об ослаблении власти великого визиря и усилении партии Энвера, ратующей за войну против Антанты. Развертывание турецких сил на кавказской границе теперь также рассматривалось в качестве угрозы; вкупе же с очевидным присутствием на «Гебене» и «Бреслау» немецких экипажей к 22 августа ситуация выглядела столь скверно, что Сазонов поставил вопрос о ней на Совете министров. Главноуправляющий землеустройством и земледелием А. В. Кривошеин заявил, что был бы рад турецкому выступлению против России, поскольку тогда либо Россия сможет атаковать, либо прекратятся проблемы в Малой Азии [Гальперина 1999: 43]. Иных выступлений в записях заседания не сохранилось, но, судя по всему, в данном вопросе министры выразили согласие. Сазонов сообщил своему представителю при Дипломатической канцелярии Ставки, что нынешняя ситуация с Турцией вызывает все большие опасения, в силу которых и он, и Совет министров полагают, что отвод войск с Кавказа на Западный фронт более невозможен, а южный театр следует усилить войсками, расположенными в Туркестане. На другой день высочайшее согласие с этим выразил и царь[57]. Всю следующую неделю поступали донесения

---

[57] Сазонов — Базили, 22 августа 1914 года, тел. 2068 // МО. 3.6.1. № 147. Того же мнения держался и британский премьер Асквит, сообщивший в письме королю Георгу V от 23 августа, что терпение Кабинета министров в вопросе Турции на исходе; см. Asquith — George V, 23 August 1914, ltr. // CAB. 41/35/47.

о прибывающих в Турцию немцах и отправленном Австрией в Константинополь вооружении для «Гебена»[58], а 27 августа наконец поступили сведения о том, что «Гебен» и «Бреслау», вероятно, направлены в Черное море вопреки всем заверениям великого визиря[59].

Армейский и морской штабы, вновь обсудив возможные превентивные меры, 28 августа отправили план на согласование Сазонову. Адмирал Эбергард запросил у Ставки разрешения принять все необходимые меры, включая минирование Босфора, на случай если «Гебен» и «Бреслау» войдут в Черное море, о чем МИДу предстояло поставить в известность Турцию. Начальник Генерального штаба генерал Н. Н. Янушкевич просил Сазонова сообщить в Ставку, когда, по его мнению, война станет неизбежной, чтобы флот мог принять соответствующие меры, включая, если позволит время, минирование моря[60]. Однако Сазонов по-прежнему выступал против любых действий, чреватых вовлечением Турции в войну, особенно в первые недели, полные неопределенности. По его разумению, вхождение «Гебена» в Черное море само по себе еще не означало разрыва отношений. Момент был особенно неудачным для войны с Турцией еще и потому, что именно тогда шли переговоры с Сербией и Грецией с целью убедить их пойти на территориальные уступки Болгарии, что позволило бы предотвратить ее переход на сторону Турции против Антанты. В конечном итоге Сазонов заметил, что державы Антанты желают, чтобы вина за разрыв легла на Константинополь и нейтральные государства могли вступить в войну на противной ему стороне. Поэтому министр высказался против мер, намеченных Ставкой, предупредив, что если флот решит

[58] Mallet — Grey, 26 August 1914, tel. 628 // FO. 438. 2. № 795; Grey — Buchanan, 27 August 1914, tel. 611 // FO. 371. 2170. 43607/38537; MAE. Guerre 1914–1918. Turquie 845, 153. Bompard — Delcassé, 27 August 1914, tel. 369; АВПРИ. Ф. 133. Оп. 470. Д. 391. Л. 21. Гирс — Сазонову, 27 августа 1914 года, тел. 858.

[59] АВПРИ. Ф. 133. Оп. 470. Д. 391. Л. 21. Гирс — Сазонову, 27 августа 1914 года, тел. 858; Mallet — Grey, 27 August 1914, tel. 632 // FO. 438. 2. № 798.

[60] АВПРИ. Ф. 138. Оп. 467. Д. 355/357. Л. 16. Базили — Сазонову, 28 августа 1914 года, тел. 33.

«принять меры против него», то таковые «теперь допустимы только в случае полной уверенности в успехе», ибо утрата сильнейших черноморских судов самым серьезным образом скажется на региональной политике[61].

Доводы министра не убедили генералов и адмиралов, и они продолжили давить на него, добиваясь согласия на решительные меры. Как Янушкевич заявил Сазонову, он по-прежнему считал, что МИДу следовало бы прямо «предупредить турецкое правительство о том, что <...> выход "Гебена" в Черное море может вызвать с нашей стороны военные меры»[62]. Ему вторил и Эбергард, предлагавший предостеречь турок, что Россия не признаёт «Гебен» и «Бреслау» турецкими судами и, следовательно, появление их в Черном море может вылиться в столкновение[63]. Сазонов всячески уклонялся от подобного бряцания оружием, полагая, что таким образом можно лишь приблизить разрыв отношений. Вместе с тем формально он соглашался признать за Эбергардом «полную свободу действий», так как Турция не выполнила пожелания Антанты об удалении немецких экипажей с крейсеров[64]. Кроме того, в свете телеграммы Гирса, где сообщалось о соглашении, по которому Турция, вероятно, в конечном итоге должна была вступить в войну на стороне Германии, 10 сентября Сазонов поручил посланнику объявить великому визирю, что выход «Гебена» и «Бреслау» в Черное море может привести к столкновению между двумя государствами[65].

---

[61] Сазонов — Базили, 29 августа 1914 года, тел. 2248 // МО. 3.6.1. № 182; АВПРИ. Ф. 138. Оп. 467. Д. 355/357. Л. 19. Сазонов — Базили, 30 августа 1914 года, тел. 2271.

[62] Базили — Сазонову, 31 августа 1914 года, тел. 34 // МО. 3.6.1. С. 169, прим.

[63] Базили — Сазонову, 1 сентября 1914 года, тел. 38 // МО. 3.6.1. С. 169, прим.

[64] АВПРИ. Ф. 138. Оп. 467. Д. 355/357. Л. 23.Сазонов — Базили, 1 сентября 1914 года, тел. 2 [sic]. Порядок упоминания в МО подразумевает, что телеграмме № 38 Базили предшествовала телеграмма № 2 [sic] Сазонова на его имя, — на деле же архивная копия последней свидетельствует, что Сазонов как раз отвечал на сообщение Базили.

[65] Гирс — Сазонову, 9 сентября 1914 года, тел. 1028 // ЦР. № 72; Сазонов — Гирсу, 10 сентября 1914 года, тел. 2528 // МО. 3.6.1. С. 169, прим.

Стремясь скоординировать взгляды на политику в отношении Турции, Сазонов и прочие высокопоставленные дипломаты 10 сентября провели совещание с офицерами Морского генерального штаба под предводительством вице-адмирала А. И. Русина. Сазонов подчеркнул свое желание не допустить вступления Турции в войну. Повторяя уже изложенное на письме, он указал, что опасается, что силовая реакция Черноморского флота на появление турецко-немецких судов разожжет дальнейший конфликт, хотя, по его мнению, большинство в Турции выступает против подобного развития событий. Позиция его заключалась в том, что

> в случае неблагоприятнаго для нашего флота исхода столковения его с турецким, усиленным как германским судами, так и германским личным составом, возникла бы не только непосредственная опасность для нашего южнаго побережья, почти совершенно лишеннаго войск и для Кавказа, на котором имеется всего лишь один корпус против трех турецких, но неудача наша на море отразилась бы самым тяжелым образом и на общей политической обстановке пока весьма для нас благоприятной, заставив примкнуть к нашим противникам колеблющиеся державы и даже анулировать достигнутые нами военные успехи[66].

Не имея уверенности в победе русского флота, Сазонов полагал себя не вправе взять «моральную ответственность» за отправление его на бой. Он считал, что если турецкий флот войдет в Черное море, то русскому лучше будет оставаться в Севастопольском порту[67].

Русин встретил предложение в штыки: по его мнению, с учетом множества разных факторов морские силы обеих империй были примерно равны. Адмирал и офицеры штаба утверждали, что укрытие флота в тихой гавани, пока враг спокойно бороздит

---

[66] РГАВМФ. Ф. 418. Оп. 2. Д. 267. Л. 82–84. Русин — Эбергарду, 14 сентября 1914 года, псм. 6699/153.

[67] Там же.

открытое море, нанесет жесточайший удар по боевому духу моряков и со стороны будет воспринято сродни поражению, даже если в итоге стороны так ни разу и не сойдутся в бою. С учетом же того, что Порта была предупреждена против отправки кораблей, а также того, что немцы выведут их в Черное море исключительно ради возможности вступить в решающую схватку с русским флотом, Эбергард должен обладать свободой в принятии необходимых мер, включая в случае необходимости и приказ к атаке. Офицеры Морского штаба далее предложили Сазонову уведомить Эбергарда о политической ситуации и преследуемых правительством целях, чтобы тот мог действовать соответствующим образом. Итак, если бы вышедший в Черное море турецкий флот оставался в своих территориальных водах, то и русский Черноморский флот мог оставить его появление без последствий; если же турки и немцы двинутся к русскому берегу, то Эбергард был бы волен принять надлежащие контрмеры.

События же развивались следующим образом. 11 сентября Сазонов сообщил Эбергарду, что ситуация в османской столице и на Балканах неопределенная, и, признавая за адмиралом «полную свободу действий, как скоро "Гебен" выйдет в Черное море», он призвал также «иметь в виду роковые последствия, которые имела бы для [России] неудача»[68]. Спустя несколько дней после этой телеграммы Эбергард получил от Русина письмо с подробным описанием межведомственного совещания от 10 сентября и разъяснением, что начать боевые действия можно будет лишь в том случае, если турецкий флот покинет свои территориальные воды[69]. Всю следующую неделю посланники Антанты предупреждали свои столицы о скором выходе турецких кораблей в Черное море. Наконец 20 сентября «Бреслау» вошел в акваторию и, совершив ряд маневров, в тот же день вернулся в порт, в то время как «Гебен» и вовсе не снимался с якоря. Русский флот не предпринял никаких ответных действий, но Гирс и британский

---

68 Сазонов — Эбергарду, 11 сентября 1914 года, тел. 2464 // МО. 3.6.1. № 245.

69 РГАВМФ. Ф. 418. Оп. 2. Д. 267. Л. 82–84. Русин — Эбергарду, 14 сентября 1914 года, псм. 6699/153.

посол в Константинополе Луи Маллет заявили Порте резкий протест [Miller 1997: 312–313][70].

Переговоры вокруг изменений в капитуляционном режиме буксовали все сильнее, и этим еще более укреплялся скепсис Антанты в отношении соблюдения Портой строгого нейтралитета. И Великобритания, и Россия отреагировали на поведение Турции весьма конкретными действиями. Лондон решил усилить давление на турок и послал к Дарданеллам корабли Королевского флота, чтобы заблокировать выход любых судов под турецким флагом, поскольку уверенности в том, что тот или иной корабль не находится под командой немецких офицеров, представляя в таком случае опасность, у британцев не было. 26 сентября турецкий торпедный катер предпринял попытку выйти из Дарданелл и был быстро задержан английскими кораблями. Если до сих пор проливы и оставались открыты для торговой навигации, данный инцидент привел к их немедленному и полному закрытию практически для всех судов. Это, естественно, вызвало бурный протест со стороны Антанты. Великий визирь пытался обвинить во всем англичан, но послы Согласия настаивали на том, что, пока немцы сохраняют влияние в Османской империи, у них нет иного выбора[71]. Когда же затем великий визирь пытался убедить англичан по крайней мере немного отвести корабли от Дарданелл, те ответили отказом: нарочитая выжидательность турок порядком утомила, и их обещаниям веры было немного [Miller 1997: 312–313][72]. По состоянию на 5 октября ситуация, согласно отчету Маллета, сводилась к следующему:

> ПРОЛИВЫ ныне фактически закрыты и заминированы, причем точного расположения мин, как говорят, турки [и сами] не знают, так что вопрос об открытии судоходства

---

[70] См. также АВПРИ. Ф. 133. Оп. 470. Д. 391. Л. 39. Гирс — Сазонову, 21 сентября 1914 года, тел. 1150.

[71] Гирс — Сазонову, 27 сентября 1914, тел. 1230 // ЦР. № 79.

[72] См. также Mallet — Grey, 28 September 1914, tel. 885 // FO. 438. 3. № 372; Бенкендорф — Сазонову, 29 сентября 1914 года, тел. 532 // МО. 3.6.1. С. 340, прим. 3; Grey — Mallet, 30 September 1914, tel. 615 // FO. 438. 3. № 386; Mallet — Grey, 1 October 1914, tel. 904 // FO. 438. 3. № 398.

практическим более не является. Я держусь той линии, что наши интересы в целом затронуты не были, ибо наша торговля прервалась еще прежде ввиду уступок и прочих мер; того же мнения и мои товарищи из Франции и России[73].

Отсюда проясняется столь сдержанная позиция России по нынешнему закрытию — особенно памятуя о том, как правительство реагировало на угрозы закрытия проливов и их реализацию в 1912 году.

Отношение России к этническим меньшинствам, проживающим в восточных областях Османской империи, строилось по схожим лекалам: сперва осторожность, затем — действия. Будучи заступницей и покровительницей армянского меньшинства, Россия десятилетиями заботилась о землях близ ее кавказской границы[74], и многие из местных народов, в особенности армяне, обращались теперь к русским за помощью. Вскоре после начала войны консул России в Восточной Анатолии сообщил, что к нему обратились представители местных народов, предложившие сражаться против турок, если русские снабдят их вооружением[75]. В письме от 15 августа Сазонов проинформировал об этом Сухомлинова, однако же, следуя все тем же принципам, которыми он руководствовался и в иных решениях относительно Турции, заметил, что пока было бы преждевременно поднимать местные народы против турок, поскольку позиция Порты еще неясна. Вооружив их, можно скорее спровоцировать столкновение Турции с Россией. Вместе с тем он предложил заранее заготовить и спланировать распределение оружия и всего необходимого, на случай если подобный сценарий станет желательным[76]. 6 сентября

---

[73] Mallet — Grey, 5 October 1914, tel. 932 // FO. 438. 3. № 434.

[74] В конечном счете интерес России к местным народам был обусловлен соображениями собственной безопасности. Так, во время войны Петроград планировал аннексировать эти территории, дав армянам незначительные особые привилегии [Hovannisian 1968: 163–165].

[75] РГВИА. Ф. 2000. Оп. 1. Д. 3851. Л. 18. Введенский — Сазонову, 3 августа 1914 года, тел. 496.

[76] РГВИА. Ф. 2000. Оп. 1. Д. 3851. Л. 17. Сазонов — Сухомлинову, 15 августа 1914 года, псм. 585.

наместник на Кавказе граф И. И. Воронцов-Дашков сообщил Сазонову о новых подобных обращениях — от курдских, ассирийских и армянских общин, — заметив, впрочем, что также считает, что одобрять их предложение еще рано. Он полагал, что пока следует определить возможных лидеров народных движений, и просил Сазонова обратиться к Сухомлинову, чтобы тот выслал для них вооружение[77].

Сазонов обещал помочь[78]. Продолжая получать все новые донесения о готовности местных народов сражаться бок о бок с русскими, 18 августа он сообщил кавказскому наместнику, что настало время вооружить жителей граничных с Персией областей. При этом он по-прежнему воздерживался от подобных рекомендаций в отношении народов Османской империи. Два дня спустя Воронцов-Дашков доложил Сазонову, что намеревается подготовить армянское восстание, которое вспыхнет, когда Россия сочтет это уместным[79]. Ответ Сазонова был молниеносен и продиктован вышеописанным ухудшением русско-турецких отношений. Министр сообщил кавказскому наместнику опасения Гирса о неминуемом разрыве с Турцией, вследствие чего он делал вывод, что настало время готовить силы к скорым действиям[80]. Пусть перебои в снабжении — извечный бич всех русских военных приготовлений — несколько замедлили весь процесс, но именно поворот во взглядах Сазонова, проявившийся 20 сентября, явился самым настоящим поворотным моментом[81]. В отличие от предшествующих недель, когда он всячески старался избегать реального взаимодействия с народами восточной части

---

[77] РГВИА. Ф. 2000. Оп. 1. Д. 3851. Л. 66. Воронцов-Дашков — Сазонову, 6 сентября 1914 года [?], тел. 445; и то же в АВПРИ. Ф. 133. Оп. 470. Д. 386. Л. 20.

[78] РГВИА. Ф. 2000. Оп. 1. Д. 3851. Л. 14. Сазонов — Воронцову-Дашкову, 6 сентября 1914 года, тел. 2479.

[79] РГВИА. Ф. 2000. Оп. 1. Д. 3851. Л. 69. Воронцов-Дашков — Сазонову, 20 сентября 1914 года, тел. 760; и АВПРИ. Ф. 133. Оп. 470. Д. 386. Л. 18.

[80] АВПРИ. Ф. 133. Оп. 470. Д. 386. Л. 19. Сазонов — Воронцову-Дашкову, 20 сентября 1914 года, тел. 2780.

[81] РГВИА. Ф. 2000. Оп. 1. Д. 3851. Л. 48. Юденич — ОГКГШ, 5 октября 1914 года, тел. 1321.

Османской империи, опасаясь, что это подтолкнет турок к разрыву отношений, теперь он вполне готов был одобрить куда более агрессивные шаги, что в очередной раз свидетельствует о том, что державы Антанты уже не питали надежд на «содействие» Турции.

Военные цели и ожидание войны

Политическая тональность войны к тому времени уже заметно менялась. 5 сентября державы Антанты подписали соглашение, по условиям которого взаимно обязывались не заключать с Центральными державами сепаратного мира, а также не выдвигать кому-либо из противников мирных условий без общего одобрения союзников[82]. А 12 сентября Россия — первой из Великих держав — объявила о своих целях в текущей войне. Эти цели были сосредоточены сугубо в Центральной Европе, и речь не шла о проблемах Османской империи, по-прежнему якобы нейтральной[83]. Но возросший к концу сентября пессимизм побуждал членов русского правительства все чаще касаться османской проблемы в беседах с послами союзников в Петрограде. Предвкушавший войну с Турцией и говоривший о том уже на августовском заседании Совета министров Кривошеин теперь обсуждал это на переговорах с Бьюкененом и Морисом Палеологом, французским послом в Петрограде. Кривошеин, как считалось, выражал общенародные настроения, и 25 сентября Бьюкенен докладывал, что министр

> заметил [ему] вчера, что он лично был бы вполне доволен, объяви турки войну России, ибо турецкий вопрос тогда был бы наконец разрешен. По всему судя, растущей популярностью пользовалось именно данное мнение: что лишь за счет Турции Россия сможет приобрести какие-либо материальные выгоды в результате войны, ибо территориальные

---

[82] См. [Stevenson 1988: 110, 118].
[83] См. [Renzi 1988; Stevenson 1988; Smith 1956].

приращения на западных границах, в Познене и Галиции, не расценивались как усиление. Турции, следовательно, придется тем или иным образом со временем расплатиться за столь неприкрытую враждебность, хотя Россия сама и не предпримет ничего ради провокации подобной войны. Касательства г-ном Сазоновым вопроса о Дарданеллах в наших беседах носили характер чисто академический, однако оставили впечатление, что русские будут настаивать на том, чтобы вопрос был решен раз и навсегда, хотя и не станут поднимать вопрос о статусе Константинополя[84].

Также и Палеолог отмечал, сколь «живой отклик находит турецкая угроза в мнении русской общественности» — и в том числе в правительстве. Посол писал своему министру, что Кривошеин предполагал исход турок в Малую Азию, Константинополь видел свободным международным городом, по образцу тогдашнего Танжера, а проливы — нейтральными[85]. Сообщения Палеолога о его беседах с российскими чиновниками по поводу военных целей многократно подвергались критике и ставились под сомнение — и вполне заслуженно, учитывая его привычку преувеличивать и додумывать[86]. Однако сопоставление его описания от 26 сентября взглядов Кривошеина и Сазонова с их же заявлениями, а также со словами других чиновников о проблеме проливов показывает, что суть он ухватил верно — пусть, вероятно, и не совсем дословно передает сказанное. Впрочем, как мы видели, Кривошеин еще в августе жаждал сражаться с турками, о чем затем свидетельствует и Бьюкенен.

Палеолог указывает, что Сазонов был «не вполне согласен» с коллегой-министром. Сазонов заявил, что, «как и он» (Кривошеин), он думает, что Россия «должна обеспечить себе раз навсегда свободный проход через проливы», и «решительным — под-

---

[84] Buchanan — Grey, 25 September 1914, tel. 456 // FO. 438. 3. № 324.

[85] MAE. Guerre 1914–1918. Turquie 846, 177. Paléologue — Delcassé, 25 September 1914, tel. 663.

[86] Критику Палеолога см. в [Renzi 1988]. Схожим образом посол критикуется и в [Hayne 1988], особенно в главе 11: «Набережная Орсе и июльский кризис 1914 года». Аргументы в защиту июльского поведения Палеолога представлены в [Stengers 1987], особенно в главе «Морис Палеолог», с. 33–38.

сказавшим Палеологу, что МИД не потерпит обсуждений по данному вопросу, — тоном» продолжил: турки должны остаться в Константинополе и его окрестностях; по обеим сторонам Дарданелл не должно быть укреплений, а порядок в проливе и Мраморном море должен поддерживаться специальной «комиссией при посредстве морских сил». Также Россия получит вблизи входа в Босфор угольную станцию[87]. Что касается достоверности свидетельства Палеолога, Сазонов, как мы увидим в следующей главе, не был сторонником изгнания турок из Константинополя, так что этот момент представляется вполне правдивым. Перечисленные же выше условия существенно не отличаются от расписанных месяцем ранее князем Трубецким Гирсу и, собственно, даже несколько скромнее последних. Безусловно, с момента вступления Турции в войну требования Сазонова возрастут на порядок; пока же его заявления были выдержаны в умеренных тонах, согласуясь с текущей политической ситуацией.

На тот момент Антанте предстоял еще целый месяц утомительных переговоров о капитуляциях. Сазонов стремился как можно дольше оттягивать разрыв с Турцией, хотя в Петрограде все чаще говорили, что это уже неизбежно. К примеру, 27 сентября Бьюкенен узнал о желании Сазонова смягчить формулировки в протестах Антанты по поводу одностороннего изменения турками условий капитуляций, чтобы таким образом не спровоцировать разрыв.

---

[87] Полный текст телеграммы Палеолога от 26 сентября 1914 года, адресованной Делькассе, в расшифровке русской разведки доступен в MO. 3.6.1. № 318. Здесь важно отметить, что определение, которым Кривошеин сопроводил описание судьбы проливов, было ошибочно расшифровано как *libres?* [фр. — свободны?], что было сочтено наиболее подходящим по контексту. В переводе этой же расшифровки, данной в Livre Noir. 3.1. 17–18, вопросительный знак был и вовсе снят, а проливы остались просто *libres*. В действительности же документы из архива французского МИДа, которым и следует наш текст, говорят о *neutralisés* — определении менее расплывчатом, чем неудачно угаданное *libres*. См. MAE. Pa-ap 211. Delcassé 25, 83. Paléologue — Delcassé, 23 September 1914, tel. 666bis. См. также MAE. Pa-ap 211. Delcassé 25, 83. Idem, 26 September 1914, tel. 666. Опубликованный недавно сборник французских документов той эпохи также дает *neutralisés*: Paléologue — Delcassé, 23 September 1914, tel. 666bis // DDF (1999). 1. № 302.

Полностью осознавая, что шансов на сохранение мира осталось чрезвычайно мало, [Сазонов] полагал важным не подстегивать события, в надежде, что если военная ситуация станет резко развиваться в нашу пользу, Турция может и задуматься над своим поведением[88].

Начиная с конца сентября и весь октябрь Гирс передавал в Петроград расшифрованные копии телеграмм австрийского посла в Константинополе в Вену. Содержание телеграмм свидетельствовало об огромном давлении, оказываемом Центральными державами на Турцию с целью вынудить ее вступить в войну. Несмотря на продолжающуюся борьбу разных фракций за влияние в турецком правительстве — особенно после того, как немецкое наступление во Франции захлебнулось и началась окопная война, — Гирс полагал, что вероятность отставки Энвера крайне мала. Он считал лишь вопросом времени, когда Энверу и его немецким сотоварищам удастся при помощи какого-нибудь «инцидента ввергнуть Турцию в войну»[89].

Параллельно с развитием турецкой ситуации русская дипломатия принимала меры по удержанию позиций в проливах. Так, 13 октября князь Трубецкой в разговоре с турецким поверенным пытался убедить последнего, что Германия желает просто воспользоваться Турцией ради отвлечения России от борьбы против Центральных держав, за что в будущем придется политически расплачиваться самим туркам. Он заверил Фахреддина, что Россия не заинтересована в разделе Османской империи, а также что союз с Россией гарантирует ее территориальную целостность: подобное соглашение было бы для России куда предпочтительнее, пояснял он, ибо «в случае раздела Турции вместо [одной] границы <...> мы получили бы границу с целым рядом государств, что, конечно, для нас невыгодно»[90]. Трубецкой четко указал, что Россия желает свободного прохода своих военных кораблей через

---

[88] Buchanan — Grey, 27 September 1914, tel. 460 // FO. 438. 3. № 350.

[89] Гирс — Сазонову, 3 октября 1914, тел. 1314 // МО. 3.6.1 № 354.

[90] Разговор князя Трубецкого с турецким поверенным в делах, 13 октября 1914 года // МО. 3.6.1. № 383.

проливы, но сугубо в рамках союзного соглашения, которое обеспечило бы неприкосновенность турецких границ. А 24 октября у Трубецкого был с визитом итальянский посол Андреа Карлотти, желавший «между прочим» обсудить и русские планы в отношении проливов. По всей видимости опасаясь, что Италия захочет выторговать себе какие-либо османские территории, Трубецкой лишь отметил, что «сейчас не время для решения вопроса дипломатическим путем <...>, все будет зависеть от того, что [Россия] сочтет в будущем нужным предпринять». И, не желая углубляться в детали, князь сменил тему[91].

В столицах Антанты уже знали, что Германия выдаст Турции крупный заем, и полагали, что, как только деньги поступят, турки вступят в войну[92]. 20 октября Сазонов предупредил Эбергарда о готовящемся транше и его неизбежных военных последствиях[93]. А 22 числа послы уже сообщили, что немецкое золото прибыло и стоит опасаться худшего[94]. Худшее наконец произошло 29 октября: турецкий флот снялся с якоря и под командованием немецких офицеров обстрелял русские порты, торпедировав несколько кораблей и установив минные заграждения. Последовавший ультиматум Антанты требовал от турок выдворения всех немцев, в противном случае державы считали себя в состоянии войны с Османской империей. Ультиматум был передан Порте 30 октября и имел срок в 24 часа. Но и теперь Сазонов тянул время в надежде, что мир удастся сохранить: признавая за Эбергардом полную свободу осуществлять меры, которые он сочтет необходимыми, Сазонов тем не менее попросил Воронцова-Дашкова отложить наземное наступление до получения ответа на ультиматум[95].

[91] Запись разговора советника II политического отдела Трубецкого с итальянским послом в Петрограде Карлотти, 24 октября 1914 года // МО. 3.6.1. № 410.

[92] См. о займах [Miller 1997: 316–317].

[93] Гирс — Сазонову, 19 октября 1914 года, тел. 1506 // МО. 3.6.1. С. 413, прим. 1; Сазонов — Эбергарду, 20 октября 1914 года, тел. 3370 // Там же. № 401; Buchanan — Grey, 20 October 1914, tel. 538 // FO. 438. 3. № 601.

[94] Mallet — Grey, 22 October 1914, tel. 1027 // FO. 438. 3. № 628; MAE. Guerre 1914–1918. Turquie 847. № 180. Bompard — Delcassé, 26 October 1914, tel. 503.

[95] Сазонов — Кудашеву, 30 октября 1914 года, тел. 3543/3544 // ЦР. № 99.

И лишь вследствие царского манифеста [об объявлении войны туркам] от 2 ноября Сазонов был вынужден передать ноту османскому правительству [Smith 1965].

Итак, сдерживать Турцию от вступления в войну, чтобы Россия могла сосредоточить силы на главном театре военных действий, Сазонову более не требовалось. С августа по октябрь он всеми силами доказывал туркам, что причин для войны нет, стараясь успокоить подозрения, неустанно подогреваемые немцами, в отношении намерений России. При этом, в отличие от Германии, народом и политикой которой управляли преимущественно военные чины, Сазонов держался в отношении Турции гражданской линии, вопреки требованиям военных и морских властей развернуть крайне провокационные приготовительные маневры. Не считая немногочисленных уступок, магистральное направление его внешней политики внутренним силам изменить не удалось. Лишь усилиями Энвер-паши и по причине немецкого шефства над турецкой армией и политикой, вкупе с недоверием турок к России, удалось наконец сломить сопротивление Сазонова. В конечном счете немцы могли посулить туркам куда больше, чем любое предложение Антанты. Августовские предложения Энвера, будь они даже сделаны всерьез, были неприемлемы, поскольку коалиция стремилась заручиться лояльностью и балканских государств. Так что ни русские, ни британцы, ни французы не имели иного способа сколь-нибудь действенно принудить Турцию соблюдать нейтралитет, кроме как потребовать отослать немецких военных обратно в Германию. Турки отказались, что с неизбежностью означало фактическое вступление в войну. Признавая всю важность проливов, Сазонов был убежден, что военные усилия России должны быть всецело сосредоточены на Центральных державах. Уже после войны вполне можно было бы установить и новый режим в проливах. Когда же турецкий нейтралитет перестал быть реальным, а ее враждебность обозначилась как неоспоримый факт, внимание России сконцентрировалось на новой теме: конкретных целях войны — проливах и Константинополе.

6

Война развязанная: международная и внутриполитическая дискуссия о судьбе Константинополя и проливов

Ноябрь 1914 года — июль 1916 года

В отличие от месяцев, предшествовавших вступлению Турции в Первую мировую войну, период начиная непосредственно с ноября 1914 года был тщательнейшим образом изучен, и в первую очередь ввиду того, что Великобритания с Францией обещали России Константинополь, Босфор и Дарданеллы, если и когда война завершится победой Антанты. После многовековых ожиданий сокровенные грезы России наконец были готовы осуществиться — с единственной оставшейся на пути препоной Германией, которую требовалось победить. Но именно на этой скалистой отмели корабль Российского государства потерпел крушение, так и не достигнув уготованной ему цели.

Существует огромный массив литературы о заключенных державами Антанты в марте — апреле 1915 года соглашениях, согласно которым Российская империя получала право владения Константинополем, проливами и прилегающими территориями.

Во многих из посвященных этому вопросу работ делается попытка выяснить, отчего Великобритания и, что еще более странно, Франция пришли к подобному решению. Если поначалу историки считали, что сэр Эдуард Грей пытался таким образом мотивировать Россию продолжать воевать против Германии, то более поздние исследователи выдвигали предположения, что Правительство его величества отстаивало свои позиции в ином регионе — в Персидском заливе, стремясь обменять проливы на богатые нефтью земли на востоке. Францию же, со своей стороны, очевидно, подтолкнуло обоюдное согласие России и Британии. Желая обеспечить дальнейшее участие России в войне, Париж вместе с тем все более опасался, что она впоследствии станет столь же могущественной и грозной, как и предвоенная Германия. Обладание проливами позволяло Санкт-Петербургу, то есть теперь уже Петрограду, шутя перебросить силы в регионы, которые французы традиционно считали собственными[1].

В исследованиях, посвященных данному периоду, настроения в МИДе зачастую рассматриваются в отрыве от более общих проблем русского правительства. Вопрос о проливах вновь играл важную и недостаточно изученную роль в военно-гражданских отношениях в России. Как внутриправительственные, так и внешние силы все более настойчиво требовали четкого определения целей войны, которые оправдали бы тяжелые потери русского народа в борьбе против Германии. Первоначально целями значились объединение польских земель под державой Романовых и обновление границ в Центральной Европе, и общественный дух был ими захвачен гораздо меньше, чем идеей захвата проливов, которые превратились в «законные» военные цели после вступления Турции в войну. В силу превратно понятого влияния

---

[1] Ранние историографические тенденции можно проследить в таких работах, как «Великобритания, Россия и проливы» Уильяма Ренци [Renzi 1970: 1–2] и «Великобритания и соглашения о проливах 1914–1915 годов» Кларенса Джея Смита [Smith 1965] — эти авторы показывают, как Грей манипулировал Сазоновым ради достижения собственных целей. Более актуальный взгляд представлен у Джеффри Миллера в работе о проливах [Miller 1997] и Даниэля Йергина [Yergin 1991].

довоенных настроений мало была оценена и растущая солидарность Сазонова с общественным мнением.

Потрясения, переживаемые Россией во время войны, все настойчивее требовали, чтобы по ее окончании определенные перемены претерпел и государственный режим. Публично обсуждалась необходимость создания «Кабинета общественного доверия», то есть такого органа власти, члены которого назначались бы лично царем, но который являлся бы фактически отдельным министерством, работающим в русле одобряемых русским обществом идей. Однако идея министерского кабинета, несущего ответственность перед Думой, вызывала сомнения; так же считали и некоторые правительственные деятели, включая Сазонова. В самые страшные весенне-летние месяцы войны с редкой для министра прямотой Сазонов призывал к изменениям в правительстве, отвечавшим общественным ожиданиям. Но, несмотря на назначение в начале весны нескольких популярных в народе министров, царь явно не собирался идти на поводу у общественности. К концу лета его позиция начнет смещаться вправо.

Сазонов был убежден, что общественность теперь должна иметь голос в государственных делах, и с куда большим вниманием относился к выступлениям в Думе и статьям в прессе, затрагивающим вопрос овладения проливами и Константинополем. Лишь такая награда способна была оправдать принесенные жертвы. Сазонов был донельзя разочарован положением дел в русском правительстве. Подобно многим другим представителям как гражданской, так и военной власти, он был теперь предан уже скорее государству, чем царю, и образованное общество, по крайней мере по его разумению, было частью этого государства, к которой следовало бы отнестись со вниманием. Лучшим же способом наладить с ней взаимодействие было всеми силами добиваться этого главного приза — проливов.

Подобная смена взглядов министра была замечена не сразу: в течение нескольких недель, последовавших за вступлением Турции в войну, русские мало распространялись о судьбе проливов. В беседе с Палеологом 5 ноября Сазонов просто заметил французскому послу, что Россия заставит Турцию заплатить за агрессию, что подразумевало «твердые гарантии» — в пока еще неопределенном объеме — в проливах. О поглощении турецкой столицы сказано не было: «...что до Константинополя, я лично не желаю выдворения турок»[2]. Но если Сазонов, со слов Палеолога, подразумевал, что кто-то другой *действительно* желал бы очистить Константинополь от турецкого влияния, то публично в правительстве тогда никто о подобной политике не заговаривал.

Впрочем, в частном порядке русские политики, конечно, рассуждали о превращении как проливов, так и Константинополя в часть Российской империи. Так, в памятной записке от ноября 1914 года за авторством Н. А. Базили, видного дипломата и близкого товарища Сазонова, подробно рассматривалось включение аннексии проливов в русские стратегические позиции, хотя Базили не желал, впрочем, «затрагивать вопрос о Константинополе»[3]. Документ явился продолжением его довоенных наработок[4] и рассматривал всю область проливов в контексте текущей войны. Базили заключал, что России следует не только захватить Босфор и несколько небольших островов в Мраморном море — подобная стратегия виделась ему разве что минимально приемлемой, отвечающей задаче «пассивной» обороны, — но при идеальном раскладе овладеть и Дарданеллами, и Босфором, и Мраморным морем, а также всеми укреплениями по обоим берегам Босфора и на европейской стороне Дарданелл. Также надлежит получить контроль над островами Имбросом и Тенедосом в непосредственной близости от входа в Дарданеллы и, возможно, Лемносом и Самофракией, расположенным далее к Эгейскому морю. Кроме того, Базили настаивает на приобретении всей Фракии до линии Энос — Мидия, желательно включая и Адрианополь, и по меньшей мере северного побережья Мра-

---

[2] MAE. Guerre 1914–1918. Turquie 848, 98. Paléologue — Delcassé, 5 November 1914, tel. 837.

[3] «О целях наших на Проливах»: памятная записка вице-директора канцелярии российского Министерства иностранных дел Н. А. Базили // КП. 1. № 2.

[4] См. об этом в главах третьей и четвертой.

морного моря, в случае если не удастся захватить оба. Овладев означенной территорией, Россия гарантирует свои экономические и стратегические потребности в регионе — то есть защитит важнейший торговый путь, обеспечивающий при этом возможность переброски военно-морских сил из Черного моря в Средиземное и далее. Идею нейтрализации проливов Базили отвергал ввиду легкости, с которой прочие державы могли нарушить подобное соглашение. «Пример Бельгии, — говорит он, имея в виду вероломное поведение Германии, — налицо, чего стоит нейтралитет без санкции силы». Что же до Константинополя, то Базили дает лишь общие очертания: город следует захватить, но в «полном [его] подчинении <...> в административном отношении» необходимости нет, разве только в случае военной угрозы.

> Предоставление городу Константинополю самоуправления уменьшило бы трения, неизбежно связанные с подчинением непосредственному влиянию нашему такого крупного центра, в котором сосредоточиваются столько финансовых, национальных, религиозных и других интересов[5].

Записка Базили свидетельствует о понимании сопутствующих русским планам политических опасностей. Создание специального режима в Константинополе снизило бы французское и британское противодействие русским устремлениям, уменьшая вероятность и дальнейших трений меж державами.

Пока Россия выжидала момента, чтобы заявить о своих требованиях, британское правительство первым предложило всерьез пересмотреть статус-кво в проливах. 9 ноября сэр Эдуард Грей заметил российскому послу Бенкендорфу, что «судьба проливов и Константинополя не может быть решена на этот раз иначе, как сообразно с выгодами [России]»[6]. А еще спустя несколько дней король Георг V пошел дальше, «неожиданно» объявив послу: «...что касается Константинополя, то ясно, что он

---

5 Записка «О целях наших...», §11 // КП. 1. № 2.
6 Бенкендорф — Сазонову, 9 ноября 1914 года, тел. 649 // МО. 3.6.2. № 484.

должен быть вашим». Бенкендорф истолковал сказанное в качестве указания на то, что британское правительство изучило вопрос и теперь выразило по нему свою официальную позицию. Он полагал, что в противном случае король не стал бы выражаться столь определенно[7]. Российское правительство обратилось к вопросу о целях войны в свете участия в ней турок лишь 15 ноября, когда председатель Совета министров И. Л. Горемыкин заявил французскому послу, что, помимо задач, указанных в сентябре Сазоновым, Россия будет настаивать на интернационализации Константинополя, а значит, фактически и прекращении турецкого правления[8]. Данная точка зрения совпадала с довоенным мнением Сазонова относительно судьбы османской столицы; вместе с тем неясно, был ли глава правительства осведомлен о новом внешнеполитическом курсе, прорабатывавшемся тогда МИДом.

Сазонов сперва ничего не прибавил к словам Горемыкина, ограничившись просьбой уточнить позицию британского правительства, которую он нашел непоследовательной в части высказанной готовности удовлетворить чаяния России. Адресованная ему Бьюкененом памятная записка от 14 ноября была, как счел Сазонов, «действительно более сдержанна в выражениях» в сравнении с заявлением, сделанным Греем Бенкендорфу. Тогда Сазонов поручил послу просить британского министра поручить Бьюкенену сделать новое сообщение, теперь уже учитывающее ясные слова самого Грея[9]. И чтобы удостовериться, что британский посол пойдет навстречу и новое сообщение будет сделано, Сазонов в самых благожелательных выражениях отвечал на запрос Грея от 18 ноября касательно отношения России к возможному установлению Британией протектората над Египтом, до сих

---

[7] Бенкендорф — Сазонову, 13 ноября 1914 года, тел. 663 // МО. 3.6.2. № 506.

[8] Paléologue — Delcassé, 15 November 1914, tel. 919 // DDF (1999). 1. № 535; МО. 3.6.2. № 518.

[9] Памятная записка Английского посольства в Петрограде — Сазонову, 14 ноября 1914 года // МО. 3.6.2. № 511; Сазонов — Бенкендорфу, 16 ноября 1914 года, тел. 3802 // МО. 3.6.2. № 523.

пор формально являвшимся владением Османской империи. Сазонов всецело одобрил такое решение, прибавив Бьюкенену, что «теперь, ввиду последовавшего со стороны Англии согласия на разрешение вопроса о Проливах и Константинополе, [Россия] с особенным удовольствием [согласится] на предположенное присоединение Англией Египта»[10]. Усилия Сазонова были должным образом вознаграждены: в течение недели он получил подтверждение позиции Грея по турецкому вопросу[11].

Сам император Николай II стал следующим, кто прояснил новый взгляд своего правительства на вопрос о проливах и Константинополе, высказавшись об их судьбе 21 ноября во время обсуждения целей войны с Палеологом[12]. Николай начал с заверения посла в том, что первейшей задачей России остается «уничтожение германского милитаризма», заявив затем, что заранее одобряет те условия мира, которые Франция и Великобритания сочтут отве-

---

[10] Памятная записка Английского посольства в Петрограде — Сазонову, 18 ноября 1914 года // МО. 3.6.2. № 533; Бьюкенен — Грею, 18 ноября 1914 года, тел. 661 // МО. 3.6.2. № 535; Сазонов — Бенкендорфу, 18 ноября 1914 года, тел. 3861 // МО. 3.6.2. № 534.

[11] Эттер — Сазонову, 19 ноября 1914 года, тел. 680 // МО. 3.6.2. № 538; Поденная запись министра иностранных дел, 23 ноября 1914 года // МО. 3.6.2. № 552. Также Эттер уточнил Сазонову [в той же тел. 680], что «английское правительство намерено <...> ограничиться протекторатом Египта», а не его аннексией. В. А. Емец в своих «Очерках» упускает из внимания подобные тонкости британской дипломатии [Емец 1977: 118–119].

[12] Емец выдвигает правдоподобное предположение, что беседа Николая II с Палеологом состоялась вследствие получения царем памятной записки от имени группы министров, автором которой был министр юстиции И. Г. Щегловитов. Министры призывали царя добиться от Франции и Великобритании более конкретных обязательств перед Россией в отношении проливов. Вместе с тем Емец делает вывод, что записка была составлена и передана царю до его встречи с французским послом 21 ноября. Однако барон фон Таубе указывает лишь на то, что к концу ноября «записка была составлена, подписана несколькими министрами [и] представлена председателем Совета Государю» [препроводившему ее Верховному главнокомандующему, так и не осуществившему данных рекомендаций] и к беседе с Палеологом никакого отношения не имела. Записка еще не опубликована, также мне не довелось изучить ее в архивном первоисточнике, таким образом ее датировку пока нельзя принимать как безусловно верную. См. [Емец 1977: 119; Таубе 2007: 184].

чающими их собственным интересам. На что Палеолог в свою очередь выразил положительную уверенность в том, что и Франция также удовлетворит пожелания России. Затем, обрисовав картину в целом, Николай обратился к более детальному описанию образа грядущего переустройства Европы, каковой, впрочем, как он предупредил посла, являлся отражением его сугубо личного, порой изменчивого мнения, но пока не официальным объявлением российских пожеланий, ибо на предмет последних ему еще предстоит переговорить со своими министрами и генералами. Николай считал, что турок следует выдворить из Европы, чтобы линия Энос — Мидия отныне служила границей между Болгарией и Россией; София возьмет себе земли на западе, в то время как Россия займет Восточную Фракию, исключая Константинополь, который «должен превратиться в нейтрализованный город, под международным управлением». Тогда проливы и Мраморное море станут новой западной границей турецких владений. Что же до самих проливов, Николай лишь указал на необходимость обеспечить свободный проход русских кораблей. В общем и целом высказанные мнения соотносились с положениями, которых Сазонов держался на протяжении предшествовавшего Первой мировой войне года, так что спустя несколько дней министр вполне подтвердил сделанные царем заявления[13].

Подобное, с виду сравнительно спокойное, отношение резко контрастировало с деятельностью, кипевшей внутри российского правительства, и в особенности в Министерстве иностранных дел. С точки зрения подавляющего большинства в русском обществе, вступление Турции в общеевропейский конфликт меняло абсолютно все. Сазонов чувствовал: наконец настало время разрешить вопрос о проливах — сейчас или уже никогда. И если союзники России не согласятся удовлетворить ее желания, то за что тогда сражаться, становилось вовсе неясно [Михайловский 1993, 1: 87]. Начальнику Юридического департамента МИДа барону Нольде было поручено подготовить проект предложения по урегулированию вопроса о Константинополе и проливах.

---

[13] MAE. Pa-ap. Paléologue. 1, 157. Paléologue — Delcassé, 23 November 1914, tel. 969.

Нольде подготовил два варианта: с максимальными и с минимальными требованиями. Максимальный вариант предусматривал полный российский контроль и обладание Константинополем, обеими сторонами Босфора, Мраморным морем и Дарданеллами с сохранением запрета на проход иностранных военных судов в силе. Минимальный же включал лишь военный контроль над Босфором и размещение достаточных военных сил на берегах обоих проливов для обеспечения этого контроля. Константинополь предлагалось номинально оставить турецким с установлением международного режима и вводом полицейских сил второстепенной европейской державы, а все долговременные фортификации на берегах проливов уничтожить. Сазонов всецело одобрил первый вариант, решительно отвергнув второй как неподобающий в свете огромного количества жертв мировой войны. «Скромный» проект вызвал в министре такое раздражение, что Нольде даже на некоторое время впал в немилость [Михайловский 1993, 1: 86–87].

Современники порой «посмеивались» над такой «наивностью» Сазонова, оптимистично убежденного — как выразился один мемуарист, — что «в эту войну» ему удастся добиться для России всего, чего она столь страстно и безуспешно чаяла «в течение ее тысячелетней истории» [Михайловский 1993, 1: 87]. Если в поддержке Франции большинство министерских дипломатов не сомневалось, то в традиционном противодействии англичан российскому утверждению в проливах они видели препятствие весьма серьезное. Но дело в том, что они лишь понаслышке знали о важнейших сдвигах в отношениях держав. Влиятельнейшие фигуры британского политикума пришли к выводу, что большого смысла стоять на пути у России в проливах нет: к примеру, еще за два десятилетия до войны в Британском адмиралтействе было определено, что проливы более не являются стратегически важным звеном в обороне Британской империи [Steiner, Neilson 2003: 87]. Конечно, многие опасались вручать столь грозную военно-морскую базу в руки Петрограда, но правительство заверило, что в случае необходимости Королевский флот сможет эффективно блокировать проливы. Куда более того британское правительство опасалось, что излишне упорное сопротивление ее пожеланиям вынудит Россию в итоге заключить сепаратный мир с Центральными державами, невзирая на все сентябрьские обязательства. А раз проливы теперь не представляли стратегической ценности, их вполне можно было употребить в качестве приза, за который Россия готова была бы и дальше воевать. Помимо всего прочего, значение нефти для флота постоянно возрастало, и в британском правительстве все чаще рассматривали передачу проливов России как способ укрепить британские позиции в Персидском заливе. Подобный негласный обмен служил бы к обоюдной выгоде: Россия прирастала территориями, которые полагала жизненно важными для себя, взамен не чиня препятствий Британии в Персии[14].

Французы же были настроены менее оптимистично. В угоду собственным финансово-экономическим интересам Париж неоднократно пренебрегал, как считали в России, своими прямыми обязанностями союзника, не оказывая партнерам должной политической поддержки. Вот и теперь французы были всерьез обеспокоены судьбой своих турецких вложений, опасаясь, что контроль России над проливами помешает им в будущем вновь занять лидирующие позиции. Не менее того волновал их и будущий стратегический расклад в свете усиления военного потенциала России: ведь если русские получали возможность по произволению направлять военные корабли в Средиземное море, они могли составить Франции серьезную конкуренцию за влияние в Восточном Средиземноморье, где та имела важные интересы в Сирии и Палестине. Французские власти были прекрасно осведомлены о военной силе новых русских дредноутов и через морских атташе располагали копиями планов развития российского флота на несколько десятилетий. Президент Третьей республики Пуанкаре писал Палеологу, что

> обладание Константинополем и его окрестностями даровало бы России отнюдь не только известного рода привилегию в разделе османского наследства. Через Средиземное море

---

[14] См. в особ. [Miller 1997].

она влилась бы в концерт западных народов, благодаря чему, выйдя в мировой океан, становилась поистине великой морской державой. Из чего следует, что европейское равновесие будет нарушено непоправимо. Подобное приращение и усиление стало бы для нас приемлемым разве только в том случае, когда мы также получили бы сопоставимые выгоды в результате войны. Итак, все связано неразрывно: согласиться с русскими желаниями мы можем лишь в той мере, в которой удовлетворены наши[15].

Былой энтузиазм французов в отношении усиления русского флота угасал. Как только будет сокрушена германская угроза, у России найдется мало причин сохранять союзные отношения с Францией, а это означало, что русская военно-морская экспансия будет теперь не на пользу французским интересам. Однако в декабре 1914 года подобные треволнения были относительно малоизвестны российскому правительству.

Тем временем капитан Немитц, офицер Морского генштаба, ответственный за черноморское направление и связи с МИДом, подготовил еще одну секретную записку, в которой аргументировал необходимость для России овладения не только проливами, но и Константинополем[16]. Как и в случае с запиской Базили, Немитц также развивал идеи, высказанные им еще летом 1913 года[17]. Он указывает на решающее экономическое и стратегическое значение проливов, а также на политическую и национально-укрепляющую роль утверждения России в Константинополе, подчеркивая:

...России всегда было ясно действительно *жизненное* для ее империи значение ее политического положения на Балканском полуострове и в проливах, ведущих от «Царьграда» на восток и на запад. Для ее лучших государственных людей

[15] Poincaré — Paléologue, 9 March 1915, ltr. // DDF (2002). 1. № 320.

[16] Памятная записка начальника Черноморской оперативной части Морского генерального штаба кап. 2-го ранга А. В. Немитца. Предварительные соображения Константинопольской операции, 14 декабря 1914 года // КП. 1. № 3.

[17] См. об этом в главе пятой.

никогда не подлежало сомнению, что турки рано или поздно будут с этой «мировой» позиции согнаны, и их место
должна занять власть новой великой восточной империи —
государственная власть нашего отечества. Только став
прочной ногой на Босфоре и Дарданеллах, Россия действительно сможет выполнить свое историческое призвание,
которое заключается в государственном объединении,
внутреннем умиротворении и в даровании «европейской»
культуры народам всей Восточной Европы и большей части
Азии[18].

Вдохновляясь примером Византийской империи, Немитц
призвал захватить проливы и Константинополь, как только
Центральные державы окажутся на грани разгрома, готовиться
к чему следовало начинать уже сейчас. Он считал, что после
овладения регионом необходимо будет устроить фортификации
по обеим сторонам Босфора, а на Дарданеллах — лишь на европейской, поскольку укрепление азиатской стороны вышло бы
чересчур дорогостоящим, а над самим проливом в любом случае
господствует противоположный берег. Он полагал, что Россия
не нуждается в обширных приобретениях во Фракии, но лишь
в территории, достаточной для ведения должной обороны.
Большую часть Фракии смело можно было бы передать Болгарии,
а азиатскую сторону Дарданелл — Турции, добиваясь, таким
образом, расположения болгар и сводя к минимуму противодействие союзников российской экспансии. Что до Константинополя, его Немитц включает в состав Российской империи, но
с особым статусом и под управлением наместника или «консула
[с громадными полномочиями] <...>, а не просто губернатора».
Подобное, «более тонкое», отношение диктуется самим статусом
«мирового» города, где переплелись интересы многих и многих
народов и религий и «который все равно никогда и ни при каких
условиях не станет городом какой-либо одной национальности»[19].
Он полагал, что России достаточно утвердить над территорией

---

[18] Памятная записка... С. 182. Выделено в оригинале.
[19] Там же. С. 191, 195.

свой военный контроль, под сенью которого будет «*вольный*
и нейтральный город, с самоуправляющеюся городскою общи-
ной, организацию которой [можно] предоставить установить
европе[йским державам-победителям]»[20]. Записка Немитца
подкрепляла желание Сазонова включить Константинополь
в состав Российской империи, предлагая целый ряд различных
вариантов управления городом, а также распределения бывших
европейских земель Турции сообразно ожидаемой послевоенной
дипломатической обстановке.

Вместе с тем о смене взглядов Сазонова на проливы и Константинополь российский МИД впервые дал знать лишь в конце декабря, когда 21 декабря министр сообщил Янушкевичу:

> ...с точки зрения общегосударственных интересов и огром-
> ных жертв, которые мы несем в настоящей европейской
> войне, я полагаю, что таковая никоим образом не должна
> закончиться без овладения Россией обоими проливами, т. е.
> без обеспечения ей верного, свободного выхода к Среди-
> земному морю[21].

Замечая далее, что «турки добровольно не согласятся уйти из
Константинополя», Сазонов просил сообщить ему, «к каким
военным операциям решено прибегнуть для фактического про-
никновения к проливам и захвата их вместе с прилегающей областью»[22]. Здесь с очевидностью подразумевалось дальнейшее
овладение турецкой столицей. Если прежде Сазонов говорил
разве что о размещении вооруженных сил в Константинополе,
чтобы иметь влияние на разрешение его дальнейшей судьбы, как
было во время Балканских войн, то нынешние его намерения
простирались куда дальше. И хотя письмо начальнику штаба
Верховного главнокомандующего прямо того и не отражает,
приведенные выше аргументы вполне подтверждают такой вывод.

---

[20] Там же. С. 195. Выделено в оригинале.
[21] Сазонов — Янушкевичу, 21 декабря 1914 года, псм. 863 // МО. 3.6.2. № 675.
[22] Там же.

Тем не менее военное командование в Ставке отказалось отвлечь силы от основных операций против немецкой и австро-венгерской армий. В письме от 25 декабря Янушкевич отвечал: «...вопрос о выделении особых сил для овладения проливами не может быть поднят ранее достижения нами решительного успеха над нашими западными противниками», заранее предупреждая, что подобная операция обещает быть весьма непростой[23]. В конце декабря вице-директор Дипломатической канцелярии при Ставке «имел несколько бесед» с ее генерал-квартирмейстером Ю. Н. Даниловым, в ходе которых генерал пояснял препятствия, встававшие на пути русской операции в проливах, как то: отмобилизованная турецкая армия, затрудненные коммуникации и недостаточность транспорта, а также невозможность, сражаясь с Центральными державами, выделить от восьми до десяти корпусов, необходимых, по мнению генерала, для десантной операции против турок. Как замечает Базили, он также беседовал и с Немитцем, который, как видно, «вполне присоедин[ился] ко всем вышеуказанным мыслям»[24].

Сазонов подобными ответами не удовлетворился, возможно все еще питая распространенные довоенные надежды, что конфликт будет недолгим. Он вновь запросил Янушкевича о предоставлении ему более конкретной информации о том, смогут ли армия и флот провести операцию в проливах, поскольку МИД может заранее подготовить дипломатическую почву с прочими черноморскими государствами. Если же их содействие в обозримом будущем не потребуется, то ему бы не хотелось преждевременно поднимать этот вопрос в общении с ними[25]. Великий князь Николай Николаевич, Верховный главнокомандующий русскими войсками, отвечал, что с определенностью сказать что-либо не представляется возможным, ибо слишком многое пока остается неясным как в военном, так и в политическом отношении. Однако ему было ясно одно: «ни под каким видом» Россия не сумеет

---

[23] Янушкевич — Сазонову, 25 декабря 1914 года, псм. 1064 // КП. 2. № 2.

[24] Базили — Сазонову, 28 декабря 1914 года, псм. // МО. 3.6.2. № 705.

[25] Сазонов — Янушкевичу, 29 декабря 1914 года, псм. 902 // КП. 2. № 5.

захватить проливы в одиночку. Он почитал за лучшее, чтобы дальнейшие переговоры с союзниками по проливам и Константинополю носили чисто военный характер, а политика до поры была оставлена в стороне[26]. Но и эта попытка прекратить неустанные запросы Сазонова об отвлечении каких-то сил для экспедиции на Босфор успехом не увенчалась: как мы увидим далее, противодействие военных властей лишь подстегнуло настойчивость министра [Емец 1977: 126][27].

Развитие и последствия Дарданелльской операции

Настроение в Ставке царило подавленное: русская армия терпела поражения и несла потери[28]. Командование было столь обеспокоено складывающейся ситуацией на Западном и Кавказском фронтах, что Николай Николаевич решился обратиться за помощью к союзникам. 30 декабря он попросил британское правительство организовать диверсию в Османской империи, что ослабило бы давление на русские силы на Кавказе. Определение характера операции он оставил на усмотрение союзников, заверив, что «если [они] считают, <...> что в интересах общего дела безопасно оставить турок использовать свою победу на Кавказе, то пусть не предпринимают ничего» — Россия как-то разберется сама[29]. Никакой конкретной операции главнокоман-

---

[26] Памятная записка директора Дипломатической канцелярии при штабе Верховного главнокомандующего кн. Н. А. Кудашева. 31 декабря 1914 года // КП. 2. № 6.

[27] В своих воспоминаниях Сазонов заявляет, что «с Генеральным штабом о стратегии не спорят» [Сазонов 1927, гл. 10], однако сама его настойчивость уже опровергает данное положение. В целом же проблема проливов во время войны раскрыта им в мемуарах весьма и весьма неполно.

[28] Базили — Сазонову, 27 декабря 1914 года, псм. // КП. 2. № 3. См. также [Stone 1975]; о проблемах с поставками на фронте см. [Jones 1988].

[29] Памятная записка директора Дипломатической канцелярии при штабе Верховного главнокомандующего кн. Н. А. Кудашева российскому министру иностранных дел С. Д. Сазонову, 31 декабря 1914 года // КП. 2. № 11; [Hanbury-Williams 1922: 23–24].

дующий не предлагал, равно как никоим образом не пытался привлечь внимание союзников к проливам.

Британия к тому времени и сама уже изучала возможности альтернативных ударов по Центральным державам, чтобы частично ослабить давление на своем, Западном фронте. Секретарь Комитета обороны империи Морис Хэнки предложил операцию в Дарданеллах, рассчитывая проникнуть в Мраморное море, принудить турок сложить оружие и возобновить судоходство по важнейшему водному пути. Первый лорд Адмиралтейства Уинстон Черчилль сам подумывал о нападении на Балтийское побережье Германии, но предложенный Хэнки план произвел на него впечатление, и Черчилль сделался его крупнейшим апологетом. Наиболее всего англичан тогда интересовал экономический фактор: закрытые проливы означали, что русское зерно невозможно поставить ни Великобритании, ни Франции, а цены уже начали резкий подъем по причине сокращения поставок. Ко времени получения русского сообщения британское правительство уже прорабатывало возможные действия против турок, но еще не знало, как следует известить русских о своем намерении. Так что обращение великого князя пришлось кстати, предлагая, как выразился по этому поводу сэр Эдуард Грей, «шпильку, при помощи которой мы и повесим наше сообщение»[30].

Как только британский Кабинет принял решение одобрить операцию в Дарданеллах, Черчилль известил русских: из полученной 20 января записки следовало, что в ответ на запрос великого князя Николая Николаевича британское правительство предпримет в конце февраля не просто военную демонстрацию, но полноценную операцию с вторжением в Дарданеллы и по возможности «уничтожени[ем] турецко-германского флота, в случае если атакующий флот достигнет Мраморного моря». Черчилль выразил надежду, что вслед за разрушением внешних фортов на Дарданеллах Черноморский флот «окажет мощное

[30] Churchill — Grey, 16 January 1915, ltr. [помета Грея] в [Gilbert 1973: 423]; также см. [Miller 1997: 347–415]. Дальнейший разбор британских соображений по Дарданелльской операции основан на реконструкции Миллера.

содействие» наступлению союзников, развернув морскую операцию у устья Босфора, при этом «имея наготове войска, чтобы использовать всякий достигнутый успех»[31].

Сазонов отреагировал без особого восторга, вспоминая впоследствии, что известие произвело на него «неприятное впечатление» [Сазонов 1927: 314]. На другой день в письме представителю своего министерства при Ставке князю Кудашеву Сазонов подчеркивал «рискованность задуманного предприятия и опасные последствия возможного его неуспеха» и, выражая искренние опасения, просил великого князя «тщательно взвесить», сможет ли сейчас Россия «сыграть в занятии проливов подобающую [ей] роль», если операция союзников возымеет успех, — а если нет, он полагал, что, пожалуй, лучше было бы отложить операцию против Дарданелл, указывая на изменившееся в пользу России положение на Кавказе[32]. По сути, беспокоила его не военная ситуация на Кавказе, а само участие России в захвате проливов, а точнее, желание не допустить, чтобы союзники осуществили все своими силами. Невзирая на неоднократно получаемые им доклады, что Россия не в состоянии отрядить силы для высадки в Турции и что до готовности нового черноморского дредноута еще несколько месяцев, он упорно стоял на том, что русское военное командование и царь должны действовать параллельно союзным мероприятиям, чтобы британцы с французами не преуспели в проливах самостоятельно. Как мы уже видели, Сазонов неоднократно пытался обеспечить присутствие некоторого российского контингента в районе проливов и Константинополя, на случай если смена режима окажется неминуемой. Теперь же вероятность подобного развития событий представлялась как никогда высокой, и он тем более переживал, как бы роль России не отошла на второй план. Подобная, граничащая с паникой, реакция министра на возможный успех

---

[31] Памятная записка великобританского посольства в Петрограде российскому министру иностранных дел С. Д. Сазонову. 20 января 1915 года // МО. 3.7.1. № 43.

[32] Сазонов — Кудашеву, 21 января 1914 года, псм. 12 // КП. 2. № 13.

в проливах англо-французских сил без участия русских лишний раз иллюстрирует степень его недоверия к своим союзникам. Совершенно очевидно, уверенности в том, что желания России будут удовлетворены, даже если на месте действия не окажется ее военных сил в подкрепление усилиям дипломатическим, у него было немного.

Великий князь Николай Николаевич выразил несогласие с мнением Сазонова в отношении необходимости подготовки отряда для отправки на Босфор и отказал в переводе каких-либо сил с западного театра. Он вновь заявил министру иностранных дел и главе правительства, что начать военные действия в проливах Россия сможет лишь после того, как будет одержана победа в главной битве — против Германии. Черноморский флот мог бы оказать содействие союзной операции лишь в мае, «усиленный новыми единицами», но никак не ранее того. Николай Николаевич не слишком верил в шансы союзников на успех, но независимо от того, дойдут ли они до Константинополя, он считал, что операция сможет отвлечь турецкие силы, а значит, в любом случае улучшит ситуацию на Кавказском фронте. Ввиду означенных причин он был категорически против любых попыток отговорить англичан от намеченной операции безотносительно участия в ней российских войск[33].

Сазонов же по-прежнему страшился как успеха союзников, так и их неудачи. Узнав 12 февраля от Бьюкенена, что операция начнется в течение недели, он выразил опасение, что поражение может весьма пагубно отразиться на Тройственной Антанте и повлиять на положение нейтральных государств. Слова министра Бьюкенен понял в том смысле, что Россия все так же желает лишь овладеть обеими сторонами Босфора и нейтрализовать Константинополь[34]. Однако уже спустя два дня Сазонов писал послам в Лондоне и Париже, что он прямо указал Бьюкенену, что в согласии с требованиями русской общественности ему все же

---

[33] Кудашев — Сазонову, 25 января 1915 года, псм. // МО. 3.7.1. № 79; Вел. кн. Николай Николаевич — Горемыкину, рескрипт 1468 // Там же. № 196.

[34] Buchanan — Grey, 12 February 1915, tel. 168 // FO. 438. 5. № 290.

придется пойти «далее [его] первоначальных предположений» в разрешении вопроса о проливах[35].

По всей стране — в высоких гостиных и на базарных площадях — все обсуждали, как можно было бы овладеть проливами. Оба посла отмечали, что все народное внимание приковано лишь к одному этому вопросу, в то время как все прочие цели текущей войны все более отходили на задний план. Выступая 9 февраля в Думе, и Сазонов, и глава правительства Горемыкин сделали общие заявления в отношении ожидаемых перемен в проливах в пользу России. В своей пламенной речи Сазонов говорил депутатам о том, что события нынешней войны не только увенчают русское оружие победными лаврами, но приблизят минуту разрешения экономических и политических задач, связанных с выходом России к свободному морю[36]. Речь министра была встречена бурными овациями, то и дело слышались восклицания «Браво!», еще более укрепившие Сазонова в мысли, что русский народ всем своим чувством желает приобретения проливов. В прошлом году, во время Балканских войн, он ссылался на общественное негодование, пытаясь добиться большего сотрудничества со стороны европейских держав, в то же время лично не придавая этому особого значения. Теперь же он испытывал к этим внутренним силам все большее уважение. Спустя полгода с начала Мировой войны истинные ее масштабы заставили его пересмотреть свое мнение по ряду вопросов[37]. Яркий пример такой перемены — реакция министра на проект Нольде, пред-

---

[35] Сазонов — Извольскому и Бенкендорфу, тел. 592 // МО. 3.7.1. № 192.

[36] Речь Сазонова в Гос. Думе 9 февраля 1915 года; см. Стенографические отчеты Гос. Думы 4 соз. сесс. 3, засед 1, 27 января 1915 года [по ст. ст.] // МО. 3.7.2. С. 254, прим. 4; [Палеолог 1991: 158]; BDFA. 1.H. № 481.

[37] Сазонов был не единственным, кто разглядел в этой войне громадную пропасть, разделившую прошлое и будущее. Генерал М. А. Алексеев, ставший начальником штаба Николая II, когда позднее в том же году царь принял командование армией, в апреле 1916 года говорил, что в российском правительстве «так мало людей, сознающих, что пропасть отделяет бывшее до войны от будущего после нее». См. АВПРИ. Ф. 138. Оп. 467. Д. 361/363. Л. 25–28. Базили — Сазонову, 24 апреля 1916 года, псм.

писывающий России быть «скромной» в своих требованиях. Сазонов не сомневался: время оставаться умеренными кануло безвозвратно, а потому проливами надлежало овладеть сейчас или уже никогда. Также он полагал, что необходимы перемены и в отношениях между Думой и правительством. В конце зимы 1915 года он призывал сделать Совет министров подотчетным не царю, но Государственной думе, а следующим летом ввиду все новых потерь на фронтах и неразберихи внутри страны высказывался в пользу еще большего расширения полномочий парламента. Словом, в его нынешнем ответе Бьюкенену об общественном мнении правды было на порядок больше, чем в прежние годы.

Вскоре после того, как британские корабли начали бомбардировать Дарданеллы, Сазонов запросил военное командование сообщить ему обновленные инструкции в отношении конкретных требований России к союзникам. Запрос встретил в Ставке «категорический отпор», и Сазонов обратился к генерал-адъютанту А. Н. Куропаткину, главнокомандующему русскими войсками во время Русско-японской войны, в нынешней до сих пор участия не принимавшему [Емец 1977: 134]. И 21 февраля генерал посетил Певческий мост, где состоялось частное совещание ближайших соратников Сазонова по МИДу, посвященное обсуждению того, чего же в идеале Россия желает достичь в проливах и окрестных землях. Куропаткин представил план, схожий с осенним проектом Базили, но большего размаха: России следовало занять оба берега на Босфоре и земли от линии Энос — Мидия на западе до рек и иных рукотворных и естественных границ в Малой Азии, удаленных по меньшей мере на 200 километров от проливов и побережья Мраморного моря. Судьба Константинополя вызвала жаркие дебаты. Генерал считал, что столицу вполне можно не включать в состав Российской империи, оставив вольным городом со свободным морским портом для транзитных перевозок; ему возражал бывший посланник в Константинополе М. Н. Гирс, указывавший, что нейтрализация города сделает невозможным обеспечение его самоуправления в согласии с интересами России.

Конкретные временные рамки возможных военных операций присутствующие не обсуждали[38].

С началом нападения союзников на Дарданеллы Николай II решил, что соответствующим ведомствам надлежит согласовать проводимые ими мероприятия по подготовке к действиям России в проливах, и 22 февраля было проведено два важных межведомственных совещания. На собеседовании в Ставке представители МИДа, Военного и Морского ведомств выработали очередной, относительно пессимистичный доклад. Документ предусматривал участие российского флота исключительно у берегов Босфора, поскольку серьезных военных сил для дальнейшего развертывания выделено не было. Все опасались, что Константинополь окажется «под выстрелами трех [союзных] эскадр, но завладеть им» так никто и не сумеет. Тогда Тройственной Антанте пришлось бы пойти на мир с Османской империей без выдворения турок из столицы. Подобный исход значительно осложнял решение вопроса о проливах в пользу России, поэтому, следовал вывод, правительство должно начинать «постепенно» готовить общественность к разочарованию[39].

Вместе с тем в тот же день в Петрограде прошло еще одно совещание, в котором участвовали председатель Совета министров, министры военный, морской и иностранных дел, а также некоторые их ближайшие подчиненные. Среди прочего был поднят и вопрос о конкретном моменте для завладения проливами, в случае если союзники этого не осуществят. Горемыкин, в целом следуя полученному им 14 февраля от Николая Николаевича рескрипту, настаивал на том, что любая операция в проливах возможна лишь после мира с Германией. Сазонов же, вдохновившись, по-видимому, запиской Немитца, возражал, что наилучшее время для операции — непосредственно после разгрома Германии, но до самого подписания мира. Россия бы тогда сохраняла бо́льшую свободу действий в защиту своих интересов, если со-

[38] Записка, составленная в Министерстве иностранных дел, 21 февраля 1915 года // МО. 3.7.1. № 232.

[39] Кудашев — Сазонову, 23 февраля 1914, псм. 334 // МО. 3.7.1. № 245.

юзники вдруг окажутся чересчур несговорчивыми. Когда же перемирие заключено и военные действия прекращены, России будет куда затруднительнее добиться согласия Франции с Великобританией на «самостоятельную русскую операцию» в Черном море [Емец 1977: 135]. Вновь мы видим, что Сазонов был настроен весьма скептически в отношении надежности своих союзников после того, как главный враг будет повержен.

Главной же обсуждавшейся проблемой стал масштаб требований, которые Россия готова была выставить в районе проливов. От лица Морского министерства капитан Немитц представил план, практически идентичный изложенному им в ноябрьской записке и заключавшийся в овладении проливами и относительно узкой зоной по обеим их сторонам, необходимой для ведения обороны. Однако представители армии возразили ему, заявив, что необходимо овладеть гораздо большими территориями, вплоть до линии Энос — Мидия на западе, вторя изложенному накануне в МИДе плану генерала Куропаткина. Сазонов высказался в поддержку предложения военных, и морские офицеры вскоре уступили. Пусть получившаяся таким образом карта и не в точности соответствовала требованиям, которые он в итоге передал французскому и британскому послам, но она легла в их основу, прояснив многие важные моменты [Емец 1977: 135–136]. При обсуждении судьбы Константинополя Сазонов пытался было указать военному министру, требовавшему полного присоединения города к России, на великое множество сосредоточенных там международных интересов, но тот твердо стоял на своем, к нему присоединился и морской, так что Сазонов был вынужден поступиться более, по его мнению, предпочтительным планом нейтрализации Константинополя [Емец 1977: 136].

А 24 февраля Кудашев прислал удивительную весть: Данилов «вдруг нашел возможным» отрядить один из кавказских корпусов на Босфор в случае, если операции союзников в проливах будут иметь определенный успех. Чтобы взять и удержать Константинополь, этого, конечно, было бы мало, но, по словам Кудашева, это все же произведет впечатление как на турок, так и на союзников, повышая влияние России на ход событий и переговоров.

Сам директор Дипломатической канцелярии по-прежнему полагал, что Россия пока не может заполучить контроль над проливами[40].

Сазонов же был настроен диаметрально противоположным образом: замешательство Верховного командования в вопросе отправки корпусов лишь еще более ободрило его, добавив настойчивости требованиям подготовить и перебросить нужные силы — и в особенности теперь, когда шансы на успех союзников видимо возросли. 26 февраля он писал Извольскому и Бенкендорфу, что целью России остается

> исключительно обеспечение для России выхода в свободное море как в мирное, так и в военное время. Недавние примеры попрания Германией актов, обязывавших ее к уважению нейтралитета, а также меры, принимавшиеся Турцией за последние годы в проливах, с громадным ущербом для нашей торговли, служат доказательством, что только прочное основание наше на проливах сможет служить гарантией того, что мы будем в состоянии отразить всякую попытку запереть нас в Черном море[41].

Россия, продолжал министр, не ищет «земельных приращений ради увеличения территории», но нуждается лишь в «минимуме земель», как то: «на европейском берегу» — полностью вся Фракия по линию Энос — Мидия, а в Малой Азии — все восточное побережье, за исключением азиатского берега Дарданелл (то есть практически то же, что осенью предлагал Базили). Спустя еще

---

[40]　Кудашев — Сазонову, 24 февраля 1915 года, псм. // КП. 2. № 31. Емец полагает, что «столь резкая перемена позиции верховного командования, очевидно, была связана с приездом в этот день в Ставку военного министра генерала Сухомлинова, выехавшего из Петрограда сразу после упомянутого выше совещания под председательством Горемыкина» [Емец 1977: 138]. В записке от 27 февраля Данилов вновь обращается к тезису о необходимости выждать с операцией в проливах до окончания военных действий против Германии; большая же часть записки посвящена «основным положениям для подготовки к выполнению десантной операции, имеющей целью овладение проливами» (27 февраля 1915 года // МО. 37.1. № 265).

[41]　Сазонов — Извольскому, 26 февраля 1915 года, тел. 815 // МО. 3.7.1. № 258.

несколько дней Сазонов прибавил, что России необходимы и острова в Мраморном море, а также Имброс и Тенедос, что на выходе из Дарданелл[42]. Константинополь отдельно упомянут не был, но с очевидностью подразумевался среди военных приобретений России.

Стремясь достичь означенных целей, Сазонов вновь принялся давить на военное командование, требуя выделить корпуса для проведения при благоприятной возможности операции в проливах. 28 февраля он запросил Ставку в отношении бригады, назначенной к отправке в Сербию, — нельзя ли направить ее на Босфор. Он настаивал на том, что «необходимо, чтобы при вступлении союзнических войск в Константинополь участвовали и наши войска»[43]. Опасаясь, что Николай Николаевич вновь ответит отказом, Сазонов поспешил также обратиться и к царю, направив ему 1 марта ходатайство о необходимости присутствия русских войск при наступлении на Западную Турцию. «Более скорый прорыв» союзных войск через Дарданеллы, отмечает министр, «побуждает» его срочным образом «всеподданнейше доложить» о возможных последствиях оного, «не выжидая завтрашнего доклада». Части, которые намечено направить в Сербию, были бы, продолжал он, куда более полезны при неминуемо, по всей видимости, грядущей осаде Константинополя. Он подкреплял это мнением союзных послов, выразивших надежду, что русские войска примут деятельное участие в «историческом событии изгнания турок из Царьграда». Если же государю угодно согласиться, заключал министр, он бы «осмелился ходатайствовать о всемилостивейшем сообщении» своей воли главнокомандующему войсками — великому князю Николаю Николаевичу[44].

Впрочем, как оказалось, к царю можно было и не обращаться: в ответ на свою телеграмму 28 февраля Сазонов получил из Ставки известие, что Николай Николаевич распорядился подготовить

---

[42] Сазонов — Бенкендорфу и Извольскому, 2 марта 1915 года, тел. 879 // МО. 3.7.1. № 258, прим 1.

[43] Сазонов — Кудашеву, 28 февраля 1915 года, тел. 861 // МО. 3.7.1. № 268.

[44] Сазонов — Николаю II, 1 марта 1915 года, док. зап. // МО. 3.7.1. № 271.

для операции в проливах силы с Кавказа вместо тех, что предназначались для отправки в Сербию, а также устроить для них надлежащий транспорт[45]. Когда же 2 марта Сазонов явился с докладом к Николаю II, царь всецело согласился с доводами против отправки войск в Сербию, решив вместо этого усилить отряд, формируемый для операции на Босфоре[46]. В своего рода перетягивании каната с военными властями Сазонов наконец одержал верх[47].

Предстоящий успех союзных войск был все очевиднее, причем он мог наступить ранее, чем Россия закончит приготовления к переброске требуемого контингента. Сазонов понимал, что пришло время в известном смысле застолбить новые дипломатические позиции в союзных отношениях, четко определив требования России, до того как все вопросы разрешатся на поле брани. Как сообщил 1 марта Бьюкенен, в беседе с ним и Палеологом Сазонов заявил, что с ноября

> в общественном мнении произошли серьезные перемены, и Россия теперь не сможет удовлетвориться каким бы то ни было решением, каковое не отдавало бы в ее владение Константинополя. Сам же он всегда склонялся в пользу нейтрализации Константинополя, однако подобную идею русское общество не одобрило, а потому он вынужден уступить народному требованию о фактическом овладении городом[48].

Сазонов также напомнил послам об обещаниях, данных осенью королем Георгом V и сэром Эдуардом Греем, заметив при этом, что «настало время высказаться более определенно»[49]. Министр желал бы, чтобы британское и французское правительства «без-

---

[45] Муравьев — Сазонову, 2 марта 1915 года, тел. 92, 94, 96 // КП. 2. № 39–41.

[46] Поденная запись министра иностранных дел, 2 марта 1915 года // МО. 3.7.1. № 280.

[47] Емец ошибочно утверждает, что маневр Сазонова не удался [Емец 1977: 139].

[48] Buchanan — Grey, 1 March 1915, tel. 235 // FO. 438.5. № 384.

[49] MAE. Pa-ap 211. Delcassé 25, 83–84. Paléologue — Delcassé, 1 March 1915, tels. 347–348.

отлагательно прове[ли] в сознание общественных кругов, что все союзники в равной мере способствуют общей цели и что поэтому насущные интересы каждого из них должны найти полное удовлетворение при распределении выгод войны»[50]. Таким образом удалось бы избежать негодования других стран на Россию, якобы незаслуженно награжденную подобными «призами», хотя она не оказала непосредственного содействия в их завоевании.

В подробностях обсудив ситуацию со своими министрами, особенно с Сазоновым, Николай II поддержал его усилия и, встретившись 3 марта в Ставке с Палеологом, еще предметнее высказался об удовлетворении русских интересов. Царь сказал, что мнение его не переменилось со времени их ноябрьской встречи, но что нынешние обстоятельства требуют большей ясности:

> ...вопрос о проливах в высшей степени волнует русское общественное мнение. Это течение с каждым днем все усиливается. Я не признаю за собой права налагать на мой народ ужасные жертвы нынешней войны, не давая ему в награду осуществления его вековой мечты. <...> Город Константинополь и Южная Фракия должны быть присоединены к моей империи[51].

Палеолог заметил, что и Франция имеет в регионе обширные интересы, на что Николай заверил, что они будут защищены. Он также указал, что, принимая во внимание сложное сплетение международных интересов в Константинополе, он вполне готов допустить особый режим управления (что свидетельствует о его согласии с выводами Базили и Немитца). Как видно, царь не менее превратно понимал настроения союзников, чем его министры. Упомянув о ноябрьских обязательствах британского правительства, он выразил надежду, что в случае возникновения между Петроградом и Лондоном «некоторых споров относитель-

---

[50] Сазонов — Бенкендорфу и Извольскому, 2 марта 1915 года, тел. 887 // МО. 3.7.1. № 278.

[51] MAE. Pa-ap 211. Delcassé 25, 93. Paléologue to Delcassé, 4 March 1915, tel. 361; [Палеолог 1991: 168].

но подробностей» Париж поможет «их устранить». В награду же за содействие Николай готов был предоставить Франции полную свободу действий в выправлении ее немецкой границы[52].

Россия требует проливы

В Париже и Лондоне еще толком не успели обдумать полученные из Петрограда известия, когда 4 марта Сазонов в устной и письменной форме изложил требования России, на сей раз даже более обширные, чем описанные Николаем накануне. Утром того дня он был у царя для определения окончательных требований, а после обеда министр уже донес обновленную позицию российского правительства до сведения Бьюкенена и Палеолога. Была составлена совместная памятная записка, которую послы донесли своим правительствам, а Сазонов — Извольскому, Бенкендорфу и царю, тут же начертавшему на ней высочайшее: «Вполне одобряю»[53]. По европейской стороне проливов Россия претендовала на весь берег, включая Босфор, Дарданеллы, побережье Мраморного моря и Константинополь, в то время как по азиатской требовала часть противоположного берега Босфора, отграниченную по линии реки Сакарии и Измитскому заливу. России отходила и вся Фракия до линии Энос — Мидия, а также острова в Мраморном море, Имброс и Тенедос, господствующие над эгейским выходом из Дарданелл. Россия обязалась соблюдать особые интересы Великобритании и Франции во всех этих районах и содействовать их желаниям в остальной части Османской империи[54]. Хотя документ об этом умалчивал, Сазонов ясно дал понять со-

---

[52] MAE. Pa-ap 211. Delcassé 25, 94. Paléologue to Delcassé, 4 March 1915, tel. 367; [Палеолог 1991: 168].

[53] Поденная запись министра иностранных дел, 4 марта 1915 года // МО. 3.7.1. № 301; Сазонов — Николаю II, 4 марта 1915 года, док. зап. // МО. 3.7.1. № 298; MAE. Pa-ap 211. Delcassé 25, 99–100. Paléologue to Delcassé, 4 March 1915, tel. 367; Buchanan — Grey, 4 March 1915, tel. 249 // FO. 438. 5. № 371/2481/25969.

[54] Сазонов — Извольскому и Бенкендорфу, 4 марта 1915 года, тел. 937 // МО. 3.7.1. № 299.

юзным правительствам, что Россия желает обладать полными правами владения на указанные территории, включая и возможность возведения укреплений по собственному произволению.

Реакция союзников была слишком двусмысленной, чтобы Сазонов мог оставаться спокоен. Как МИД узнал из Парижа от Извольского по телеграфу и непосредственно от Палеолога в Петрограде, французское правительство ожидало, что проливы будут демилитаризованы, порядок обеспечен международными патрульными силами, а министр иностранных дел Делькассе считал, что данный вопрос должен быть решен до того, как России будет гарантировано владение Константинополем. Министр также предупредил, что развертывание российских сил на азиатской стороне пролива будет зависеть от раздела остальной части Турции. Сазонов вновь апеллировал к недавним военным событиям и огромным понесенным жертвам, не дозволявшим России требовать меньшего. Невзирая на все заверения Сазонова, что интересы союзников будут твердо гарантированы, Палеолог продолжал спорить об угрозах ненадежности свободного торгового судоходства через проливы и фортификациях по их берегам. Сазонов резко прервал посла и самым серьезным образом заявил ему и присутствовавшему при разговоре Бьюкенену, что если Франция и Великобритания не примут требований России, то он немедленно подаст царю прошение об отставке, чтобы Николай II избрал на его место кого-нибудь, кто сумел бы добиться подобных обещаний. Едва скрытая между строк угроза заключалась в том, что, в отличие от Сазонова, иной министр вполне мог оказаться менее привержен «согласным» военным усилиям, но склонен к сепаратному миру с Центральными державами[55].

---

[55] Поденная запись министра иностранных дел, 5 марта 1915 года // МО. 3.7.1. № 312; HI. Basily MSS. Paléologue to Delcassé, 5 March 1915, tel. 374; Buchanan to Grey, 5 March 1915, tel. 257 // FO. 371. 2481. 26072. Как 7 марта Берти сообщил Грею, Делькассе полагал, что наилучшим решением станет демилитаризация проливов, а поглощение Константинополя вполне может «привести к крушению России». Знай Сазонов о подобных настроениях, он, вероятно, был бы еще более резок с французами (Bertie to Grey, 7 March 1915, ltr. // FO. 800. 177, 146–152).

Англичане также не проявили особого энтузиазма в отношении предложений России, предпочитая отложить их окончательное согласование до тех пор, пока Германия не будет разбита. Своим заявлением от 6 марта Грей постарался сгладить этот момент, отметив, что «не сделал никаких возражений против [сказанного] г. Сазоновым сэру Дж. Бьюкенену». В обращении подчеркивалось, что и Британия понесла немало жертв во время Дарданелльской операции, несмотря на свою незаинтересованность в проливах, вопрос о которых предполагалось разрешить в согласии с пожеланиями России. В любом случае Британия призывала Россию всемерно содействовать союзной операции против Турции[56]. Добавив к этому, что Грей склоняется к нейтрализации района проливов, Бенкендорф вместе с тем несколько укрепил веру Сазонова в конечный успех его требований: Великобритания с Францией и сами имели серьезные разногласия в отношении остальной части Османской империи, и Грей предпочитал до поры отложить подобные вопросы[57].

Несмотря на настойчивые требования Сазонова как можно скорее разрешить поставленный вопрос, французское правительство продолжало затягивать время[58]. 8 марта Палеолог уведомил российское правительство о том, что оно может рассчитывать на поддержку Франции, отметив, впрочем, что этот и многие другие вопросы, касающиеся интересов союзников в Османской империи, будут детально проработаны в окончательном мирном договоре по завершении войны[59]. Также и французский министр иностранных дел настаивал на том, что данный вопрос следует не выносить в отдельное соглашение, но включить в «общее урегулирование последствий войны» — проще говоря, отложить вопрос на неко-

---

[56] Памятная записка английского посольства в Петрограде министру иностранных дел, 6 марта 1915 года // МО. 3.7.1. № 321.

[57] Бенкендорф — Сазонову, 7 марта 1915 года, тел. 159 // МО. 3.7.1. С. 402, прим. 1.

[58] Сазонов — Извольскому, 7 марта 1915 года, тел. 993 // КП. 1. № 60.

[59] Памятная записка французского посольства в Петрограде министру иностранных дел, 8 марта 1915 года // МО. 3.7.1. № 330.

торое время, поскольку французы пока не готовы обсудить общие условия подобного договора[60]. И вместе с тем британский посол во Франции сэр Фрэнсис Берти сообщил Грею 10 марта, что, как ему стало известно, Делькассе настроен уже не столь категорично в отношении русских требований, как то было еще несколько дней назад. Он будто бы примирился с тем, что Россия приобретет не только земли, которые потребовала в ноябре, но и Константинополь, равно как не намерен слишком противиться русским фортификациям в районе проливов. Британский посол с уверенностью заявил, что Извольский угрожал министру, хотя независимые источники этого никоим образом не подтверждают. Делькассе действительно выразил серьезную обеспокоенность тем, что обструкция со стороны Британии и Франции может «вынудить Россию пойти на соглашение с Германией, к чему германский император стремится всеми доступными ему средствами»[61]. Даже более того: 10 марта Извольский сообщил Сазонову, что, как он понимает, Делькассе наконец признает полный контроль России над проливами и Константинополем[62].

Теперь к скорым дальнейшим шагам были готовы и англичане: 10 марта Грей сообщил Бенкендорфу, что британский кабинет активно изучает требования России и в течение недели должен выработать окончательное решение. При этом, как отметил министр, и он и кабинет понимали, что Россия желает безопасности своих интересов в проливах и потому не удовлетворится обладанием лишь одной их стороной. Недельное промедление он объяснил тем, что, в то время как Россия предъявила союзникам полностью проработанный ряд требований, британские пожелания в Османской империи столь же полно пока определены не были, и по ним в настоящий момент ведется оживленное обсуждение[63]. И действительно, в тот же день прошло заседание Во-

---

[60] Извольский — Сазонову, 9 марта 1915 года, тел. 127 // КП. 1. № 69.

[61] Bertie — Grey, 10 March 1915, tel. 87 // FO. 371. 2449. 25014. 28338; Bertie — Grey, 11 March 1915, tel. // FO. 371. 2449. 25014. 28458.

[62] Извольский — Сазонову, 10 марта 1915 года, тел. 129 // МО. 3.7.1. № 343.

[63] Бенкендорф — Сазонову, 10 марта 1915 года, тел. 170 // МО. 3.7.1. № 340.

енного совета при участии лидеров консервативной оппозиции, в результате которого было решено принять требования России в полном объеме, оговорив лишь, что Великобритания и Франция также ожидают согласия России с их пожеланиями в Османской империи, когда таковые будут подготовлены[64]. Грей незамедлительно телеграфировал Бьюкенену об этом решении, а на следующий день сообщил инструкции по передаче российскому правительству данного соглашения в виде меморандума[65].

А 12 марта и само правительство его величества официально дало историческое обещание позволить России овладеть всем, к чему она стремилась, как то было определено меморандумом Сазонова от 4 марта. Отложив пока собственный список пожеланий в Турции, Лондон ясно дал понять, что рассчитывает на беспрепятственное торговое судоходство в проливах и порто-франко в Константинополе для транзита товаров между территориями за пределами Российской империи. Британское правительство также уведомило Россию о желании включить нейтральную зону в Персии, по условиям двухстороннего соглашения 1907 года отмежевывающую зону британского влияния от российского, в свою, британскую зону[66]. Поскольку Сазонов уже ранее заявлял о готовности согласиться с экономическими требованиями Великобритании, никаких возражений против них, равно как и против еще не установленных притязаний в Османской империи, он не выдвинул. Что касается персидской нейтральной зоны, министр воздерживался от окончательного согласия, желая прояснить ряд вопросов, вроде большей свободы действий для России в собственной зоне, или некоторых уточнений по границе между

---

[64] Asquith — Stanley, 10 March 1915, ltr. [Asquith 1982: 469]. Англо-французские дебаты о разделе Османской империи завершились переговорами Сайкса — Пико в конце 1915 года. См., например, [Karsh, Karsh 1999, chap. 15].

[65] Grey to Buchanan, 10 March 1915, tel. 329 // FO. 371. 2481; Grey to Buchanan, 11 March 1915, tel. 43 // FO. 371. 2449. 25014.

[66] «Aide-memoire communicated to Russian Government», 12 March 1915 // BDFA. 1.H. № 548; и то же в МО. 3.7.1. № 351; Memorandum [to Russian government], 12 March 1915 // BDFA. 1.H. № 548; и МО. 3.7.1. № 352; см. также выдержки в: Buchanan — Grey, 13 March 1915, ltr. 44 // FO. 371. 2449. 35812.

российской зоной и нейтральной, прежде чем последняя будет передана англичанам. Позже в тот же день Сазонов с Бьюкененом были на приеме государя в Царском Селе — Николай II также выразил свое согласие и с благодарностью принял британские условия. Когда же разговор зашел о Персии, царь уклонился от обсуждения подробностей, и Сазонов напомнил послу, что таковые им еще предстоит урегулировать сообща[67].

Тем временем французы принимали заметные усилия к тому, чтобы как можно дольше избегать аналогичного заявления о судьбе Константинополя и проливов. Делькассе пускался на самые разнообразные стратегические уловки, чтобы отдалить окончательное согласие, немало тем удивляя Россию, ожидавшую большей сговорчивости от своего давнего союзника. Вместо этого Делькассе, напротив, все больше затягивал время, предлагая министрам иностранных дел союзников встретиться в Париже и обсудить вопрос о разделе Османской империи в целом. Эту идею он впервые предложил еще во время своих январских встреч с Извольским. Принимая во внимание масштаб проблем, а также подобную встречу министров финансов держав Антанты, прошедшую с относительным успехом, Извольский призывал Сазонова ехать в Париж, чтобы детально все обсудить с союзными визави, избегая тем самым каких-либо трений, которые могли бы возникнуть вследствие недоразумений[68]. Посол вернулся к этой идее в начале марта, когда обсуждение проливов и Константинополя становилось все более напряженным. Вторя Бенкендорфу, он ясно дал понять Сазонову, что они — Делькассе и Грей — полагают, что переговоры пойдут куда легче, если Сазонов прибудет в Париж[69]. А после того как Сазонов представил 4 марта окончательный меморандум, Извольский, понимая, что

[67] Buchanan — Grey, 13 March 1915, tel. 54 // FO. 371. 2449. 25014; Buchanan — Grey, 13 March 1915, ltr. 44 // FO. 371. 2449. 35812 (откуда следует, что телеграмму 54 следует датировать 12 марта); Поденная запись министра иностранных дел, 12 марта 1915 года // МО. 3.7.1 № 355.

[68] Izvolskii — Sazonov, 25 January 1915, tel. 16 // LN. 3. 48.

[69] Извольский — Сазонову, 2 марта 1915 года, тел. 107 // МО. 3.7.1. № 284; Бенкендорф — Сазонову, 6 марта 1915 года, тел. 155 // КП. 1. № 59.

недостаточно осведомлен о текущей позиции российского правительства, вновь настоятельно советовал ему быть в Париже для прямых переговоров с министрами[70]. В тот же день Делькассе выразил Извольскому «живейшее желание лично обсудить <...> все эти вопросы» с Сазоновым, «сожале[я], что парламентская сессия не позволяет ему съездить в Петроград»[71].

Сазонов ответил отказом. 5 марта он сообщил Бьюкенену, что не может позволить себе столь продолжительной отлучки из Петрограда, опасаясь — и уведомив о том Николая II, — «что в его отсутствие военные власти употребят свое влияние в достижение того, с чем бы он мог быть не согласен»[72]. Но предложения о парижской встрече продолжились, и 8 марта министр подтвердил свой отказ покидать столицу до окончания войны[73]. Принимая во внимание, что и Делькассе опасался, что германофильские голоса внутри российского правительства могут заглушить сильную партию Сазонова и его соратников, расположенных к Антанте, французский министр должен был понимать, что Сазонову следует оставаться на Певческом мосту, и особенно в то время, когда ситуация на русских фронтах представлялась весьма шаткой. Выражая свое огорчение, Делькассе повторил, что не сомневается в пользе подобной встречи для всех сторон, поскольку «двух часов разговора с [российским] министром иностранных дел <...> достаточно, чтобы достигнуть согласия по любому вопросу, для решения коего потребуются недели переговоров по телеграфу»[74]. Как видно, в первые мартовские дни Делькассе удавалось пользоваться увлеченностью Извольского идеей отложить решения о четких действиях до приезда Сазонова.

Но что еще важнее, прежде чем одобрить приобретение Россией Константинополя, Делькассе желал прояснить *modus operandi* оккупации города. Вопрос осуществления военного режима

[70] Извольский — Сазонову, 4 марта 1915 года, тел. 113 // МО. 3.7.1. № 305.

[71] Извольский — Сазонову, 4 марта 1915 года, тел. 115 // МО. 3.7.1. № 307.

[72] Buchanan to Grey, 5 March 1915, tel. 254 // FO. 371. 2450. 25971.

[73] Buchanan to Grey, 8 March 1915, tel. 275 // BDFA. 1.H. № 502.

[74] Извольский — Сазонову, 9 марта 1915 года, тел. 128 // МО. 3.7.1. № 334.

уже сам по себе обладал чрезвычайной важностью в силу обширных французских интересов как в самой столице, так и в Османской империи в целом, и Делькассе, судя по всему, намеревался
разрешить его в соответствии с этими интересами, до того как
согласиться с окончательным приобретением этого района Россией. Впервые министр затронул эту тему с Извольским 1 марта — в контексте все нарастающих ожиданий, что союзным
войскам удастся форсировать Дарданеллы и их корабли встанут
напротив столичного берега[75]. А 8 марта в секрете от русского
посла министр писал в Петроград Палеологу и в Лондон — Полю
Камбону, что, не касаясь пока окончательного решения по проливам и Константинополю, главную его заботу ныне составляет
«по возможности скорейшее восстановление всех французских
интересов [в Турции] в состоянии, в коем таковые пребывали»
в апреле 1914 года[76]. Так, в целях как можно более продолжитель-
ного сохранения Османской империи в целости, с сопутствующей
тому защитой французских интересов, Делькассе предлагал об-
разовать совет из трех верховных комиссаров — по одному от
каждой державы Антанты — для отправления функций гражданской администрации, в то время как союзные войска служили бы
лишь для обеспечения внешней безопасности города и сохранения его внутреннего порядка. Совет будет осуществлять прямое
правление городом в случае, если турецкий режим оставит столицу, и в менее явной форме — если османские власти предпочтут
остаться. Также предусматривалось восстановление консульских
полномочий и возобновление принципа экстерриториальности
для иностранцев, находящихся в Турции. Министр просил послов
уведомить британское и российское правительства об этих
предложениях и получить их одобрение[77], а 11 марта направил
и соответствующий меморандум для вручения правительствам

---

[75] Извольский — Сазонову, 1 марта 1915 года, тел. 106 // МО. 3.7.1. № 273.

[76] MAE. Guerre 1914–1918. Turquie 850, 44. Delcassé — P. Cambon and Paléologue, 8 March 1915, tel.

[77] MAE. Guerre 1914–1918. Turquie 850, 44–46. Delcassé — P. Cambon and Paléologue, 8 March 1915.

в Лондоне и Петрограде[78]. Свое принципиальное согласие с идеями Делькассе Сазонов выразил 12 марта — в тот же день, как получил из Лондона заверение в твердой приверженности положениям меморандума от 4 марта[79].

Тем не менее на следующий день Сазонов ясно обозначил, что не готов принять французское предложение как есть, дав начало затяжным переговорам, особенно между Парижем и Петроградом, в отношении характера оккупационной администрации Константинополя. Пусть с внушительного исторического расстояния, при учете итоговой неудачи Дарданелльской операции, подобные дебаты и покажутся оторванными от жизни и даже легкомысленными, однако их накал указывает как на то, что в начале весны 1915 года союзники были настроены более чем оптимистично в отношении результатов операции, так и на то, что и русские, и французы полагали, что обладают в регионе критически важными для себя интересами. В Петрограде считали, что Париж пытается создать такую систему, которая сохраняла бы как можно больше черт прежнего режима и помешала бы России полностью захватить Константинополь в конце войны. Сазонов же стремился разработать переходные этапы, которые союзникам уже не удалось бы обратить вспять после заключения мира [Готлиб 1960: 178]. В таком духе дебаты продолжались еще несколько месяцев, когда уже вполне обозначились первые трудности союзной операции.

По мере обсуждения означенного вопроса французы добавили и еще одно предварительное условие к своему согласию на аннексию османских земель Россией. 16 марта 1915 года Палеолог по отдельности сообщил Николаю II и Сазонову, что Франция согласится с приобретением Россией Константинополя и проливов, если Петроград согласится на поглощение Францией Киликии и Сирии. Здесь камнем преткновения стала Палестина. По просьбе Николая Палеолог подробным образом обрисовал на

[78] MAE. Guerre 1914–1918. Turquie 850, 72–73. Delcassé — P. Cambon and Paléologue, 11 March 1915, tels. 756–758.

[79] MAE. Guerre 1914–1918. Turquie 850, 74. Paléologue — Delcassé, 12 March 1915, tel. 409.

карте интересующую Францию сирийскую область, включая
и святые места. Царь отложил принятие решения по этому вопросу для обсуждения деталей с Сазоновым. Позже Палеолог
встретился и с ним — Сазонов, как и Николай, согласился на все,
кроме обещания Франции Палестины. Дипломаты эмоциональ-
но спорили о наилучшем для защиты тамошних святынь устройстве и интересах различных христианских конфессий. Сазонов
выступал решительно против смены нейтральной османской
администрации на французский католический контроль, предлагая интернационализацию региона, однако Палеолог парировал, указав, что Россия отнюдь не спешит поступить так же
в Константинополе. Сазонов пытался доказать, что ситуации
в корне различаются, но Палеолог упорно стоял на своем. Сазонов
тогда напомнил послу о Крымской войне, столкнувшей Францию
с Россией, что свидетельствовало о проблемах, легко возникаю-
щих на почве разногласий из-за святых мест и в случае захвата
последних Францией, подытожил министр, вполне вероятных[80].
Посол подобный вывод отверг, указав при этом на ручательство
России, данное в конце мартовского меморандума Сазонова:
предоставить Франции свободу действовать по ее произволению
в прочих частях Османской империи. Теперь уже не согласился
Сазонов и объявил, что ему нужно переговорить об этом с царем.
Затем состоялась беседа Палеолога с Николаем Николаевичем на
иные важные темы, во время которой Николай II с Сазоновым
обсуждали выдвинутые послом претензии. Царь предупредил
Сазонова, что действовать следует в высшей степени аккуратно[81]:

---

[80] Угрозы схожего толка Палеолог услышал от Сазонова 18 апреля 1916 года
в ответ на вмешательство Франции в планы России по возвращению Поль-
ши в состав империи; см. [Bobroff 2000: 521; Dallin 1963: 39].

[81] Поденная запись министра иностранных дел, 16 марта 1915 года // МО. 3.7.1.
№ 381; MAE. Pa-ap —Delcassé 24, 65–67. Paléologue — Delcassé, 17 March 1915,
tels. 426, 427, 428; Buchanan — Grey, 17 March 1915, tel. 314 // FO. 371. 2449.
25014. Важно отметить, что в своих мемуарах Палеолог описывает, как,
указав на карте желаемые Францией ближневосточные территории, он
услышал от Николая лишь: «Я согласен на все ваши предложения» [Палеолог
1991: 171] — телеграммы же тех дней с ясностью свидетельствуют против
подобного упрощения.

Николай был истово православным, и ему было явно не по себе от подобных предложений французского посла.

Затем Сазонов обратился за поддержкой к англичанам. После описанной встречи с Палеологом он тет-а-тет переговорил с Бьюкененом, настаивая на том, что «вопрос [о Святой земле] должно рассматривать как международный» и «он был бы весьма признателен, если бы мог рассчитывать здесь на поддержку [Бьюкенена]». Министр подчеркнул, что притязания Парижа произвели «весьма скверное впечатление», особенно по сравнению со скоро и определенно последовавшими британскими обязательствами в отношении проливов и Константинополя[82].

Грей же стремился отложить обсуждение раздела остальной части Османской империи, поскольку британское правительство все еще не имело уверенности относительно того, как именно следует распорядиться теми ее осколками, что могли бы достаться Британии, особенно Месопотамией. Англичан интересовал порт Александретта, но французы предъявили жесткие претензии на эту область [Kent 1977: 442–443; French 1986: 82–83]. Пытаясь отдалить необходимость конкретных заявлений по разделу территорий, пока Лондон не решит, что наиболее всего отвечает его интересам, Грей заявил, что на столь раннем этапе в первую очередь следует решить, каким образом заменить Константинопольский халифат в качестве центра мирового ислама новым, расположенном, возможно, в одном из независимых арабских государств. «Правительство его величества считает преждевременным обсуждать вопрос о возможном разделе между державами Месопотамии, Сирии и Палестины или соседних областей, пока вопрос об указанном мусульманском государстве не будет разрешен», — гласила соответствующая памятная записка британского посольства[83]. Данным соображением оно не только парировало выпад французов, нацеленных захватить как можно большие османские территории, но и проявляло заботу о благе

[82] Buchanan — Grey, 17 March 1915, tel. 314 // FO. 371. 2449. 25014.
[83] Grey — Buchanan, 19 March 1915, tel. 380 // FO. 371. 2449. 31923; и последовавший затем меморандум от 20 марта в МО. 3.7.1. № 398.

своих мусульманских подданных. Сазонов тут же подхватил эту идею, соглашаясь с необходимостью создания нового халифата вне пределов Турции и вновь обращаясь к Грею за поддержкой против французов в отношении Палестины[84]. Окончательное разрешение проблемы было отложено до англо-франко-русских переговоров конца 1915 — начала 1916 годов под председательством сэра Марка Сайкса и Франсуа Жоржа-Пико, в ходе которых была выработана схема раздела Ближнего Востока между тремя союзными державами[85].

У Делькассе оставалось последнее оправдание отсрочки согласия Франции на требования России: забывчивость. Французский министр еще 20 марта сообщил Извольскому, что письменное сообщение о французском согласии будет дано по завершении обсуждений в Совете министров. Однако терпение Сазонова было на исходе — 23 марта он попытался ускорить процесс, указав Извольскому вновь обратить внимание Делькассе на расхождения между британским и французским заявлениями и затребовать более однозначного ответа[86]. На это 24 числа Извольский сообщил, что Делькассе изъявил готовность инструктировать Палеолога, чтобы тот передал письменное заявление, эквивалентное в формулировках британскому[87]. Не имея о том дальнейших известий из Петрограда, 1 апреля Извольский справился по телеграфу, сделал ли Палеолог ожидаемое письменное заявление, и если нет, предложил переслать французам британский меморандум от 12 марта, чтобы продемонстрировать образчик искомой решимости[88]. Сазонов отвечал телеграммой от 3 апреля, что Палеолог так и не получил надлежащих предписаний, и присовокупил к ответу [британский] текст, который французы могли бы употребить и в своем заявлении[89]. А 5 апре-

---

[84] Buchanan — Grey, 20 March 1915, tel. 344 // FO. 371. 2449. 32920.

[85] О соглашении Сайкса — Пико см. [Stevenson 1988: 128–133; Шевелев 2001].

[86] Сазонов — Извольскому, 23 марта 1915 года, тел. 1315 // КП. 1. № 88.

[87] Извольский — Сазонову, 24 апреля 1915 года, тел. 168 // КП. 1. № 89.

[88] Извольский — Сазонову, 1 апреля 1915 года, тел. 189 // КП. 1. № 94.

[89] Сазонов — Извольскому, 3 апреля 1915 года, тел. 1518 // КП. 1. № 95.

ля пробил поистине великий час в истории французской дипломатии. Извольский в очередной раз поднял вопрос о меморандуме; услыхав, что Палеолог до сих пор не передал ожидавшегося от него сообщения, Делькассе — на манер протагониста полотна Эдварда Мунка «Крик» — «схватился за голову и, объяснив это исключительно собственной забывчивостью, еще раз обещался тотчас же Палеологу дать надлежащее предписание»[90]. Лишь 10 апреля Палеолог наконец вручил выдержанную в удовлетворительной для России тональности долгожданную ноту с французском согласием на русские требования от 4 марта[91]. Мечта самого Сазонова, мечта всей России наконец была им осуществлена: теперь, одолей Антанта Центральные державы, Россия могла смело воспользоваться заключенным соглашением и завладеть Черноморскими проливами и Константинополем.

Удержать греков в стороне

Как дипломатическая обстановка, так и сам ход Дарданелльской операции весьма осложнялись уже известным нам нежеланием Сазонова допустить к каким-либо действиям в проливах прочие черноморские государства, в данном случае до сих пор сохранявшую нейтралитет Грецию. Более умеренная позиция Сазонова дала бы союзникам гандикап в силах, столь необходимый для успеха операции на Галлиполийском полуострове или усиления давления на Австро-Венгрию, однако русский министр наотрез отказался от любых мер, чреватых утратой в пользу третьей державы влияния на Константинополь или какую-либо область проливов. Он действовал вполне в русле своей довоенной политики в отношении второстепенных держав, что, однако, шло во вред общим военным усилиям Антанты и парадоксальным образом противоречило его собственным, не раз повторенным

---

[90] Извольский — Сазонову, 5 апреля 1915 года, тел. 197 // КП. 1. № 97.

[91] Вербальная нота французского посольства в Петрограде министру иностранных дел, 10 апреля 1915 года // МО. 3.7.2. № 506.

словам о том, что Россия не намерена отвлекать силы, противоборствующие Германии и Австро-Венгрии.

Греческие притязания на Константинополь и проливы являлись одной из главных проблем России в этом регионе. Подобно русским, греки имели глубокую связь с Константинополем — и не только оттого, что Византий искони был сердцем Греческой империи, но также и по причине нахождения в нем одной из наиболее чтимых православных святынь — собора Святой Софии, обращенного в мечеть после взятия города турками в 1453 году. Русские с подозрением относились ко всякой сухопутной и морской военной активности греков, дававшей им шанс захватить территорию, на которую Россия имела собственные религиозные притязания, но, что еще более важно, которая угрожала бы единоличному господству России в проливах. Лондон же, напротив, был весьма заинтересован в привлечении Греции к Дарданелльской операции, поскольку греки располагали внушительными военными силами, обещавшими стать ценным усилением союзному флоту[92]. Так, 12 января 1915 года Грей запросил мнение российского правительства в отношении греческого содействия в операциях против Османской империи[93]. На это в следующие несколько недель Сазонов отвечал, что Россия может допустить участие греческих войск в Дарданеллах с условием, что они не останутся там на постоянной основе. Он также указал, что решение по предложению Грея передать Греции в качестве компенсации побережья Малой Азии вокруг Смирны он целиком оставляет Великобритании с Францией, однако вопрос проливов и Константинополя обсуждать не намерен[94].

Но как только флот союзников приступил к активным действиям в Дарданеллах, Россия затребовала более обширных

---

[92] О заинтересованности Британии в греческом участии см. [Miller 1997: 408–410; Theodoulou 1971, chap. 4].

[93] Grey — Buchanan, 12 January 1915, tel. 39 // FO. 438. 5. 3601.

[94] Buchanan — Grey, 13 January 1915, tel. 47 // BDFA. 1.H. № 417; MAE. Guerre 1914–1918. Turquie 849, 135. Paléologue — Delcassé, 13 January 1915, tel. 61; Buchanan — Grey, 17 January 1915, tel. 62 // FO. 438. 5. 6224; Buchanan — Grey, 24 January 1915, tel. 92 // BDFA. 1.H. № 435.

и конкретных шагов навстречу, настаивая на полном неучастии
Греции в нападении, скорый успех которого в конце февраля
и начале марта представлялся весьма вероятным. Несмотря на
январские заверения греческого правительства в признании
главенства русских интересов в регионе, в конце февраля посол
в Афинах Э. П. Демидов сообщал, что греки весьма возбуждены
попытками союзников прорваться через Дарданеллы и видят
в своем участии средство к воплощению собственных исторических чаяний[95]. Именно эти чаяния более всего волновали Сазонова, отвечавшего Демидову: «...ни при каких условиях мы не
можем допустить участия греческих войск во вступлении союзных войск в Константинополь»[96]. Позиция министра становилась
все более категоричной, и по мере ужесточения русских требований росла досада в союзниках. 4 марта Грей попытался убедить
Бенкендорфа, что греческие войска могут сыграть важную роль
в морских операциях против Турции, и напомнил послу о чрезвычайной важности успеха в Дарданеллах в отношении прочих
нейтральных государств[97]. Отметив, что еще не осведомлен
о мнении англичан, 4 марта Делькассе подчеркнул, что раз Греция
может внести посильный вклад в общие военные усилия, то не
стоит чинить ей в том препон[98]. А 6 марта, уже сверившись
с позицией Британии, французский министр положительно
утверждал, что помощь Греции в Дарданелльской кампании
оказалась бы весьма полезной и отказываться от нее не следует.
Он вновь заверил Сазонова, что по окончании войны лишь
Франция, Великобритания и Россия будут принимать все наиболее значимые решения, вроде определения судьбы Константинополя и проливов[99]. Князь Трубецкой полагал, что слишком
опасаться участия Греции в кампании не стоит, и отмечал, что

---

[95] Buchanan to Grey, 17 January 1915, tel. 62 // FO. 438. 5. 6224; Демидов — Сазонову, 27 февраля 1915 года, тел. 72 // КР. 2. № 97.

[96] Сазонов — Демидову, 2 марта 1915 года, тел. 878 // КП. 2. № 100.

[97] Бенкендорф — Сазонову, 4 марта 1915 года, тел. 153 // МО. 3.7.1. № 302.

[98] Извольский — Сазонову, 4 марта 1915 года, тел. 116 // МО. 3.7.1. № 308.

[99] Извольский — Сазонову, 6 марта 1915 года, тел. 120 // МО. 3.7.1. № 322.

Афины тогда должны будут дать письменное ручательство в отказе от каких-либо территориальных претензий в районе проливов и Мраморного моря[100].

Тогда Сазонов несколько смягчил позицию, определив основания, на которых он готов был позволить греческим войскам содействовать союзным. Совместно с Бьюкененом 6 марта министр изложил русские условия: во-первых, «греческое правительство [должно было] добровольно предложи[ть] свое содействие, а не было к тому приглашено союзными державами»; во-вторых, «Греции [будет] дано ясно понять, что, каковы бы ни были результаты операций в проливах, она не получит территориальных вознаграждений ни в южной Фракии, ни вблизи проливов»; в-третьих, «ее действия [будут] ограничены теми местностями, каковые будут предуказаны начальниками союзных сил»; и, в-четвертых, «греческая армия ни при каких обстоятельствах не вступ[ит] в Константинополь». Сазонов выразил надежду, что всякая деятельность Греции будет ограничена областью вокруг Смирны, но подчеркнул, что не желает лишить союзные войска помощи, коль скоро правительство его величества считает таковую полезной[101].

Вопрос еще более усложнился с отставкой греческого правительства 6 марта. Его глава и министр иностранных дел Элефтериос Венизелос истово жаждал вступления в войну на стороне Тройственной Антанты, до того как союзникам удастся самим, без греческой помощи, форсировать Дарданеллы; однако же столкнулся с оппозицией в лице как нейтральных групп, так и прогерманской партии, куда входила и сестра кайзера Вильгельма II королева София, супруга короля Константина[102]. 6 марта Венизелос предъявил королю ультиматум: принять по-

---

[100] Трубецкой — Сазонову, 4 марта 1915 года, тел. 231 // КП. 2. № 106.

[101] Проект телеграммы великобританскому статс-секретарю по иностранным делам сэру Эд. Грею, составленный послом в Петрограде сэром Дж. Бьюкененом совместно с российским министром иностранных дел С. Д. Сазоновым, 6 марта 1915 года // КП. 2. № 111; Сазонов — Бенкендорфу, 7 марта 1915 года, тел. 990 // КП. 2. № 112.

[102] О политическом раскладе в Греции см. [Theodoulou 1971: 47–51].

ложительное решение об участии Греции в войне — в противном случае он и его кабинет подают в отставку. Угроза была весомой: Венизелос пользовался популярностью в народе, а его соратники — большинством в парламенте страны. Тем не менее король ответил отказом, и правительство Венизелоса ушло в отставку; на смену ему был назначен более нейтральный кабинет[103].

Британское правительство продолжало настаивать на том, что греки могут внести ценный вклад в успех общего нападения на Турцию, и Сазонов — с прежними оговорками — согласился[104]. Однако в середине апреля греческое правительство выдвинуло требования, совершенно неприемлемые для России, а как следствие, и для Англии с Францией; среди прочего греки настаивали на интернационализации Константинополя и дозволении греческому королевичу или даже самому правящему монарху войти в город во главе своих войск[105]. Подобные требования союзники, и прежде всего Россия, принимать были не намерены, расценивая их сугубо как проявление «греческой мегаломании»[106]. В любом случае Афины получили отказ, и греки до 1917 года оставались в стороне.

Таким образом, по причине опасений русских в отношении притязаний Греции на районы, на которые те претендовали сами, союзники были вынуждены отказаться от содействия в Дарданеллах, с огромным энтузиазмом предложенного им правительством Венизелоса. Бесполезно гадать, обеспечило бы греческое участие критический военный перевес в пользу союзников, позволив им захватить проливы и Константинополь, или нет, но с отказом России шансы на успех стали еще более призрачными. Следовательно, решения Сазонова по греческому вопросу основывались отнюдь не на том, что он считал наилучшим для общих военных

---

[103] Демидов — Сазонову, 6 марта 1915 года, тел. 84 // КП. 2. № 109.

[104] Grey — Buchanan and Bertie, 3 April 1915, tels. 511, 755 // FO. 438. 6. 39192.

[105] Бенкендорф — Сазонову, 17 апреля 1915 года, тел. 255 // КП. 2. № 135; NB также о «миссии принца Георга греческого в Париже» // Ibid. С. 210 и далее; Бенкендорф — Сазонову, 17 апреля 1915 года, тел. 277 // Ibid. № 144.

[106] Сазонов — Извольскому и Бенкендорфу, 21 апреля 1915 года, тел. 1800 // КП. 2. № 142; [Mandelstam 1934: 771].

усилий Антанты, но на том, что, по его убеждению, лучше всего защитило бы позиции России в проливах. Он, пожалуй, действовал в духе традиционного российского отношения к проливам, господствовать над которыми могли либо турки, либо сама Россия; но, ветируя участие Греции в нападении, Сазонов к тому же снижал вероятность осложнений в союзных отношениях, в случае если бы проливы и Константинополь удалось взять.

Отказ от сепаратного мира

Кроме того, российские интересы Сазонов ставил и превыше интересов союза в целом, когда речь шла о заключении сепаратного мира с Турцией[107]. С одной стороны, выход Турции из войны означал возобновление судоходства в проливах, что принесло бы державам Антанты пользу экономическую и стратегическую, подняло боевой дух солдат, а также гарантировало победу на ниве пропаганды, позволив получить в союзники по меньшей мере некоторые нейтральные государства. С другой стороны, какое бы то ни было соглашение о прекращении боевых действий с Османской империей, прежде чем силы Антанты физически овладеют проливами, было чревато весьма серьезной опасностью того, что Россия не сумеет в полной мере достичь своих целей в регионе. А потому, признавая все преимущества подобного варианта, Сазонов не желал идти на риск.

Уже в середине января 1915 года до русского министра стали доходить сигналы о том, что некоторые лица в турецком правительстве всерьез обсуждают возможность сепаратного мира с державами Антанты. Русский представитель в Константинополе был предупрежден, что если Россия не пожелает обсудить данный вопрос, то последует обращение к англичанам и французам. Возможность подобных переговоров Сазонов немедленно отверг: «...ввиду того, что между нами и турками стоит вопрос

---

[107] Об этих предложениях сепаратного мира во время войны см. [Stevenson 1998; Trumpener 1968, chap. 5].

о проливах, имеющий жизненное для России значение, и что
всякие переговоры могли бы лишь затормозить его разрешение»,
он «предписал» своему поверенному «воздержаться от вступления
в какие бы то ни было сношения» по означенному вопросу, ясно
дав понять, что ожидает аналогичного решения и от союзников,
хотя англичане уже втайне поддерживали контакты с турками[108].
Дата, на которую была намечена операция, все приближалась,
а сведения о недовольстве в турецком правительстве государственным курсом все чаще доходили до союзников, так что необходимо было рассмотреть возможность того, что форсирование
Дарданелл или прибытие союзного флота под стены Константинополя вынудит Турцию искать скорейшего прекращения конфликта. Обсудив этот момент с Делькассе, 11 февраля Грей заявил,
что не следует сразу отвергать турецкий зондаж по поводу мира,
заметив при этом, что не предвидит каких-либо изменений в данных в ноябре 1914 года обязательствах по проливам и Константинополю[109]. Сазонов уведомил Бьюкенена, что «не возражает
против переговоров, но в самых общих выражениях», не давая
туркам каких бы то ни было гарантий. Если Бьюкенен подчеркивал экономические и стратегические выгоды для союзников
в случае капитуляции Турции, то Сазонов указывал на трудность
удовлетворения турок без ущерба для военных целей России,
которые, подразумевал министр, «идут далее <…> первоначальных
[ноябрьских] предположений» и учитывают требования российского общественного мнения[110].

---

[108] Сазонов — Бенкендорфу и Извольскому, 20 января 1915 года, тел. 115 // МО.
3.7.1. № 44; [French 1986: 79].

[109] Грей — Бьюкенену, 10 февраля 1915 года, тел. 206 // КП. 1. № 32; Бенкендорф —
Сазонову, 11 февраля 1915 года, тел. 85 // КП. 1. № 33; Памятная записка
английского посольства в Петрограде министру иностранных дел, 12 февраля 1915 года // МО. 3.7.1. № 182. Как утверждает Дэвид Френч, к середине
января в британском МИДе уже прекрасно знали, что турки ни за что не
пойдут на мир, предусматривающий территориальные потери, что делает
позицию Грея внутренне противоречивой [French 1986: 81].

[110] Buchanan — Grey, 12 February 1915, tel. 168 // BDFA. 1.H. № 469; Сазонов —
Извольскому и Бенкендорфу, 14 февраля 1915 года, тел. 592 // МО. 3.7.1. № 192.

Вместе с тем Сазонов понимал, что для успеха союзников, возможно, потребуются конкретные условия в соглашении с Турцией. И 27 февраля совместно с Бьюкененом и Палеологом он выработал список для предъявления туркам, если те обратятся с просьбой о мире, который мог быть лишь перемирием на срок до окончания военных действий со стороны Германии и Австро-Венгрии. Итак, во-первых, все немецкие корабли должны быть немедленно переданы союзным властям; во-вторых, все немецкие офицеры, солдаты, моряки и инженеры, находящиеся на турецкой службе, должны быть немедленно выданы союзникам; в-третьих, все батареи, расположенные на берегах Босфора и Дарданелл, должны быть немедленно уничтожены; в-четвертых, мины, расположенные как в проливах, так и в Мраморном море, должны быть немедленно удалены; в-пятых, Порта давала согласие на стоянку союзных военных кораблей под Константинополем и, наконец, в-шестых, все укрепленные пункты, которые командиры эскадр сочтут необходимыми для обеспечения безопасности, должны быть сданы союзникам[111].

Британское и французское правительства, впрочем, не сразу приняли перечисленные выше пункты — равно как и русское командование. Великий князь Николай Николаевич, апеллируя к праву Верховного главнокомандующего заключать перемирия, 2 марта 1915 года сообщил Сазонову и Николаю II, что перемирие с Турцией возымеет смысл лишь в том случае, если позволит России перебросить значительные силы с Кавказа на другой театр военных действий. Ведь перемирие всего-навсего договоренность о прекращении боевых действий на фронте или же ряде фронтов, а значит, оно не могло в достаточной степени гарантировать безопасность Кавказа, даже если бы турки сдались или демилитаризовали территории, указанные великим князем в письме. Лишь заключение мира, полагал он, — официальное подписание мирного договора, прекращающего войну между двумя и более

---

[111] Сазонов — Извольскому и Бенкендорфу, 28 февраля 1915 года, тел. 850 // MO. 3.7.1. № 267; Buchanan — Grey, 27 February 1915, tel. 225 // BDFA. 1.Н. № 483; MAE. Pa-ap 211. Delcassé 25, 87. Paléologue to Delcassé, 27 February 1915, tel. 337.

государствами в согласии с определенными условиями, — позволит России перебросить необходимые войска куда-либо[112].

Сазонов был не согласен с точкой зрения военных и пытался преуменьшить значение подобных планов. Он отвечал Николаю Николаевичу, что, во-первых, союзники России не желают заключать с Турцией сепаратный мир, «ибо таковой до победы» над ее союзниками — Австро-Венгрией и Германией — «не будет прочным». Поэтому политическая сторона проблемы ныне превосходит в значимости ее стратегические последствия. В любом случае, продолжал он, серьезных шансов на перемирие нет: условия, которые будут предъявлены Турции к выполнению, «столь тяжки, что турки добровольно не согласятся принять их». Получается, что предложение о перемирии, выдвинутое им, никогда не понималось как направленное на достижение заявленной цели. Преуменьшая готовность турок добиваться перемирия, министр заверил Ставку, что в случае более серьезной возможности мира он, безусловно, обратился бы с этим к Верховному главнокомандующему — «для получения указаний относительно условий, желательных для нас»[113].

Но так как операция в Дарданеллах забуксовала, вопрос о перемирии также отошел на второй план. Тем не менее члены турецкого правительства или их эмиссары время от времени проводили зондаж правительств Антанты по поводу возможности заключения сепаратного мира. Так, в апреле-мае 1915 года видные турецкие политические деятели, в том числе бывший министр финансов Джавид-бей, известный франкофил, подавший в отставку вскоре после вступления Турции в войну, предприняли попытку начать переговоры с французским правительством [Zeman 1971: 63][114]. Сазонов, как уже было сказано, не был прин-

---

[112] Янушкевич — Сазонову, 2 марта 1915 года, тел. 98 // КП. 2. № 260; Николай Николаевич — Николаю II, 2 марта 1915 года, тел. 8455 // МО. 3.7.1. № 287.

[113] Сазонов — Янушкевичу, 3 марта 1915 года, тел. 911 // МО. 3.7.1. № 289.

[114] См. также Бахерахт — Сазонову, 9 апреля 1915 года, тел. 139 // КП. 2. № 264; Сазонов — Извольскому, 21 мая 1915 года, тел. 2365 // КП. 2. № 265; Извольский — Сазонову, 23 мая 1915 года, тел. 332 // КП. 2. № 266; Извольский — Сазонову, 28 мая 1915 года, тел. 344 // КП. 2. № 267.

ципиальным противником достижения тех или иных договоренностей с Портой, но ясно дал понять, что никаких изменений в обязательствах союзников перед Россией в отношении проливов и Константинополя он не допустит. По мере того как Россия занимала все новые территории вдоль восточной границы Турции, усиливались и дипломатические сношения с турками на территории нейтральных государств. К весне 1916 года контакты сделались уже столь частыми, что Сазонову пришлось удовлетворить просьбу посланника в Швейцарии направить эксперта по Турции в Берн, чтобы разобраться в многочисленных предложениях, поступающих от турок[115]. По сообщению прибывшего в Швейцарию А. Н. Мандельштама, служившего до войны в константинопольском посольстве, разговоры о сепаратном мире в большей степени были нужны Джавид-бею в качестве рычага, чтобы заставить немцев выдать больше денежной и материальной помощи Турции[116].

Впрочем, зимой 1915–1916 года Сазонов куда более серьезно отнесся к одному подобному контакту: в Париж прибыл сторонник еще одного видного турецкого политика — Джемаля-паши — с намерением добиться от союзников помощи в свержении нынешнего правительства. Сазонов был заинтригован обещанием Джемаля признать, что Константинополем и проливами придется пожертвовать и создать независимые автономии в Азиатской Турции. Поскольку в последней находились области, на которые претендовала Франция, Париж воспротивился подобному соглашению[117]. Также и британцы не выказали особого расположения предложенному плану в силу его противоречия с проводимой ими политикой предоставления арабским народам независимо-

---

[115] Бахерахт — Сазонову, 7 февраля 1916 года, тел. 75 // МО. 3.10. № 155; Бахерахт — Сазонову, 27 июня 1916, тел. 379 // КП. 2. № 275.

[116] Бахерахт — Сазонову, 27 июня 1916, тел. 379 // КП. 2. № 275.

[117] Извольский — Сазонову, 22 марта 1916, тел. 196 // МО. 10. №397. См. также Cabinet Ministre des Affaires Étrangers, à destinataires non désignés, 26 December 1915, Mem. s. n., DDF 1915 (Brussels: PIE – Peter Lang, 2004). 3. № 692; Briand — Barrère, P. Cambon, and Paléologue, 29 December 1915, tels. 2245–2246, 4569–4570, 2262–2263 // Ibid. № 706.

сти от турок[118]. Сазонов попытался было убедить союзников поступиться потенциальными выгодами, но сам при этом оберегал собственные, так что увещевания не увенчались ничем.

Более того, и внутри России Сазонов также подвергался жесткому давлению по поводу сепаратного мира с турками. В конце 1915 — начале 1916 года начальник штаба Верховного главнокомандующего, на тот момент уже Николая II, генерал Алексеев неоднократно прямо высказывался в пользу заключения мира с турками с целью освобождения боеспособных частей для укрепления обороны на западных границах империи. Даже мечтой об овладении Константинополем следует пожертвовать ради шанса на успех в борьбе с немцами. Генерал подчеркивал: «...первым и главным [нашим] делом должно быть сокрушение Германии». При этом он ссылался на военную аналитику прошлых лет, известную и Сазонову, свидетельствующую о том, что Россия не может захватить и проливы, и Константинополь во время континентальной войны. Алексеев далее предполагает, что после победы в войне Россия обретет такое влияние — «которое мы имели после наполеоновских войн», уточняет генерал, — что сможет навязать Турции соглашение, удовлетворяющее русские интересы в регионе, подобно русско-турецким договорам, подписанным в Адрианополе и Ункяр-Искелеси в 1829 и 1833 годах[119]. Генерал несколько раз обращался к этой теме в надежде найти способ убедить Сазонова: к примеру, после вступления Болгарии в войну на стороне Центральных держав в конце октября 1915 года он признал создавшееся положение «настолько серьезным», что «категорически заявил» о необходимости сепаратного мира с турками, чтобы перебросить войска с кавказского театра[120].

Соглашаясь с выводами генерала о последствиях болгарского участия в войне, представитель Сазонова в Ставке князь Н. А. Кудашев в тот же день предложил и иное решение: если союзному флоту удастся прорваться в Мраморное море и встать под стена-

---

[118] Об «интриге Джемаля» см. [Smith, 354–358].

[119] Кудашев — Сазонову, 18 февраля 1916 года, псм. // КА. 28. С. 29–32.

[120] Кудашев — Сазонову, 21 октября 1915 года, псм. // КА. 28. С. 8–10.

ми Константинополя, момент будет самым благоприятным для вытеснения турок из войны, захвата столицы и обеспечения свободы в проливах для кораблей союзников[121]. Схожим образом и генерал Алексеев (в февральской беседе с Кудашевым в 1916 году) видел во взятии турецкого города-крепости Эрзерума идеальный «психологический момент» для принуждения турок к миру[122]. Сазонов, впрочем, отверг все эти соображения, невзирая на всю обоснованность их аргументации. С самого начала войны с Турцией министр неоднократно заявлял, что важнейшим является немецкий фронт, которому надлежит подчинить все прочие театры военных действий. Однако теперь, когда вожделенный приз был уже у него руках, Сазонов попросту отказался последовать более рациональному решению и добиваться мира с турками, обеспечив Западный фронт притоком новых, испытанных в бою победоносных сил.

Но существовала и другая сторона означенных вопросов: будет ли Россия единственной, кто заключит сепаратный мир и покинет поля сражений? После неудачной попытки Германии склонить ее к миру в конце 1914 года Центральные державы предприняли новую попытку в 1915-м [Zeman 1971: 83–87; Stevenson 1988: 91–93; Stevenson 2004: 113][123]. Немцы пытались вести переговоры с каждой из держав Антанты в надежде, что хоть одну из них удастся убедить выйти из войны; если же нет, то благодаря аккуратной утечке информации все равно можно было вызвать в альянсе взаимное недоверие, а значит, и ухудшение взаимодействия или даже бо́льшую сговорчивость в последующих переговорах [Готлиб 1960: 155–167]. Не сумев выиграть войну столь быстро, сколь они рассчитывали, немцы обратились к дипломатии, но, не имея уверенности в том, переговоры с какой из держав вероятнее всего приведут к миру, зондировали все союзные правительства [Farrar 1978: 5–12].

---

[121] Кудашев — Сазонову, 21 октября 1915 года, псм. // КА. 28. С. 10–12.

[122] Кудашев — Сазонову, 18 февраля 1916 года, псм. // КА. 28. С. 29–32.

[123] Обзор немецких попыток на протяжении войны убедить кого-либо из Антанты заключить сепаратный мир см. в [Farrar 1978].

Желая инициировать переговоры с Россией, немцы поначалу работали через датских посредников. Ключевым связным выступал Ханс Нильс Андерсен, влиятельный магнат и тайный советник датского короля Кристиана X. Лично знакомый и с русским царем, и с британским королем, Андерсен был весьма удобен, чтобы через него узнать, возможно ли убедить русских выйти из войны. Его вояж в Петроград принес ответ резко отрицательный, равно как ничем не увенчались и предложения, сделанные самим Кристианом X, двоюродным братом русской императрицы. Тогда было решено действовать иначе: немцы обратились к бывшему главе правительства и министру финансов С. Ю. Витте. Он был известным германофилом и представлялся весьма многообещающим проводником идеи мира в Петрограде: вплоть до своей безвременной кончины в марте 1915 года он последовательно выступал против войны [Farrar 1978: 13–17].

Немцы усиленно искали новых посланников мира, близких российскому престолу, и вскоре турки облегчили им задачу. В феврале 1915 года турецкое правительство сообщило Германии, что готово пойти на уступки в пользу России в проливах с целью вывести ее из войны [Trumpener 1968: 142–151]. Тогда правительства Центральных держав направили неофициальных эмиссаров к Марии Васильчиковой, русской фрейлине, лично знакомой с Романовыми и встретившей начавшуюся войну в своем австрийском имении. По просьбе пожаловавшихся к ней «более или менее влиятельных лиц» Васильчикова написала Николаю II, императрице Александре Федоровне и Сазонову — всем с предложением заключить мир[124]. Таинственные гости — «два немца и один австриец» — подчеркивали, что «ни здесь в Австрии, ни в Германии нет никакой ненависти против России, против русских <...> но, правда, [есть] ненависть огромная к Англии». Они, продолжала Васильчикова, заявили, что считают Николая «не только царем победоносной рати, <...> но и царем мира», и восхищаются его деятельной ролью в устроении Гаагских мирных

---

[124] Васильчикова — Николаю II, 10 марта 1915 года, псм. // КП. 2. № 331; [Farrar 1978: 18].

конференций 1899 и 1907 годов. Васильчикова упоминает о довольно туманных, но вместе и обширных уступках России, а в ответ на прямой вопрос о Дарданеллах она услышала в ответ: «...стоит русскому царю пожелать, и проход будет свободен». Письмо осталось без ответа. Последовал новый визит «влиятельной» троицы, и 30 марта Васильчикова вновь написала Николаю. Вновь передав царю все прежние похвалы, она теперь писала, что «из секретнейшего источника» Центральным державам известно, что за спиной у России Великобритания обеспечивает собственные интересы, как то: «намере[вается] себе оставить Константинополь и создать на Дарданеллах новый Гибралтар», а также ведет «тайные переговоры <...> с Японией, чтобы отдать последней Манчжурию». Берлин же и Вена берутся гарантировать, что разрешение вопроса о проливах «будет <...>, конечно, не в пользу Англии, а России»[125]. Ответа из России вновь не последовало. Еще ранее, также в частном письме, подобное зондирование предпринял австрийский принц; оставив его письмо без ответа, Николай и Сазонов предпочли проигнорировать и эти[126]. Оба они оставались привержены союзу с Великобританией и Францией и не сомневались, что Россия будет в безопасности, лишь сокрушив германскую военную машину, но никак не соединившись с ней. Подобные письма представлялись им поэтому лишь выражением неуверенности вражеских государств в собственных силах.

Этим же они руководствовались и в отношении дальнейших частных призывов к миру, вроде полученного 27 мая нового письма Марии Васильчиковой. Здесь она описывала свои беседы с немецким статс-секретарем по иностранным делам фон Яговом, а также посещение лагеря с русскими пленными, которые, по ее словам, «почти все говор[или]: „Грех сказать, чтобы нас обижали,

---

[125] Васильчикова — Николаю II, 30 марта 1915 года, псм. // МО. 3.7.2. № 454.

[126] Поденная запись министра иностранных дел, 28 марта 1915 года // МО. 3.7.2. № 441. Важно заметить, что Александра Федоровна прервала переписку с Васильчиковой еще до первого письма фрейлины, несмотря на то что они были старые друзья. См. Александра — Николаю II, 22 марта 1915 года, псм. № 54a в [Письма 1922: 83, 437].

только <...> так и тянет на родину <...>; а что слыхать, скоро мир?"» Русские интересы в Дарданеллах будут с лихвой удовлетворены в случае согласия с Германией — Англия же «не истинный друг России»[127] и сама ищет господства в Черном море. Также фрейлина предложила немцам в дальнейшем передавать сообщения при посредстве брата императрицы — великого герцога Гессенского Эрнста Людвига [Farrar 1978: 19]. Тот согласился и 30 апреля послал сестре письмо, где среди прочего предлагал Николаю «совершенно частным образом» направить своего представителя в Стокгольм, где бы с ним мог повидаться доверенный человек «Эрни» и они совместно уладили бы разногласия между своими государствами[128]. Великий герцог, конечно, выдвигал означенную идею в качестве своей собственной, однако звучала она совершенно схоже с ранее предложенной самой Васильчиковой — и не только в том, что в обоих случаях подчеркивалось, что Германия враждует отнюдь не с Россией, а с Англией, но и в одинаковых попытках сыграть на сострадании Николая к русским пленным. Очевидно, немцы инспирировали и это послание [Farrar 1978: 19]. Николай и Сазонов твердо хранили приверженность союзным обязательствам. Когда же Васильчикова прибыла в Петроград, чтобы лично воззвать к миролюбию царя, Николай II распорядился выслать ее в Черниговскую губернию и лишить придворного звания.

Но немцы не оставляли попыток посеять раздор между Россией и ее союзниками. В июле российскому послу в Стокгольме А. В. Неклюдову стало известно о некоей беседе, имевшей место между «одним русским» и прибывшим для этого из Берлина директором *Deutsche Bank* Монкевицем, в ходе которой последний «высказал горячее пожелание берлинских правительственных кругов добиваться отдельного мира с Россией». Германия, говорил он, «готова предложить России для замирения» Константинополь и проливы, а Турцию вознаградить Египтом, который будет отнят

---

[127] Васильчикова — Николаю II, 27 мая 1915 года, псм. // КП. 2. № 332.

[128] Александра — Николаю II, 30 апреля 1915 года, псм. № 69 в [Письма 1922: 103, 451–452].

у англичан. Неклюдов скептически резюмировал свое донесение министру, отметив, что «в Берлине сильно озабочены дальнейшим течением войны и конечными ее последствиями». Скептицизм посла оправдался спустя еще неделю, когда он получил более подробные сведения о том разговоре с Монкевицем[129]. Так, банкир заявил, что Германия готова к тому, чтобы проливы сделались русско-турецко-германской демилитаризованной зоной, но предостерег Россию от промедления, ибо в противном случае германские войска продолжат начатое движение, результатом которого будет занятие русских городов — в последнем случае «общественное мнение Германии, вздутое победой <...> не поймет столь больших уступок в пользу России»[130]. Неклюдов видел здесь явные поползновения рассорить союзников между собой[131].

В подобном неоднозначном положении проблема Константинополя и проливов пребывала на момент отставки Сазонова, вынужденного оставить министерское кресло ввиду разногласий с царем и консерваторами как при дворе, так и в правительстве. Сазонов попал в опалу по причине настойчивых попыток развернуть в правительстве работу над довольно либеральным законопроектом, предусматривавшим дарование Польше широкой автономии[132]. Но и без того он уже на протяжении достаточно долгого времени отдалялся как от императорской четы, так и в целом от правого крыла. Этому было две веские причины: во-первых, министр был категорически против решения Николая летом 1915 года принять верховное главнокомандование русскими войсками; во-вторых, он прямо отстаивал необходимость назначения царем такого Совета министров, который был бы подотчетен Думе, что являлось явным посягательством на цар-

---

[129] Неклюдов — Сазонову, 28 июля 1915 года, тел. 260, № 1 / № 2 // КП. 2. № 335, 336.

[130] Неклюдов — Сазонову, 20 июля 1915 года, тел. 234 // КП. 2. № 333.

[131] См. также Неклюдов — Сазонову, 23 июля 1915 года, тел. 241 // КП. 2. № 334; Неклюдов — Сазонову, 31 июля 1915 года, псм. // КП. 2. № 337.

[132] См. [Bobroff 2000b: 505–528].

скую власть, довлеющую над правительством [Яхонтов 1926: 15–136][133]. Министр иностранных дел был отнюдь не одинок ни в первом, ни во втором, но был среди наиболее искренних.

Мало что переменилось и в следующие несколько месяцев при его преемниках: война неукротимо продолжалась, а внутренний порядок неумолимо угасал. Сазонов оставил российскую внешнюю политику в неплохом положении, но со значительными темными пятнами. Основываясь на предположении, что русским интересам с наибольшей силой послужит Тройственная Антанта, а не дрейф в сторону Центральных держав, Сазонов всячески подталкивал страны альянса к союзным договоренностям. По иронии, из всех трех союзных держав именно России не было суждено исполнить взятые на себя обязательства: она нарушила их — пусть уже и при революционном большевистском режиме, — заключив сепаратный мир с Германией. В столь радикальную смену режима, возможно, внес свой вклад и Сазонов, и этот вклад состоял в его величайшей победе, добытой в этой войне: строгих гарантиях Великобритании и Франции всецело передать России владение Черноморскими проливами и Константинополем после разгрома Германии. Заручившись обещанием союзников, министр отчаянно ухватился за него, не разжимая хватки даже в ущерб общим военным усилиям. Настойчивые требования четких обязательств, в свою очередь, побудили союзников выдвинуть и собственные требования. Когда же все позиции были изложены, пространства для политического маневра практически не осталось, поскольку никто не желал поступиться ни клочком заранее похороненной, но еще не испустившей дух Османской империи. При подобных обстоятельствах сепаратный мир или хотя бы перемирие с Блистательной Портой становились задачей неразрешимой.

Таким образом, в силу того, что союзным договором от сентября 1914 года воспрещалось заключение сепаратного мира в одностороннем порядке, Россия была вынуждена воевать на

---

[133] См. также сентябрьские письма Александры Федоровны того года в [Письма 1922], NB от 19 сентября 1915 года, № 114. С. 201/519; 17 марта 1916 года, № 219. С. 26–29/293–295.

несколько фронтов. Вызванное этим разделение военных сил снижало эффективность боевых действий против Германии и Австрии, благодаря чему, вероятно, окончание войны все отдалялось, и губительные силы голода и усталости людей от войны со временем разразились громом народных восстаний и беспорядков. Едва ли это была единственная причина революции, но, безусловно, она критически усугубила все прочие проблемы, с которыми в то время столкнулась Российская империя. Бедой всей внешней политики Сазонова в военное время явилась непоследовательность: в один день он настаивал, что главная схватка России ведется с Германией, но уже на следующий мог ясно дать понять, что важнейшей его целью является овладение Черноморскими проливами. Для отвлечения сил на последнее ему удалось заручиться поддержкой царя, преодолев оппозицию со стороны военного руководства, настроенного куда серьезнее в отношении разгрома Германии. Этот разгром понимался в качестве наиглавнейшей цели, ради достижения которой следовало отложить исполнение любых второстепенных задач и чаяний на будущее, когда Россия станет достаточно могущественной, чтобы насаждать свою волю среди соседних ей государств. Несмотря на то что на операцию в проливах никакие силы так и не были брошены, Западный фронт страдал от нехватки боевых частей и ресурсов, которые застряли вместо этого в Одессе, готовые к переброске к Константинополю в случае возникновения такой необходимости или же к продолжению наступления на Кавказе. Проводимая Сазоновым политика в отношении Черноморских проливов и Константинополя не послужила к вящей славе ни его самого, ни его императора или его империи, взамен ощутимо содействовав грядущему крушению России.

Заключение
Русская трагедия

С установлением большевистского режима русские притязания на Черноморские проливы и Константинополь померкли на фоне провозглашенного «мира без аннексий и контрибуций». По крайней мере на некоторое время Россия отказалась от экспансии в регионе. Убежденность Сазонова, высказанная в 1915 году, что «сейчас или уже никогда», оказалась пророческой. Во время Второй мировой войны Сталин посматривал в сторону проливов, но, как и его имперским предшественникам, претворить намеченное в жизнь ему не удалось [Gorodetsky 1999, esp. 58–66]. И даже на заре нового, XXI столетия в русской радикально-националистической риторике время от времени проскакивает упоминание о захвате Черноморских проливов.

И вместе с тем в последние годы царской России эта возможность была абсолютно реальной, ощутимой и была как никогда близка к успешному исполнению. В апреле 1915 года впервые в истории России ее союзники согласились, что после победоносного окончания войны ей будет предоставлена столь вожделенная для нее территория. Ведь если бы приблизительное равновесие сил с обеих сторон не затянуло войну, усугубляя внутренние проблемы России, которые вылились затем в революцию, она, вероятнее всего, завладела бы проливами, как то было предусмотрено союзными договоренностями.

Но прежде чем осуществить задуманное, следовало разбить немцев. Практически весь рассмотренный нами период российское правительство ставило австро-германскую угрозу превыше своих чаяний о проливах. Вплоть до 1915 года, когда бы русским ни приходилось выбирать между усилением своих позиций в проливах и сдерживанием немецкой и австрийской экспансии, они неизменно выбирали последнее. И с началом войны они рассчитывали сперва нанести поражение Центральным державам, а уже затем обратить взор к югу.

Разного рода слабости в армейском и морском устройстве, вкупе с недостаточной материально-технической подготовкой, определяли невозможность проведения прямой операции по захвату Босфора и Дарданелл — как до, так и во время войны. Морское руководство настаивало на проведении учений в целях подготовки десантной операции против турецкого побережья Черного моря — возможно, на Босфоре, однако путь от планов к действиям оказался слишком долог. Армия содействовала незначительно, а министр финансов Коковцов чинил все новые финансовые препоны, и все это вместе в итоге не позволило выполнить необходимые маневры до начала Первой мировой войны. Во время войны Россия все же сумела осуществить успешную высадку на кавказском театре, но морское командование посчитало, что, пока актуальна угроза немецких подводных лодок в Черноморском бассейне, коммуникации до Босфора чересчур длинны, чтобы провести операцию.

А раз верховное командование не имело возможности перебросить в регион требуемые военные силы, российские интересы в проливах предстояло укрепить и обеспечить силами главным образом дипломатическими. Всякий раз, когда Сазонову приходилось столкнуться с дипломатической или военной агрессией со стороны держав Тройственного союза, он пристально следил за позицией России в районе проливов. Скажем, во время Италотурецкой войны, имея двойной резон, Сазонов благоволил итальянцам. Первая причина заключалась в сохранении выраженной в Ракконилжи поддержки в отношении возможной смены режима в проливах в пользу России. Вторая же — в том, чтобы повысить вероятность выхода Италии из Тройственного союза в случае континентальной войны. Во время Балканских войн Сазонов всеми силами оберегал османские завоевания балканских союзников, ограждая их от давления Австрии.

И вновь, как и прежде, он стремился к тому, чтобы балканские столицы видели в России своего наилучшего покровителя, одновременно не дозволяя болгарам составить угрозу интересам России в проливах. Аналогичным образом, когда турецкая морская экспансия привела к реальной угрозе морскому господству России на Черном море, под сильным давлением, сообщаемым Певческим мостом, правительство бросило ресурсы и усилия на увеличение собственного флота, пытаясь также не допустить получения турками ожидаемых ими кораблей.

С началом Первой мировой войны и объявлением Турции о нейтралитете политика Сазонова сосредоточилась на германской угрозе. С августа по конец октября 1914 года он энергично старался убедить Порту оставаться в стороне. Рискуя в обозримом будущем сделать овладение проливами недостижимым, он все же стремился обеспечить военные позиции России против Центральных держав. В ходе войны он решительно отвергал любой зондаж со стороны Германии по поводу заключения сепаратного мира, включая и посулы проливов и Константинополя в качестве награды Петрограду за предательство своих союзников: невозможно было столь вероломным образом пожертвовать военным разгромом Германии.

После же вступления Турции в войну до тех пор последовательная политика Сазонова легла в фатальный дрейф, причиняя русской дипломатии серьезнейшие осложнения и ставя под удар общие военные усилия. Разгром Германии уже более не имел для него первостепенной значимости. Не желая принять текущего хода событий, который военное руководство полагало наилучшим, он вместо этого категорически отверг возможность сепаратного мира с Османской империей на каких бы то ни было условиях с ее стороны. Как следствие, русские силы по-прежнему были распределены среди нескольких фронтов, а не сосредоточены на Западном. Если бы удалось бросить закаленные в сражениях, уже испытавшие вкус побед кавказские части против Центральных держав, это могло существенно повысить боевой дух армии, вынуждая Берлин стягивать на восток все большие силы и тем самым улучшая положение на французском и итальянском фронтах. Но, отказавшись от мира с турками, Сазонов отрезал возможность для Антанты поправить ситуацию со снабжением, а для России — вырваться из изоляции.

Но даже в подобном решении мы без труда увидим скрытую логику: министр лишь держался положений, годами декларируемых его ведомством, а там многократно утверждалось, что вопрос о проливах может быть разрешен лишь в контексте масштабной всеевропейской войны. И в разгоревшейся войне Сазонов усматривал именно тот момент, когда России следовало наконец обеспечить свои интересы, то есть овладеть проливами. Он отвергал позицию союзных правительств, предполагавших, что, даже если она не захватит проливы военным путем, после разгрома Центральных держав могущество России будет столь неоспоримым, что попросту дарует ей контроль над ближневосточным театром, включая и Босфор с Дарданеллами. Проще говоря, подразумевалось, что после поражения Германии и Австро-Венгрии Петроград будет волен добиться от турок любых договоренностей по проливам.

Можно только гадать, какая из этих позиций могла бы оказаться вернее. В последнем случае Россия, вероятно, все равно столкнулась бы с оппозицией: если англичане уже смирились с переменами в ее пользу, то французы не были в восторге от подобной перспективы. Французское финансовое могущество не раз подрывало русские планы, а с устранением немецкой угрозы Франция, скорее всего, употребила бы его на борьбу за благосклонность турок, которые, в свою очередь, попытались бы выиграть в результате подобного соперничества, что им и прежде неоднократно удавалось. Определить, как сложился бы такой баланс сил, безусловно, невозможно, равно как и с какой бы то ни было уверенностью заявлять, что переброска кавказских частей на Западный фронт имела бы решающее значение или они также были бы сметены германской армией. Что касается противоположной точки зрения Сазонова, также неясно, достало бы у России сил для взятия проливов после поражения Центральных держав или нет. Военное командование настаивало, что подобная операция потребует огромных людских и материальных ресурсов, а никаких гарантий, что они оказались бы доступны на конец победоносной войны, быть не могло.

Узнать ответы на эти вопросы России не было суждено. Политика Сазонова решительно поставила мечты о русских проливах превыше военной угрозы Центральных держав, вынуждая Россию воевать на несколько фронтов. Несомненно, вследствие его деятельности завершение войны отдалялось вне зависимости от того, внесла бы переброска сил с Кавказа на Западный фронт решающие коррективы или нет. Мы же, зная, что революция была уже на пороге, можем заключить, что ошибка его оказалась фатальной. Ведь если министр и замечал общественное давление на государственную политику, то прислушивался он лишь к настроениям в Думе и в кругах русской интеллигенции, требовавшей проливов — голоса солдат, рабочих и крестьян, которые уже вскоре возопиют о земле, мире и хлебе, его слуха не достигали.

Ретроспективная полемика о внутренних противоречиях российской политики неизбежно ставит вопрос о том, действительно ли России нужны были проливы, или ей важнее было преследовать извечно ускользающую химеру. Как отмечает Д. Спринг, усиление Черноморского флота отвратило бы морскую угрозу от южных морских границ империи, вместе с тем ничуть не снижая экономической уязвимости в случае закрытия проливов [Spring 1992]. Закрытие навигации во время Итало-турецкой войны нанесло весьма ощутимый удар не только по рынку экспорта, но и в целом по финансовым рынкам, болезненно отреагировавшим на возросшие риски, связанные с выручкой от экспорта товаров из России. Как следствие, ставки по займам взлетели, еще более затруднив ее и без того шаткое финансовое положение. Вступление же турок в войну на враждебной России стороне означало, что на ее региональных интересах практически поставлен крест: вследствие закрытия проливов Россия была вынуждена полагаться на северный морской путь, пригодный для судоходства лишь в определенные сезоны, и восточный, следуя которым в направлении союзных государств русским кораблям приходилось преодолевать и Тихий океан, и Атлантику. И первый и второй были скверной альтернативой, поскольку

Россия срочно нуждалась в товарах военной промышленности, а союзники — в сырьевых материалах и хлебе. Теперь российские власти ясно осознали, каким ослаблением чревато отсутствие контроля над проливами — осознали не в теории, но из самой что ни на есть осязаемой финансово-экономической практики; осознали, что проливы суть жизненно важная артерия Российской империи.

Однако стремление обладать ими не оправдывало принесения в жертву империи. Именно эту — самую реальную — мысль Сазонов и Николай II потеряли из виду, по мере того как маховик войны раскручивался все сильнее. Сазонову следовало держаться прежней политики, сосредоточив усилия на борьбе с Центральными державами. В непоследовательности политических решений и заключается львиная доля его ответственности за судьбу империи. Несмотря на многоголосую критику, обвинявшую Сазонова в том, что именно он втянул Россию в войну, он не имел возможности проконтролировать данный шаг, равно как и последовавшие за ним. После же вступления в конфликт Османской империи он сделал наихудший выбор. Проще говоря, то, что большинством ученых расценивается в качестве одной из главнейших его побед на посту министра, а именно согласие Великобритании и Франции на приобретение Россией проливов и Константинополя после войны, на деле явилось его сокрушительнейшим поражением, приведшим к его скорой опале и способствовавшим падению династии Романовых.

На фоне вопроса о проливах можно сделать и ряд более общих выводов о формировании внешней и внутренней политики в последние годы существования Российской империи и о российском правительстве той поры в целом. Во-первых, из-за разногласий по проливам страдали дипломатические отношения России, в особенности с Францией. Конечно, финансовые связи, вроде государственных займов на развитие инфраструктуры, способствовали сближению держав, но колоссальный объем французских финансовых интересов в Османской империи вызывал между ними заметные трения. Сазонову так никогда и не удалось заручиться финансовой поддержкой Франции в своих дипломатических маневрах против турок, и в русском МИДе не сомневались, что на французские деньги Константинополь закупает вооружение, которое, скорее всего, будет обращено против русских солдат. Подобное охлаждение вселило в немецкое правительство надежду на окончательный разлад между союзниками, а может, и вдохновило в 1914 году предложить австрийцам карт-бланш, после того как боснийский серб застрелил в Сараеве эрцгерцога Франца Фердинанда.

С французской точки зрения глубокое проникновение России в Восточное Средиземноморье могло представлять серьезную угрозу интересам республики. То, как французы скрепя сердце соглашались на приобретение Россией проливов, а также неспособность правительств обеих держав согласовать единую манеру поведения в отношениях с Высокой Портой явно указывает на то, что их союз был, скорее, вынужден обоюдными опасениями немецкой агрессии. Несмотря на то что альянс продемонстрировал необычайную по европейским меркам XIX столетия жизнестойкость, после победы над Центральными державами (если бы Россию не поглотил водоворот революции) ему вряд ли было суждено продержаться еще дольше. Словно выбитый из кладки цемент, утрата связующей их Германии, вероятно, обернулась бы скорым распадом альянса под весом многочисленных разногласий вокруг османского наследства и соперничества в Восточном Средиземноморье. Британия же вряд ли стала бы занимать какую-либо из сторон, и таким образом в Европе возник бы новый, изменчивый баланс сил. Тогда и Германия могла бы обрести ту же свободу восстановить силы, а затем и перевооружиться, что она и сделала в годы, последовавшие за подписанием Версальского договора.

Российскую внешнюю политику разыгрывал скромный ансамбль дипломатов МИДа под управлением Сазонова. Наибольшее, на что мог здесь повлиять Николай, — это избрание на роль министра того или иного лица, которое затем и задавало тон всей внешней политике. Царь регулярно заслушивал доклады Сазонова, постоянно получал огромную дипломатическую корреспонденцию и документацию и даже время от времени принимал иностранных послов и глав государств. Но в общем и целом Николай вмешивался в дела Сазонова незначительно, а с началом войны имел на это еще меньше времени.

В своей политике Сазонов исходил из того, что считал наилучшим для обеспечения интересов России в Черноморских проливах. В долгосрочной перспективе его целью являлось овладение Босфором и Дарданеллами. Пока же Россия не была в состоянии захватить проливы, находясь в процессе перевооружения и довооружения, Сазонов стремился удержать статус-кво и не допустить, чтобы третьи державы получили над ними контроль. В российском МИДе питали мало доверия к написанному на бумаге, ибо не раз наблюдали, как державы шутя нарушали всевозможные международные договоренности, регулирующие тот или иной территориальный режим. Кульминацией здесь явилось нарушение Германией нейтралитета Бельгии в 1914 году. Также в МИДе не верили, что какие-либо договоренности или соглашения действительно способны защитить жизненно важные интересы государства[1]. Так что Сазонов со товарищи полагали, что наилучшие гарантии интересов России могут представить лишь ее собственные войска, размещенные непосредственно в зоне ее интересов и утверждающие там ее власть. Данной точкой зрения и определялась внешняя политика как в 1912–1913 годах в отношении Болгарии, так и во время Первой мировой войны в связи с англо-французской операцией у Галлиполи в Дарданеллах.

С другой стороны, мнение общественности, выражаемое в прессе и Государственной думе, играло в принятии решений в лучшем случае второстепенную роль. На протяжении всего довоенного времени и в первые военные месяцы Сазонов отмахивался от любой критики в свой адрес. Он считал, что лучше критиков знает желания русского народа и направление, в кото-

---

[1] В свете подобного отношения к письменным соглашениям более ясными представляются и уступки российской дипломатии. Готовность Сазонова допустить международный режим на железнодорожном тракте, который должен был соединить Сербию с Адриатическим морем, свидетельствует о том, насколько далеко находилась проблема сербского выхода к морю от средоточия российских интересов.

ром надлежит двигаться русской дипломатии. Его позиция по проливам оставалась неизменной вплоть до вступления Турции в войну, вопреки всем усилиям, направленным на достижение обратного. Лишь когда война уже была в разгаре, а Турция являлась официальным противником, Сазонов начал прислушиваться к мнению Думы. Вследствие войны он сделался горячим сторонником создания Кабинета министров, ответственного перед Думой. По мере все большего увлечения этой идеей он вполне мог сообщать своей политике курс, близкий к требованиям парламентариев, пользующихся наибольшим авторитетом в вопросах внешней политики, вроде Милюкова. То есть негласно министр мог действовать так, словно уже был подотчетен Государственной думе, пусть формально и продолжая отчитываться перед царем. Безусловно, новоявленное внимание к мнению Думы по проливам еще более подкрепляло его категорический отказ от сепаратного мира с Турцией, поскольку тогда пришлось бы пожертвовать обещаниями, полученными Россией от Великобритании и Франции.

В настоящем исследовании проблема проливов используется в качестве репрезентативного примера политической переориентации российского МИДа после того, как Столыпину удалось распространить свою власть даже на целый Певческий мост. И перемены происходили куда скорее, чем полагает Дэвид Макдональд [McDonald 1992b, chaps. 8, 9]. После Столыпина ни один глава правительства уже не обладал столь всеобъемлющими полномочиями или же подобной поддержкой Николая, чтобы принудить Сазонова к обсуждению его политических решений. Не считая февральского особого совещания в 1914 году, посвященного кризису Лимана фон Сандерса, роль Коковцова в определении межведомственных приоритетов неизменно уменьшалась, за исключением влияния, которым он обладал в силу контроля за государственными финансовыми инструментами. Это, впрочем, не означает, что с приходом Сазонова председатель Совета министров полностью перестал влиять на внешнюю политику: пост министра финансов позволил Коковцову с успехом отложить военно-морские учения для отработки десантных маневров на Черноморском побережье, чем весьма осложнил будущее проведение подобных операций.

Но консерватизм Коковцова в области финансов был примечателен и с другой стороны. Министр оказался совершенно невосприимчив к заблуждению, жертвой которого становились многие государства, имевшие выход к морю: что господство на море приносит господство и над всей сушей. Ретроспективно можно утверждать, что подобное уравнение было далеко не столь верным, как считали политики довоенной эпохи. Именно так полагали и морские власти России, и Николай, и Извольский, а с ними и Сазонов. Его, конечно, более занимали практические аспекты обеспечения безопасности на Черном море, однако известная риторика Певческого моста давала понять, что и министр был согласен: мощный флот означает усиление дипломатического влияния. Такое сотрудничество между Морским и Дипломатическим ведомствами, поддержанное Николаем II и в итоге Государственной думой, на деле означало миллионные траты на строительство военных кораблей, которые не особо способствовали достижению реальных целей России в войне и мало повлияли на результат ее участия. Было бы преувеличением списывать на финансирование постройки кораблей ту нехватку средств, с которой столкнулась армия, однако гораздо большую пользу России эти деньги принесли бы, будь они вложены в развитие инфраструктуры и в целом повышение уровня жизни населения.

Вместе с тем подобное согласие между Морским и Дипломатическим министерствами было делом довольно необычным. Традиционно в российском правительстве наблюдалось соперничество как внутри ведомств, так и между ними — как у гражданских, так и у военных. Произошедшее к концу 1913 года сближение взглядов относительно пользы и необходимости наличия более крупного военного флота, в особенности на Черном море, означало, что сотрудничество военно-морских и дипломатических чиновников было весьма тесным, что редко можно было наблюдать между гражданской и военной ветвями власти. Слаженная работа двух ведомств позволила им тщательнее выработать политическое решение в отношении Черного моря, тепло принятое в Думе, которая одобрила финансирование судостроительного проекта. Столыпин безуспешно пытался наладить именно такое содействие друг другу правительственных ведомств на постоянной основе. В данном же случае стимулом к сотрудничеству явились скорее обстоятельства, чем соображения эффективности. Разовый характер данной ситуации означал, что в целом механизм российской государственности работал по-прежнему неэффективно и нередко две соседние шестерни пытались вращаться в противоположных направлениях: соперничество между ведомствами за скудные ресурсы, а также за царское внимание продолжалось вплоть до самого конца Российской империи.

Во время войны военные и дипломаты как раз тянули правительство в разных направлениях, причем последние практически всегда одерживали верх. Ситуация была ровно противоположна немецкой, где гражданские власти зачастую склонялись перед военными. К примеру, когда морское командование намеревалось провести превентивные мероприятия на Босфоре с целью предотвратить выступление турецкого флота, Сазонов успешно удержал их от этого, не желая рисковать разрывом отношений с Портой. А в марте 1915 года, когда проникновение англо-французской эскадры в Дарданеллы казалось наиболее вероятным, Сазонов добился высочайшего одобрения на подготовку частей к отправке, невзирая на противодействие военного руководства. Чуть позже он вновь пренебрег стремлением военных заключить сепаратный мир с Турцией, чтобы сосредоточить все силы против немцев с австрийцами. Воспротивившись окончанию войны, он таким образом сохранял надежду на военную операцию по захвату Черноморских проливов. Такой примат гражданской власти, по иронии, сближал Россию с ее демократическими союзниками — Великобританией и Францией, в которых командование армией и флотом было подчинено гражданскому правительству, — контрастируя с устройством прочих монархических государств, особенно Германии, где армия пользовалась практически неограниченным влиянием на государственную политику.

И вместе с тем достигнутая Сазоновым победа не обернулась ни победой демократии, ни победой согласованных действий правительства, но лишь победой его собственных устремлений, превзошедших усилия всех прочих в борьбе за высочайшее одобрение. Горемыкин был утомленный старик, едва справлявшийся с председательством в Совете министров, царь же все внимание сосредоточил на командовании армией; коллегиального органа, отвечавшего за широкую аналитику интересов России во время войны — в духе британских Комитета обороны Империи и Военного кабинета — попросту не существовало. Сазонов реально принимал те или иные решения, часто влиявшие на ход событий, однако сами решения были строго ограничены системными факторами, которыми также ограничивались и его возможности повлиять на общую ситуацию в стране. В конце концов русская птица-тройка рванулась да понесла во все стороны навстречу непредвиденной судьбе. Рассогласованность и разнонаправленность привели постепенно к безвластию и в конечном итоге к крушению.

Источники

Архивы

Великобритания

PRO — Public Record Office (London)

ADM. 1. Admiralty Board In-Letters
ADM. 116. Admiralty Board Cases
CAB. 41. Photographic Copies of Cabinet Letters in the Royal Archives
FO. 371. General Correspondence, Political
FO. 372. General Correspondence, Treaty
FO. 418. Russia Confidential Print
FO. 438. Confidential Print
FO. 800. Papers of Foreign Secretaries and Diplomats
Grey
Nicolson
FO. 881. Confidential Print

Россия

АВПРИ — Архив внешней политики Российской империи (Москва)

Ф. 133. Канцелярия Министерства иностранных дел
Ф. 134. Архив «Война»
Ф. 135. Особый политический отдел
Ф. 137. Отчеты МИД России
Ф. 138. Секретный архив министра
Ф. 151. Политический архив
Ф. 161. Санкт-Петербургский Главный архив
Ф. 323. Дипломатическая канцелярия при Ставке

Ф. 340. Коллекция документальных материалов из личных архивов чиновников МИД

Оп. 584. Н. Г. Гартвиг
Оп. 597. А. А. Гирс
Оп. 610. Б. Нольде
Оп. 611. М. А. Таубе
Оп. 706. А. А. Савинский
Оп. 807. А. А. Нератов
Оп. 808. А. М. Петраев
Оп. 812. Сергей Д. Сазонов
Оп. 835. А. П. Извольский
Оп. 837. В. Сватковский
Оп. 839. И. Я. Коростовец
Оп. 840. А. М. Ону
Оп. 899. В. Н. Муравьев
Оп. 902. Г. Н. Трубецкой

РГАВМФ — Российский государственный архив военно-морского флота (Санкт-Петербург)

Ф. 410. Канцелярия Морского министерства
Ф. 417. Главный морской штаб
Ф. 418. Морской генеральный штаб
Ф. 420. Канцелярия морского министра
Ф. 701. И. К. Григорович
Ф. 1335. А. И. Русин

РГВИА — Российский государственный военно-исторический архив (Москва)

Ф. 1
Ф. 68. Я. Г. Жилинский
Ф. 89. А. А. Поливанов
Ф. 151
Ф. 2000

РГИА — Российский государственный исторический архив (Санкт-Петербург)

Ф. 23. Министерство торговли и промышленности
Ф. 560. Министерство финансов
Ф. 696. Толстые
Ф. 1016. Палены
Ф. 1038. Р. Р. Розен
Ф. 1062. М. А. Таубе
Ф. 1162. Государственная канцелярия Государственного совета
Ф. 1276. Совет министров
Ф. 1278. Государственная Дума. Стенографический отчёт
Ф. 1282. Министерство иностранных дел
Ф. 1358. С.-Петербургское телеграфное агентство. 1902–1917
Ф. 1409. Собственная Его Императорского Величества канцелярия
Ф. 1542. Шаховский
Ф. 1569. П. П. Извольский
Ф. 1571. А. В. Кривошеин
Ф. 1617. М. М. Андронников
Ф. 1622. С. Ю. Витте
Ф. 1642. Д. Н. Куломзин
Ф. 1649. А. Б. Нейдгардт
Ф. 1660. Н. К. Свечинский
Ф. 1662. П. А. Столыпин

ГАРФ — Государственный архив Российской Федерации (Москва)

Ф. 543. Коллекция рукописей царскосельского дворца
Ф. 555. А. И. Гучков
Ф. 559. А. П. Извольский
Ф. 564. А. Ф. Кони
Ф. 568. В. Н. Ламсдорф
Ф. 570. А. А. Макаров
Ф. 577. А. А. Нератов
Ф. 578. Мясоедов
Ф. 579. П. Н. Милюков
Ф. 596. М. А. Таубе
Ф. 601. Николай II
Ф. 604. П. Н. Струве
Ф. 605. Родзянко

Ф. 627. Б. В. Штюрмер
Ф. 642. Мария Федоровна
Ф. 670. Николай Михайлович
Ф. 671. Николай Николаевич
Ф. 724. Н. А. Маклаков
Ф. 813. М. Ф. Шиллинг
Ф. 887. Гейден
Ф. 892. А. А. Гирс
Ф. 1126. Бенкендорф
Ф. 1467. Чрезвычайная следственная комиссия

РНБ — Российская национальная библиотека (Санкт-Петербург)

Ф. 124. А. А. Савинский
Ф. 422. Л. В. Васильев
Ф. 1000. В. Б. Лопухин

Соединенные Штаты Америки

HI — Hoover Institution Archive (Stanford)
Nikolai Aleksandrovich Bazili Collection
Sergei D. Sazonov Collection

Франция:

MAE — Ministère des Affaires Etrangères (Paris)
Guerre 1914–1918
Pologne 713–716, 742
Russie 641–643, 742–744
Turquie 845–854
Nouvelle Serie, Russie 18–23, 40–44, 46–47, 50, 65, 84
Nouvelle Serie, Turquie 146, 162–163, 165, 182, 185–186, 244–245, 251–252

Papiers agents — archives personneles
043 Cambon, Jules
133 Paléologue
134 Panafieu
188 Louis

211 Delcassé
240 Doulcet

SHM — Service Historique de la Marine (Vincennes)
BB7 120–122, 131–132, 153
SS. Ca 14
SS. Cb 13
SS. Ea 157–158, 160–161, 163

Опубликованные работы и источники

ОСНОВНЫЕ ИСТОЧНИКИ

КА — Красный архив. Ставка и министерство иностранных дел. Т. 26–30. 1928.
27 августа / 9 сентября 1914 г. — 1/14 февраля 1915 г. Т. 26.
1/14 февраля 1915 г. — 28 августа / 10 сентября 1915 г. Т. 27.
28 августа / 10 сентября 1915 г. — 12/25 июня 1916 г. Т. 28.
24 июня / 7 июля 1916 г. — 13/26 декабря 1916 г. Т. 29.
23 декабря 1916 г. / 5 января 1917 г. — 19 мая / 1 июня 1917 г. Т. 30.
Дневник Министерства иностранных дел за 1915–1916 гг. Т. 31–32. 1929.
Чехо-Словацкий вопрос и царская дипломатия в 1914–1917 гг. Т. 34–35. 1929.
КП — Константинополь и проливы (Европейские державы и Турция во времена мировой войны): В 2 т. / Ред. Е. А. Адамов. М., 1925–1926.
ФРО — Материалы по истории франко-русских отношений за 1910–1914 гг. М., 1922.
ЦР — Царская Россия в мировой войне: в 5 т. Т. 1. Л.: ЛЕНГИЗ, 1925.
МО — Международные отношения в эпоху империализма. Сер. 2, 3. М.; Л.: Гос. соц.-экон. изд-во, 1931–1940.

BD — British Documents on the Origins of the War 1898–1914: In 11 vols. / Ed. by G. P. Gooch, H. Temperley. London: H. M. Stationary Office, 1926–1938.
BDFA — Russia, 1859–1914. Part I: From the Mid-Nineteenth Century — the First World War. Series A / Ed. by D. C. B. Lieven. In 6 vols. // British Documents on Foreign Affairs: Reports and Papers from the Foreign Office

Confidential Print / Ed. by K. Bourne and D. C. Watt. Frederick, MD: University Publications of America, 1983.

___. The First World War, 1914–1918. Part I: From the Mid-Nineteenth Century — the First World War. Series H / Ed. by D. Stevenson. In 12 vols. // British Documents on Foreign Affairs: Reports and Papers from the Foreign Office Confidential Print / Ed. by K. Bourne, D. C. Watt. Frederick, MD: University Publications of America, 1992.

DDF — France. Ministrère des Affaires Etrangères. Documents diplomatiques français (1871–1914). Ser. 2, 3. Paris: 1929–1954.

FO — Great Britain, Foreign Office. British and Foreign State Papers, 1870–1871. London, 1877.

GDD — German Diplomatic Documents, 1871–1914: In 4 vols. / Ed. by E. T. S Dugdale. London: Methuen, 1928–1931.

GP — Die grosse Politik der europäischen Kabinette, 1871–1914: Sammlung der diplomatischen Akten des Auswärtigen Amtes: In 40 bd. // Hg. J. Lepsius et al. Berlin: Deutsche Verlagsgesellschaft für Politik und Geschichte, 1922–1927.

LN — Un Livre Noir: Diplomatie d'avant guerre d'après les documents des archives russes, novembre 1910 — juillet 1914: En 3 ts, 6 parts / Ed. par R. Marchand. Paris: Librarie du Travail, 1922–1934.

АВТОБИОГРАФИИ И ДНЕВНИКИ

Андрей Владимирович 1925 — Андрей Владимирович, великий князь. Дневник за 1915 год. М.: Печатный двор, 1925.

Барк 1957–1967 — Воспоминания П. Л. Барка // Возрождение. 1957–1967. № 43, 48, 157–170, 172–184.

Бетман-Гольвег 1925 — Бетман-Гольвег Т. Мысли о войне / Пер. с нем. В. Н. Дьякова, предисл. В. Гурко-Кряжина. М.; Л.: Гос. изд-во, 1925.

Богданович 1924 — Богданович А. В. Три последних самодержца: Дневник А. В. Богдановича. М.; Л.: Издательство Л. Д. Френкель, 1924.

Бок 1992 — Бок М. П. П. А. Столыпин: Воспоминания о моем отце. М.: Современник, 1992.

Бубнов 1955 — Бубнов А. Д. В царской ставке. Нью-Йорк: Изд-во имени Чехова, 1955.

Бьюкенен 1925 — Бьюкенен Дж. Мемуары дипломата / Пер. с англ. С. А. Алексеева и А. И. Рубена. М.: Гос. изд-во, 1925.

Витте 1994 — Витте С. Ю. Воспоминания: царствование Николая II: В 3 т. Таллин: Скиф Алекс, 1994.

Воейков 1995 — Воейков В. Н. С царем и без царя. М.: Терра, 1995.

Григорович 1993 — Григорович И. К. Воспоминания бывшего морского министра. СПб.: Дева, 1993.

Гучков 1917 — Гучков А. И. Речи по вопросам государственной обороны и общей политики, 1908–1917 гг. Петроград: тип. т-ва А. С. Суворина «Новое время», 1917.

Данилов 1924 — Данилов Ю. Н. Россия в мировой войне, 1914–1915. Берлин: Слово, 1924.

Епанчин 1996 — Епанчин Н. А. На службе трех императоров. М.: Наше наследие, 1996.

Кизеветтер 1929 — Кизеветтер А. А. На рубеже двух столетий (Воспоминания 1891–1914). Прага: Обрис, 1929.

Коковцов 1933 — Коковцов В. Н. Из моего прошлого. Воспоминания 1903–1919 гг.: В 2 т. Париж: Иллюстрированная Россия, 1933.

Кривошеин 1973 — Кривошеин К. А. А. В. Кривошеин, его значение в истории России начала XX века. Париж: б. и., 1973.

Лемке 1920 — Лемке М. К. 250 дней в царской ставке. Петроград: Гос. изд-во, 1920.

Милюков 1955 — Милюков П. Н. Воспоминания, 1859–1917: В 2 т. Нью-Йорк: Изд-во им. Чехова, 1955.

Михайловский 1993 — Михайловский Г. Н. Записки. Из истории российского внешнеполитического ведомства, 1914–1920 гг.: В 2 кн. М.: Международные отношения, 1993.

Николай II 1932 — Николай II. Дневник императора Николая II. Берлин: Слово, 1932.

Палеолог 1991 — Палеолог М. Царская Россия во время мировой войны. М.: Международные отношения, 1991.

Письма 1922 — Письма Императрицы Александры Федоровны к Императору Николаю II: В 2 т. / Пер. с англ. В. Д. Набокова. Берлин: Слово, 1922.

Поливанов 1924 — Поливанов А. А. Из дневников и воспоминаний по должности военного министра и его помощника, 1907–1916. М.: Высший военный редакционный совет, 1924.

Сазонов 1927 — Сазонов С. Д. Воспоминания. Париж: Книгоиздательство Е. Сияльской, 1927.

Соловьев 1928 — Соловьев Ю. Я. 25 лет дипломатической службы МОЭИ. М.: Гос. изд-во, 1928.

Соловьев 1959 — Соловьев Ю. Я. Воспоминания дипломата, 1893–1922. М.: Изд-во соц-экон., 1939, 1959.

Сухомлинов 1924 — Сухомлинов В. А. Воспоминания. Берлин: Русское универсальное изд-во, 1924.

Таубе 2007 — Таубе М. А. «Зарницы»: Воспоминания о трагической судьбе предреволюционной России (1900–1917). М.: Памятники исторической мысли, РОССПЭН, 2007.

Трубецкой 1921–1926 — Трубецкой Е. Н., князь. Из прошлого. Воспоминания из путевых заметок. София: Книгоиздательство «Русь», 1921–1926.

Трубецкой 1983 — Трубецкой Г. Н., князь. Русская дипломатия, 1914–1917 гг. и война на Балканах. Монреаль: Editions «R.U.S.», 1983.

Шаховской 1952 — Шаховской В. Н., кн. «Sic transit gloria mundi» (Так проходит мирская слава). 1893–1917 гг. Париж, б.и., 1952.

ПРОЧИЕ ИСТОЧНИКИ

Васюков 1992 — Васюков В. С. «Главный приз». С. Д. Сазонов и соглашение о Константинополе и проливах // Российская дипломатия в портретах / Ред. А. В. Игнатьев, И. С. Рыбаченок, Г. А. Санин. М.: Международные отношения, 1992. С. 355–377.

Гальперина 1999 — Совет министров Российской империи в годы Первой мировой войны. Бумаги А. Н. Яхонтова: (Записи заседаний и переписка). С.-Петерб. фил. Ин-та рос. истории РАН и др. / Редкол.: Б. Д. Гальперина (гл. ред.) и др. СПб.: Дмитрий Буланин, 1999.

Дума 1906–1917 — Россия. Государственная Дума. Стенографические отчеты. СПб.: Гос. тип., 1906–1917.

Зеньковский 1956 — Зеньковский А. В. Правда о Столыпине. Нью-Йорк: All-Slavic Publishing House, 1956.

Лапинский 1926 —Русско-польские отношения в период мировой войны / Ред. Н. М. Лапинский. Л.: Московский рабочий, 1926.

Сборник 1952 — Сборник договоров России с другими государствами. 1856–1917. М.: Гос. изд-во полит. литературы, 1952.

Совет министров 1988 — Россия. Совет министров. Особый журнал Совета министров царской России 1906–1917 гг.: В 6 т. М.: Институт истории АН СССР, 1988.

Щеголев 1924–1927 — Падение царского режима: Стенографические отчёты допросов и показаний в 1917 г. в Чрезвычайной следственной комиссии Временного правительства: В 7 т. / Ред. П. Е. Щеголев. Л.: Гос. изд-во, 1924–1927.

Яхонтов 1926 — Яхонтов А. Н. Тяжелые дни (Секретные заседания Совета министров; 16 июля – 2 сентября 1915 года) // Архив русской революции: В 22 т. Т. 18. Берлин: Слово, 1926.

Anderson 1970 — Anderson M. S. The Great Powers and the Near East, 1774–1923. New York: St. Martin's, 1970.

Geiss 1967 — July 1914: The Outbreak of the First World War / Ed. by I. Geiss. London: Batsford, 1967.

Gilbert 1973 — Winston S. Churchill / Ed. by M. Gilbert: In 8 vols. Vol. 3. Houghton Mifflin, 1973.

Golder 1927 — Golder F. A. Documents of Russian History, 1914–1917. New York: Century, 1927.

Greger 1997 — Greger R. Battleships of the World. Annapolis: Naval Institute, 1997.

Halpern 1987 — The Royal Navy in the Mediterranean 1915–1918 / Ed. by P. Halpern. London: Navy Records Society, 1987.

Jane 1969 — Jane's Fighting Ships / Ed. by F. T. Jane. London, 1914, rpt. New York, 1969.

Lettres 1926 — Lettres des Grands-Ducs à Nicolas II / Transl. by M. Lichnovsky. Paris: Payot, 1926.

Lumby 1970 — Policy and Operations in the Mediterranean, 1912–1914 / Ed. by E. W. R. Lumby. London: Navy Records Society, 1970.

McCarthy 1982 — McCarthy J. The Arab World, Turkey, and the Balkans (1878–1914): A Handbook of Statistics. Boston: G. J. Hall, 1982.

Preston 1972 — Preston A. Battleships of World War I. London: Stackpole, 1972.

Schilling 1925 — How the War Began in 1914 / Ed. by Baron M. F. Schilling. London: George Allen and Unwin, 1925.

Schreiner 1921 — Entente Diplomacy and the World: Matrix of the History of Europe, 1909–1914 / Ed. by G. A. Schreiner. London: Knickerbocker, 1921.

Siebert 1928 — Graf Benckendorffs diplomatischer Schriftwechsel: In 3 Bd. / Hg. von B. Siebert. Berlin: W. de Groyter, 1928.

Stieve 1926 — Der Diplomatische Schriftwechsel Iswolskis 1911–1914. Aus dem Geheimakten der Russischen Staatarchiv / Hg. von F. Stieve. Berlin: Deutsche Verlagsgesellschaft für Politik und Geschichte, m.b.H., 1926.

Библиография

Аветян 1985 — Аветян А. С. Русско-германские дипломатические отношения накануне Первой мировой войне 1910–1914 гг. М.: Наука, 1985.

Аветян 1987 — Аветян А. С. К истории Потсдамского соглашения 1911 года // Ежегодник германской истории, 1986 / Ред. Б. А. Айзин. М.: Наука, 1987. С. 100–110.

Аврех 1981 — Аврех А. И. Царизм и IV Дума, 1912–1914 гг. М.: Наука, 1981.

Аврех 1985 — Аврех А. И. Распад третьеиюньской системы. М.: Наука, 1985.

Аврех 1989 — Аврех А. И. Царизм накануне свержения. М.: Наука, 1989.

Алхазашвили 2000 — Алхазашвили Д. Н. Босфор и Дарданеллы в военно-морской стратегии России начала XX в. // Вестник Московского университета. Сер. 8: История. 2000. № 2. С. 98–115.

Алексеева 1990 — Алексеева И. В. Агония сердечного согласия: царизм, буржуазия и союзники по Антанте, 1914–1917. Л.: Лениздат, 1990.

Ананьич 1970 — Ананьич Б. В. Россия и международный капитал, 1897–1914. Очерки истории финансовых отношений. Л.: Наука, 1970.

Ананьич и др. 1984 — Ананьич Б. В. и др. Кризис самодержавия в России, 1895–1917. Л.: Наука, 1984.

Астафьев 1970 — Астафьев И. И. Потсдамское соглашение 1911 г. // Исторические записки. 1970. № 85. С. 112–158.

Астафьев 1972 — Астафьев И. И. Русско-германские дипломатические отношения 1905–1911 гг. М.: Изд-во Московского университета, 1972.

Ахун 1939 — Ахун М. И. Источники изучения истории государственных учреждений царской России (XIX–XX вв.) // Архивное дело. 1939. № 49. Вып. 1. С. 77–91.

Беляева 1991 — Первая мировая война и проблемы политического переустройства в Центральной и Юго-Восточной Европе / Ред. В. И. Беляева. М.: Академия наук СССР, 1991.

Бестужев 1961 — Бестужев И. В. Борьба в России по вопросам внешней политики, 1906–1910. М.: АН СССР, 1961.

Бестужев 1965 — Бестужев И. В. Борьба в России по вопросам внешней политики (1910–1914) // Исторические записки. 1965. № 75. С. 44–85.

Бовыкин 1957 — Бовыкин В. И. Русско-французские противоречия на Балканах и Ближнем Востоке накануне Первой мировой войны // Исторические записки. 1957. № 59. С. 84–124.

Бовыкин 1961 — Бовыкин В. И. Из истории возникновения Первой мировой войны: отношения России и Франции в 1912–1914 гг. М.: Изд-во Московского университета, 1961.

Галкин 1957 — Галкин И. С. Демарш Чарыкова в 1911 г. и позиция европейских держав // Из истории общественных движений и международных отношений / Ред. В. В. Альтман. М.: Наука, 1957. С. 633–656.

Георгиев 1988а — Георгиев А. В. Документы посланий и миссии России как источник для изучения роли пограничной службы во внешнеполитическом аппарате самодержавия // История СССР. 1988. № 4. С. 135–149.

Георгиев 1988б — Георгиев А. В. Царизм и российская дипломатия накануне Первой мировой войны // Вопросы истории. 1988. № 3. С. 58–73.

Георгиев и др. 1978 — Георгиев В. А. и др. Восточный вопрос во внешней политике России, конец XVIII — начало XX в. М.: Наука, 1978.

Готлиб 1960 — Готлиб В. В. Тайная дипломатия во время первой мировой войны / Пер. с англ. В. А. Альтшулера и В. П. Готовицкой. М.: Соцэкгиз, 1960.

Дворецкий 1973 — Дворецкий Е. В. Дипломатические отношения России и Италии в период Итало-турецкой войны 1911–1912 гг. // Исторические записки. 1973. № 92. С. 57–83.

Дякин 1967 — Дякин В. С. Русская буржуазия и царизм в годы Первой мировой войны. Л.: Наука, 1967.

Дякин 1988 — Дякин В. С. Буржуазия, дворянство и царизм в 1911–1914 гг. Разложение третьеиюньской системы. Л.: Наука, 1988.

Емец 1977 — Емец В. А. Очерки внешней политики России в период Первой мировой войны: взаимоотношения России с союзниками по вопросам ведения войны. М.: Наука, 1977.

Ефремов 1961 — Ефремов П. Н. Внешняя политика России, 1907–1914 гг. М.: Институт международных отношений, 1961.

Зайончковский 1926а — Зайончковский А. М. Подготовка России к империалистической войне. Очерки военной подготовки и первоначальных планов. М., 1926.

Зайончковский 1926б — Зайончковский А. М. Подготовка России к мировой войне в международном отношении. Л.: Военная типография, 1926.

Зайончковский 1938–1939 — Зайончковский А. М. Мировая война, 1914–1918: В 3 т. М.: Гос. воен. изд-во, 1938–1939.

Захер 1924 — Захер И. А. Константинополь и проливы // Красный архив. 1924. № 6. С. 48–76; № 7. С. 32–54.

Игнатьев 1962 — Игнатьев А. В. Русско-английские отношения в Первой мировой войне, 1908–1914. М.: Изд-во социально-экономической лит-ры, 1962.

Игнатьев 1991 — Игнатьев А. В. Портрет российских дипломатов: Сборник научных трудов. М., 1991.

Игнатьев 1996 — Игнатьев А. В. Сергей Дмитриевич Сазонов // Вопросы истории. 1996. № 9. С. 24–46.

Игнатьев 1997 — История внешней политики России. Конец XIX — начало XX века / Ред. А. В. Игнатьев. М.: Международные отношения, 1997.

Искендеров 2003 — Искендеров П. А. Балканские войны, 1912–1913 // В «пороховом погребе Европы», 1878–1914 / Ред. В. Н. Виноградов и др. М.: Индрик, 2003. С. 476–507.

Королева 1984 — Королева Н. Г. Советы в России в 1907–1914 гг. // Исторические записки. 1984. № 110. С. 114–153.

Косик 2003 — Косик В. И. Болгария: примирение с России и провозглашение независимости // В «пороховом погребе Европы». 1878–1914 / Ред. В. Н. Виноградов и др. М.: Индрик, 2003. С. 410–429.

Кострикова 1997 — Кострикова Е. Г. Русская пресса и дипломатия накануне Первой мировой войны. 1907–1914. М.: Наука, 1997.

Лебедько 1996 — Лебедько В. Г. «Недавнее прошлое русского флота...» (свидетельствует адмирал Нёмитц) // Гангут. 1996. № 10. С. 109–117.

Лукьянов 2002 — Лукьянов М. Н. Консерваторы и «обновленная Россия», 1907–1914 // Славянское обозрение. 2002. № 61. Вып. 4. С. 762–786.

Мальков 1998 — Первая мировая война: пролог XX века / Ред. В. Л. Мальков. М.: Наука, 1998.

Нарочницкий 1981 — Итоги и задачи изучения внешней политики России / Ред. А. Л. Нарочницкий. М.: Наука, 1981.

Нарочницкий 1988 — Внешняя политика России и общественное мнение: Сборник статей / Ред. А. Л. Нарочницкий. М.: Институт истории АН СССР, 1988.

Нотович 1947 — Нотович Ф. И. Дипломатическая борьба в годы Первой мировой войны. М.; Л.: Издательство АН СССР, 1947.

Очерк 1902 — Очерк истории Министерства иностранных дел. СПб.: Р. Голике и А. Вильборг, 1902.

Писарев 1985 — Писарев Ю. А. Великие державы и Балканы накануне Первой мировой войны. М.: Наука, 1985.

Покровский 1926 — Покровский М. Н. Внешняя политика России в XX веке: Популярный очерк. М.: Изд-во Коммун. ун-та им. Я. М. Свердлова, 1926.

Розенталь 1960 — Розенталь Э. М. Дипломатическая история русско-французского союза в начале XX века. М.: Соцэкгиз, 1960.

Рыбаченок 1993 — Рыбаченок И. С. Союз с Францией во внешней политике России в конце XIX в. М.: Институт истории АН СССР, 1993.

Сенин 1996 — Сенин А. С. Александр Иванович Гучков. М.: Скрипторий, 1996.

Струве, Нольде 1930 — Памяти Кн. Гр. Трубецкого: Сборник статей / Ред. П. Струве, Б. Нольде. Париж, 1930.

Турилова 1997 — Турилова С. Л. Структура внешнеполитического ведомства России (1720–1917 гг.) // Дипломатический вестник. 1997. № 1. С. 75–78.

Фей 1934 — Фей С. Б. Происхождение мировой войны: В 2 т. / Пер. с англ. Б. Жуховецкого. Т. 2. М.; Л.: Государственное социально-экономическое издательство, 1934.

Флоринский 1977 — Флоринский М. Ф. Совет министров и Министерство иностранных дел в 1907–1914 гг. // Вестник ЛГУ: История, язык и литература. 1977. № 2. Вып 1. С. 35–39.

Черменский 1976 — Черменский Е. Д. IV Государственная дума и свержение царизма в России. М.: Мысль, 1976.

Шацилло 1968 — Шацилло К. Ф. Русский империализм и развитие флота накануне Первой мировой войны (1906–1914). М.: Наука, 1968.

Шевелев 2001 — Шевелев Д. Л. К истории заключения соглашения о разделе азиатских территорий Османской империи, 1916 г. // Восток (Oriens). 2001. № 5. С. 39–43.

Abbot 1922 — Abbot G. F. Greece and the Allies, 1914–1922. London: Methuen & Co., 1922.

Adams 1990 — Adams M. C. C. The Great Adventure: Male Desire and the Coming of World War I. Bloomington: Indiana University Press, 1990.

Adamthwaite 1995 — Adamthwaite A. Grandeur and Misery: France's Bid for Power in Europe 1914–1940. London: Arnold, 1995.

Adelson 1975 — Adelson R. Mark Sykes, Portrait of an Amateur. London: Jonathan Cape, 1975.

Adelson 1995 — Adelson R. London and the Invention of the Middle East; Money Power and War, 1902–1922. London: Yale University Press, 1995.

Ahmad 1969 — Ahmad F. The Young Turks: The Committee of Union and Progress in Turkish Politics, 1908–1914. Oxford: Clarendon, 1969.

Albertini 1952–1957 — Albertini L. The Origins of the War of 1914: In 3 vols. / Transl. by I. M. Massey. London: Oxford University Press, 1952–1957.

Albrecht-Carrié 1958 — Albrecht-Carrié R. A Diplomatic History of Europe Since the Congress of Vienna. New York: Harper, 1958.

Aldanov 1971 — Aldanov M. P. N. Durnovo — Prophet of War and Revolution // The Russian Revolution of 1917. Contemporary Accounts / Ed. by D. von Mohrenschildt. New York: Oxford University Press, 1971. P. 31–45.

Aleksic-Pejkovic 1986 — Aleksic-Pejkovic L. Political and Diplomatic Importance of the Balkan Wars // East Central European Society and the Balkan Wars / Ed. by B. K. Király, D. Djordjevic. Highland Lakes, NJ: Atlantic Research, 1986. P. 371–385.

Allen, Muratoff 1953 — Allen W. E. D., Muratoff P. Caucasian Battlefields: A History of Wars on the Turko-Caucasian Border, 1828–1921. Cambridge: Cambridge University Press, 1953.

Allshouse 1977 — Allshouse R. H. Aleksander Izvolskii and Russian Foreign Policy, 1910–1914. Ph. D. diss. Case Western Reserve University, 1977.

Anderson 1966 — Anderson M. S. The Eastern Question, 1774–1923: A Study in International Relations. Basingstoke: Macmillan, 1966.

Anderson 1993 — Anderson M. S. The Rise of Modern Diplomacy, 1450–1919. London: Longman, 1993.

Andrew 1968 — Andrew C. Théophile Delcassé and the Making of the Entente Cordiale: A Reappraisal of French Foreign Policy 1898–1905. London: Macmillan, 1968.

Andrew 1984 — Andrew C. M. France and the German Menace // Knowing One's Enemies. Intelligence Assessment Before the Two World Wars / Ed. by E. R. May. Princeton: Princeton University Press, 1984. P. 127–149.

Andrew, Kanya-Forstner 1971 — Andrew C. M., Kanya-Forstner A. S. The French «Colonial Party»: Its Composition, Aims, and Influence, 1885–1914 // Historical Journal. 1971. Vol. 16, № 1. P. 99–128.

Andrew, Neilson 1986 — Andrew C. M., Neilson K. Tsarist Codebreakers and British Codes // Intelligence and National Security. 1986. № 1. P. 6–12.

Apostol et al. 1928 — Apostol P. N. et al. Russian Public Finance during the War. New Haven: Yale University Press, 1928.

Armstrong 1967 — Armstrong J. A. The European Administrative Elites. Princeton: Princeton University Press, 1967.

Armstrong 1972 — Armstrong J. A. Tsarist and Soviet Elite Administration // Slavic Review. 1972. Vol. 31. P. 1–28.

Ascher 2001 — Ascher A. P. A. Stolypin: The Search for Stability in Late Imperial Russia. Stanford University Press, 2001.

Askew 1942 — Askew W. C. Europe and Italy's Acquisition of Libya, 1911–1912. Durham: Duke University Press, 1942.

Askew 1959 — Askew W. C. The Austro-Italian Antagonism, 1896–1914 // Power, Public Opinion and Diplomacy / Ed. by L. P. Wallace, W. C. Askew. Durham: Duke University Press, 1959. P. 172–221.

Barraclough 1982 — Barraclough G. From Agadir — Armageddon: Anatomy of a Crisis. London: Holmes and Meier, 1982.

Becker J. J. 1977 — Becker J. J. Comment les Français sont entrés dans la guerre. Paris: Presses de la Fondation nationale des sciences politiques, 1977.

Becker J. J. 1985 — Becker J. J. The Great War and the French People. Leamington Spa: Berg, 1985.

Becker S. 1985 — Becker S. Nobility and Privilege in Late Imperial Russia. De Kalb: Northern Illinois University Press, 1985.

Berghahn 1993 — Berghahn V. R. Germany and the Approach of War in 1914. 2d ed. New York: St. Martin's, 1993.

Bestuzhev 1966 — Bestuzhev I. V. Russian Foreign Policy February — June 1914 // Journal of Contemporary History. 1966. Vol. 1, № 3. P. 93–112.

Biskupski 1995 — Biskupski M. B. The Diplomacy of Wartime Relief: The United States and Poland, 1914–1918 // Diplomatic History. 1995. Vol. 19, № 3. P. 431–451.

Blaisdell 1966 — Blaisdell D. C. European Financial Control in the Ottoman Empire. New York: Columbia University Press, 1966.

Bobroff 2000a — Bobroff R. Behind the Balkan Wars: Russian Policy toward Bulgaria and the Turkish Straits, 1912–1913 // Russian Review. 2000. Vol. 59, № 1. P. 76–95.

Bobroff 2000b — Bobroff R. Devolution in Wartime: Sergei D. Sazonov and Russian Policy on Poland's future, 1910–1916 // International History Review. 2000. Vol. 22, № 3. P. 505–528.

Bodger 1984 — Bodger A. Russia and the End of the Ottoman Empire // The Great Powers and the End of the Ottoman Empire / Ed. by M. Kent. London: Allen and Unwin, 1984. P. 76–110.

Bolsover 1956 — Bolsover G. H. Aspects of Russian Foreign Policy, 1815–1914 // Essays Presented — Sir Lewis Namier / Ed. by R. Pares, A. J. P. Taylor. London: Macmillan, 1956. P. 320–356.

Bolsover 1985 — Bolsover G. H. Izvol'sky and Reform of the Russian Ministry of Foreign Affairs // Slavonic and East European Review. 1985. Vol. 63, № 1. P. 21–40.

Bosworth 1979 — Bosworth R. J. B. Italy, the Least of the Great Powers: Italian Foreign Policy before the Great War. London: Cambridge University Press, 1979.

Bosworth 1983 — Bosworth R. J. B. Italy and the Approach of the First World War. London: Macmillan, 1983.

Bovykin 1979 — Bovykin V. I. The Franco-Russian Alliance // History. 1979. Vol. 64, № 210. P. 20–35.

Bradley 2002 — Bradley J. Subjects into Citizens: Societies, Civil Society, and Autocracy in Tsarist Russia // American Historical Review. 2002. Vol. 107, № 4. P. 1094–1123.

Bridge 1984 — Bridge F. R. The Habsburg Monarchy and the Ottoman Empire, 1900–1918 // The Great Powers and the End of the Ottoman Empire / Ed. by M. Kent. London: Allen and Unwin, 1984. P. 31–51.

Bridge, Bullen 1980 — Bridge F. R., Bullen R. The Great Powers and the European States System, 1815–1914. London: Longman, 1980.

Callahan 1973 — Callahan R. What about the Dardanelles? // American Historical Review. 1973. Vol. 78, № 3. P. 641–648.

Castellan 2005 — Castellan G. Les Balkans, poudrière du XXe siècle // Guerres mondiales et conflits contemporains. 2005. T. 217. P. 5–15.

Chamberlain 1988 — Chamberlain M. E. «Pax Britannica»? British Foreign Policy, 1789–1914. London: Longman, 1988.

Chickering 1998 — Chickering R. Imperial Germany and the Great War. Cambridge: Cambridge University Press, 1998.

Childs 1990 — Childs T. Italo-Turkish Diplomacy and the War over Libya, 1911–1912. Leiden: Brill, 1990.

Chmielewski 1964 — Chmielewski E. Stolypin's Last Crisis // California Slavic Studies. 1964. Vol. 3. P. 95–126.

Chmielewski 1967 — Chmielewski E. Stolypin and the Russian Ministerial Crisis of 1909 // Canadian Slavic Studies. 1967. Vol. 6. P. 1–38.

Clowes et al. 1991 —Between Tsar and People: Educated Society and the Quest for Public Identity in Late Imperial Russia / Ed. by E. Clowes, S. Kassow, J. West. Princeton: Princeton University Press, 1991.

Cockfield 1998 — Cockfield J. H. With Snow on Their Boots: The Tragic Odyssey of the Russian Expeditionary Force in France during World War I. New York: St. Martin's, 1998.

Collins 1973 — Collins D. N. The Franco-Russian Alliance and Russian Railways, 1891–1914 // Historical Journal. 1973. Vol. 16, № 4. P. 777–788.

Conroy 1976 — Conroy M. S. Peter Arkad'evich Stolypin: Practical Politics in Late Imperial Russia. Boulder: Westview, 1976.

Coogan, Coogan 1985 — Coogan J. W., Coogan P. F. The British Cabinet and the Anglo-French Staff Talks, 1905–1914: Who Knew What and When Did He Know It? // Journal of British Studies. 1985. Vol. 24, № 1. P. 110–131.

Corrigan 1967 — Corrigan W. German-Turkish Relations and the Outbreak of War in 1914: A Reassessment // Past and Present. 1967. Vol. 36. P. 144–152.

Craig 1955 — Craig G. The Politics of the Prussian Army, 1640–1945. Oxford: Oxford University Press, 1955.

Crampton 1974 — Crampton R. J. The Decline of the Concert of Europe in the Balkans, 1913–1914 // Slavonic and East European Review. 1974. Vol. 52. P. 393–419.

Crampton 1977 — Crampton R. J. The Balkans, 1909–1914 // British Foreign Policy under Sir Edward Grey / Ed. by F. H. Hinsley. Cambridge: Cambridge University Press, 1977. P. 256–270.

Crampton 1983 — Crampton R. J. Bulgaria, 1878–1918: A History. Boulder: East European Monographs, 1983.

Crampton 1997 — Crampton R. J. A Concise History of Bulgaria. Cambridge: Cambridge University Press, 1997.

Crisp 1960 — Crisp O. French Investment in Russian-Joint-Stock Companies, 1894–1914 // Business History. 1960. Vol. 2. P. 75–90.

Dakin 1962 — Dakin D. The Diplomacy of the Great Powers and the Balkan States // Balkan Studies. 1962. Vol. 3, № 2. P. 327–374.

Dallin 1963 — Dallin A. The Future of Poland // Russian Diplomacy and Eastern Europe, 1914–1917 / Ed. by A. Dallin et al. New York: King's Crown, 1963. P. 1–77.

Dallin et al. 1963 — Russian Diplomacy and Eastern Europe, 1914–1917 / Ed. by A. Dallin et al. New York: King's Crown, 1963.

Davison 1948 — Davison R. H. The Armenian Crisis, 1912–1914 // American Historical Review. 1948. Vol. 53, № 3. P. 481–505.

Davison 1990 — Davison R. H. Essays in Ottoman and Turkish History, 1770–1920. Austin: University Press of Texas, 1990.

Deak 1990 — Deak I. Beyond Nationalism: A Social and Political History of the Habsburg Officer Corps. New York: Oxford University Press, 1990.

Dittmer 1977 — Dittmer H. Roth-Bergman. The Russian Foreign Ministry under Nicholas II: 1894–1914. Ph. D. diss. University of Chicago, 1977.

Doise, Vaïsse 1992 — Doise J., Vaïsse M. Politique étrangère de la France. Diplomatie et outil militaire. 1871–1991. Paris: Seuil, 1992.

Edelman 1980 — Edelman R. Gentry Politics on the Eve of the Russian Revolution: The Nationalist Party, 1907–1917. New Brunswick: Rutgers University Press, 1980.

Ekstein 1971 — Ekstein M. Sir Edward Grey and Imperial Germany in 1914 // Journal of Contemporary History. 1971. Vol. 6, № 3. P. 121–129.

Ekstein 1972 — Ekstein M. Some Notes on Sir Edward Grey's Policy in July 1914 // Historical Journal. 1972. Vol. 15, № 2. P. 321–324.

Ekstein 1977 — Ekstein M. Russia, Constantinople and the Straits, 1914–1915 // British Foreign Policy under Sir Edward Grey / Ed. by F. H. Hinsley. Cambridge: Cambridge University Press, 1977. P. 423–435.

Engelstein 1992 — Engelstein L. The Keys to Happiness: Sex and the Search for Modernity in Fin-de-Siècle Russia. Ithaca: Cornell University Press, 1992.

Evans, Pogge von Strandmann 1988 — The Coming of the First World War / Ed. by R. J. Evans, H. Pogge von Strandmann. Oxford: Oxford University Press, 1988.

Farrar 1972 — Farrar L. L., Jr. The Limits of Choice: July 1914 Reconsidered // Journal of Conflict Resolution. 1972. Vol. 16. P. 1–23.

Farrar 1978 — Farrar L. L. Divide and Conquer: German Efforts to Conclude a Separate Peace, 1914–1918. New York: Columbia University Press, 1978.

Feis 1965 — Feis H. Europe: The World's Banker. New York: Norton, 1965.

Ferenczi 1989 — Ferenczi C. Freedom of the Press Under the Old Regime, 1905–1914 // Civil Rights in Imperial Russia / Ed. by O. Crisp, L. Edmonson. Oxford: Oxford University Press, 1989. P. 191–214.

Ferguson 1999 — Ferguson N. The Pity of War: Explaining World War I. New York: Basic, 1999.

Ferro 1973 — Ferro M. The Great War, 1914–1918. London: Routledge and K. Paul, 1973.

Figes 1996 — Figes O. A People's Tragedy: A History of the Russian Revolution. New York: Viking, 1996.

Fischer 1967 — Fischer F. Germany's Aims in the First World War. London: Chatto and Windus, 1967.

Fischer 1975 — Fischer F. War of Illusions: German Policies from 1911 to 1914. London: Chatto and Windus, 1975.

Florinsky 1929a — Florinsky M. T. Russia and Constantinople: Count Kokovtsov's Evidence // Foreign Affairs. 1929. Vol. 8. P. 135–141.

Florinsky 1929b — Florinsky M. T. Russian Military Leaders and Problems of Constantinople // Political Science Quarterly. 1929. Vol. 44. P. 108–115.

Fox 1993 — Fox M. The Eastern Question in Russian Politics: Interplay of Diplomacy, Opinion and Interest, 1905–1917. Ph. D. diss. Yale University, 1993.

French 1982a — French D. British Economic and Strategic Planning, 1905–1915. London: Allen and Unwin, 1982.

French 1982b — French D. The Edwardian Crisis and the Origins of the First World War // International History Review. 1982. Vol. 4, № 2. P. 207–221.

French 1986 — French D. British Strategy and War Aims, 1914–1916. London: Allen and Unwin, 1986.

Fröhlich 1981 — Fröhlich K. The Emergence of Russian Constitutionalism, 1900–1904. Hague; Boston; London: Martinus Nijhoff, 1981.

Fuller 1984 — Fuller W. C., Jr. The Russian Empire // Knowing One's Enemies: Intelligence Assessment before the Two World Wars / Ed. by E. R. May. Princeton: Princeton University Press, 1984. P. 98–126.

Fuller 1985 — Fuller W. C., Jr. Civil-Military Conflict in Imperial Russia, 1881–1914. Princeton: Princeton University Press, 1985.

Fuller 1992 — Fuller W. C., Jr. Strategy and Power in Russia, 1600–1914. New York: Free Press, 1992.

Fulton 1984 — Fulton L. B. France and the End of the Ottoman Empire // The Great Powers and the End of the Ottoman Empire / Ed. by M. Kent. London: Allen and Unwin, 1984. P. 141–171.

Gatrell 1986 — Gatrell P. The Tsarist Economy, 1850–1914. London: Batsford, 1986.

Gatrell 1994 — Gatrell P. Government, Industry and Rearmament in Russia, 1900–1914: The Last Argument of Tsarism. Cambridge: Cambridge University Press, 1994.

Geyer 1987 — Geyer D. Russian Imperialism: The Interaction of Domestic and Foreign Policy, 1860–1914. New Haven: Yale University Press, 1987.

Gilbert 1994 — Gilbert M. The First World War: A Complete History. New York: Norton, 1994.

Girault 1973 — Girault R. Emprunts russes et investissements français en Russie, 1887–1914. Paris: A. Colin, 1973.

Goldfrank 1994 — Goldfrank D. M. The Origins of the Crimean War. New York: Longman, 1994.

Gooch 1938 — Gooch G. P. Sazonov // Before the War: Studies in Diplomacy: In 2 vols. Vol. 2: The Coming of the Storm / Ed. by G. P. Gooch. London: Longmans, 1938. P. 287–370.

Gordon 1974 — Gordon M. Domestic Conflict and the Origins of the First World War: The British and German Cases // Journal of Modern History. 1974. Vol. 46. P. 191–226.

Gorodetsky 1999 — Gorodetsky G. Grand Delusion: Stalin and the German Invasion of Russia. New Haven: Yale University Press, 1999.

Gottlieb 1957 — Gottlieb W. W. Studies in Secret Diplomacy during the First World War. London: Allen and Unwin, 1957.

Graber 1996 — Graber G. S. Caravans — Oblivion: The Armenian Genocide, 1915. London: John Wiley and Sons, 1996.

Gregory 1982 — Gregory P. R. Russian National Income, 1895–1913. Cambridge: Cambridge University Press, 1982.

Groueff 1987 — Groueff S. Crown of Thorns: The Reign of King Boris of Bulgaria, 1918–1943. Lanham, MD: Madison, 1987.

Grzybowski 1958 — Grzybowski K. The Jakhontov Papers: Russo-Polish Relations (1914–1916) // Journal of Central European Affairs. 1958. Vol. 38. P. 3–24.

Hall 1996 — Hall R. C. Bulgaria's Road — the First World War. Boulder: East European Monographs, 1996.

Hall 2000 — Hall R. C. The Balkan Wars, 1912–1913. London: Routledge, 2000.

Halpern 1971 — Halpern P. G. The Mediterranean Naval Situation, 1908–1914. Cambridge: Harvard University Press, 1971.

Halpern 1987 — Halpern P. G. The Naval War in the Mediterranean, 1914–1918. London: Allen and Unwin, 1987.

Hamburg 1984 — Hamburg G. M. The Politics of the Russian Nobility 1881–1905. New Brunswick: Rutgers University Press, 1984.

Hayne 1988 — Hayne M. B. The Quai d'Orsay and Influences on the Formulation of French Foreign Policy, 1898–1914 // French History. 1988. Vol. 2, № 4. P. 427–452.

Hayne 1993 — Hayne M. B. The French Foreign Office and the Origins of the First World War, 1898–1914. Oxford: Clarendon, 1993.

Haywood 1999 — Haywood G. A. Failure of a Dream: Sidney Sonnino and the Rise and Fall of Liberal Italy, 1847–1922. Florence: Olschki, 1999.

Head 1984 — Head J. A. Public Opinion and Middle Eastern Railways: The Russo-German Negotiations of 1910–1911 // International History Review. 1984. Vol. 6, № 1. P. 28–47.

Heller 1983 — Heller J. British Policy towards the Ottoman Empire, 1908–1914. London: Cass, 1983.

Helmreich 1938 — Helmreich E. C. The Diplomacy of the Balkan Wars, 1912–1913. Cambridge: Harvard University Press, 1938.

Henderson 1947 — Henderson G. B. Crimean War Diplomacy, and Other Historical Essays. Glasgow: Jackson, 1947.

Herrmann 1989 — Herrmann D. G. The Paralysis of Italian Strategy in the Italian-Turkish War, 1911–1912 // English Historical Review. 1989. Vol. 104, № 411. P. 332–356.

Herrmann 1996 — Herrmann D. G. The Arming of Europe and the Making of the First World War. Princeton: Princeton University Press, 1996.

Herwig 1997a — Herwig H. H. The First World War: Germany and Austria-Hungary 1914–1918. London: Arnold, 1997.

Herwig 1997b — Herwig H. H. The Outbreak of World War I. 6th ed. Boston: Houghton Mifflin, 1997.

Hinsley 1977 — British Foreign Policy under Sir Edward Grey / Ed. by F. H. Hinsley. Cambridge: Cambridge University Press, 1977.

Hogenhuis-Seliverstoff 1997 — Hogenhuis-Seliverstoff A. Une Alliance Franco-Russe: La France, la Russie et l'Europe au tournant du siècle dernier. Brussels: Bruylant, 1997.

Hopewood 1969 — Hopewood D. The Russian Presence in Syria and Palestine 1843–1914: Church and Politics in the Near East. Oxford: Oxford University Press, 1969.

Hosking 1973 — Hosking G. A. The Russian Constitutional Experiment: Government and Duma, 1906–1914. Oxford: Oxford University Press, 1973.

Hovannisian 1968 — Hovannisian R. G. The Allies and Armenia, 1915–1918 // Journal of Contemporary History. 1968. Vol. 3, № 1. P. 145–168.

Howard 1931 — Howard H. N. The Partition of Turkey: A Diplomatic History, 1913–1923. Norman: Oklahoma University Press, 1931.

Hughes 2000 — Hughes M. Diplomacy before the Russian Revolution: Britain, Russia and the Old Diplomacy, 1894–1917. New York: St. Martin's, 2000.

Hunt, Preston 1977 — War Aims and Strategic Policy in the Great War, 1914–1918 / Ed. by B. Hunt, A. Preston. London: Croom Helm, 1977.

Hurewitz 1962 — Hurewitz J. C. Russia and the Turkish Straits: A Revaluation of the Origins of the Problem // World Politics. 1962. Vol. 14. P. 605–632.

Hutchinson 1972 — Hutchinson J. F. The Octobrists and the Future of Imperial Russia as a Great Power // Slavonic and East European Review. 1972. Vol. 50. P. 220–237.

Jarausch 1969 — Jarausch K. H. The Illusion of Limited War: Bethmann-Hollweg's Calculated Risk in July 1914 // Central European History. 1969. Vol. 2, № 1. P. 48–76.

Jarausch 1973 — Jarausch K. H. The Enigmatic Chancellor: Bethmann Hollweg and the Hubris of Imperial Germany. New Haven: Yale University Press, 1973.

Jelavich 1991 — Jelavich B. Russia's Balkan Entanglements, 1806–1914. Cambridge: Cambridge University Press, 1991.

Joll 1979 — Joll J. Politicians and the Freedom — Choose: The Case of July 1914 // The Idea of Freedom: Essays in Honour of Isaiah Berlin / Ed. by A. Ryan. Oxford: Oxford University Press, 1979. P. 97–114.

Joll 1992 — Joll J. The Origins of the First World War. 2d ed. London: Longman, 1992.

Jones 1971 — Jones R. The Nineteenth-Century Foreign Office: An Administrative History. London: London School of Economics and Political Science, 1971.

Jones 1988 — Jones D. R. Imperial Russia's Forces at War // Military Effectiveness. Vol. 1: The First World War / Ed. by A. R. Millett, W. Murray. Boston: Unwin Hyman, 1988. P. 249–328.

Jones 1985 — Jones S. Antonio Salandra and the Politics of Italian Intervention in the First World War // European History Quarterly. 1985. Vol. 15, № 2. P. 157–173.

Karpat 2004 — Karpat K. H. The Entry of the Ottoman Empire into World War I // Belleten. 2004. Vol. 68. P. 687–733.

Karsh, Karsh 1999 — Karsh E., Karsh I. Empires of the Sand: The Struggle for Mastery in the Middle East, 1789–1923. Cambridge: Harvard University Press, 1999.

Kazemzadeh 1968 — Kazemzadeh F. Russia and Britain in Persia, 1864–1914: A Study in Imperialism. New Haven: Yale University Press, 1968.

Keegan 1999 — Keegan J. The First World War. New York: Knopf, 1999.

Keiger 1983 — Keiger J. F. V. France and the Origins of the First World War. New York: St. Martin's, 1983.

Keiger 1997 — Keiger J. F. V. Raymond Poincaré. Cambridge: Cambridge University Press, 1997.

Kennan 1984 — Kennan G. The Fateful Alliance: France, Russia and the Coming of the First World War. New York: Pantheon, 1984.

Kennedy 1979 — The Warplans of the Great Powers, 1880–1914 / Ed. by P. Kennedy. London: Allen and Unwin, 1979.

Kennedy 1980 — Kennedy P. The Rise of the Anglo-German Antagonism, 1860–1914. London: Allen and Unwin, 1980.

Kennedy 1981 — Kennedy P. The Realities behind Diplomacy: Background Influences on British External Policy, 1865–1980. London: Allen and Unwin, 1981.

Kent 1976 — Kent M. Oil and Empire, British Policy and Mesopotamian Oil, 1900–1920. London: Macmillan, 1976.

Kent 1977 — Kent M. Constantinople and Asiatic Turkey // British Foreign Policy under Sir Edward Grey / Ed. by F. H. Hinsley. Cambridge: Cambridge University Press, 1977. P. 148–164.

Kent 1993 — Kent M. Moguls and Mandarins — Oil, Imperialism and the Middle East in British Foreign Policy, 1900–1940. London: Frank Cass, 1993.

Kent 1995 — The Great Powers and the End of the Ottoman Empire / Ed. by M. Kent. 2d ed. London: Frank Cass, 1995.

Kerner 1927–1928 — Kerner R. J. The Mission of Liman von Sanders // Slavonic Review. 1927. Vol. 6, № 16. P. 12–27; № 17. P. 344–363; 1928. Vol. 6, № 18. P. 543–560; Vol. 7, № 19. P. 90–112.

Kerner 1929 — Kerner R. J. Russia, the Straits, and Constantinople, 1914–1915 // Journal of Modern History. 1929. Vol. 1, № 3. P. 400–415.

Kerner 1930 — Kerner R. J. Russia and the Straits Question, 1915–1917 // Slavonic and East European Review. 1930. Vol. 8, № 24. P. 589–600.

Korros 2002 — Korros A. S. A Reluctant Parliament: Stolypin, Nationalism, and the Politics of the Russian Imperial State Council, 1906–1911. Lanham: Rowan & Littlefield, 2002.

Krumeich 1984 — Krumeich G. Armaments and Politics in France on the Eve of the First World War: The Introduction of the Three Year Conscription. Leamington Spa: Berg, 1984.

Kujala 1998 — Kujala A. The Policy of the Russian Government Toward Finland, 1905–1917: A Case Study of the Nationalities Question in the Last Years of the Russian Empire // Emerging Democracy in Late Imperial Russia: Case Studies on Local Self-Government (the Zemstvos), State Duma Elections, the Tsarist Government, and the State Council before and during World War I / Ed. by M. S. Conroy. Niwot, CO: University Press of Colorado, 1998. P. 143–197.

Kurat 1967 — Kurat Y. T. How Turkey Drifted into World War I // Studies in International History / Ed. by K. Bourne, D. C. Watt. London: Archon, 1967. P. 291–315.

Langdon 1991 — Langdon J. W. July 1914: The Long Debate, 1918–1990. New York: Berg, 1991.

Langensiepen, Güleryüz 1995 — Langensiepen B., Güleryüz A. The Ottoman Steam Navy, 1828–1923. London: Conway Maritime, 1995.

Langer 1928 — Langer W. Russia and the Straits Question and the Origins of the Balkan League, 1908–1912 // Political Science Quarterly. 1928. Vol. 43. P. 321–363.

Lederer 1962 — Russian Foreign Policy: Essays in Historical Perspective / Ed. by I. Lederer. New Haven: Yale University Press, 1962.

LeDonne 1997 — LeDonne J. P. The Russian Empire and the World, 1700–1917: The Geopolitics of Expansion and Containment. New York: Oxford University Press, 1997.

Levin 1965 — Levin A. Peter Arkad'evich Stolypin: A Political Appraisal // Journal of Modern History. 1965. Vol. 37, № 4. P. 445–463.

Levy 1991a — Levy J. S. Preferences, Constraints, and Choices in July 1914 // Military Strategy and the Origins of the First World War / Ed. by S. E. Miller, S. M. Lynn-Jones, S. Van Evera. Revised and expanded ed. Princeton: Princeton University Press, 1991. P. 226–261.

Levy 1991b — Levy J. S. The Role of Crisis Management in the Outbreak of World War I // Avoiding War: Problems of Crisis Management / Ed. by A. L. George. Boulder: Westview, 1991. P. 62–102.

Liddell Hart 1970 — Liddell Hart B. H. History of the First World War. London: Cassell, 1970.

Lieven 1980 — Lieven D. Pro-Germans and Russian Foreign Policy, 1890–1914 // International History Review. 1980. Vol. 2, № 1. P. 34–54.

Lieven 1983 — Lieven D. Russia and the Origins of the First World War. London: Macmillan, 1983.

Lieven 1989 — Lieven D. Russia's Rulers under the Old Regime. New Haven: Yale University Press, 1989.

Lieven 1992 — Lieven D. The Aristocracy in Europe, 1815–1914. New York: Columbia University Press, 1992.

Lieven 1993 — Lieven D. Nicholas II: Emperor of all the Russias. London: John Murray, 1993.

Lowe, Dockrill 1972 — Lowe C. J., Dockrill M. L. The Mirage of Power: British Foreign Policy, 1914–1922: In 3 vols. London: Routledge and K. Paul, 1972.

Löwe 1992 — Löwe H.-D. Russian Nationalism and Tsarist Nationalities Policies in Semi-Constitutional Russia, 1905–1914 // New Perspectives in Modern Russian History / Ed. by R. B. McKean. New York: St. Martin's, 1992. P. 250–277.

Luntinen 1984 — Luntinen P. French Information on the Russian War Plans, 1880–1914. Helsinki: SHS, 1984.

Macfie 1981 — Macfie A. L. The Straits Question, 1908–1914 // Balkan Studies. 1981. Vol. 22. P. 321–332.

Mackenzie 1984 — Mackenzie J. M. Propaganda and Empire: The Manipulation of British Public Opinion, 1880–1960. London: Manchester University Press, 1984.

MacKenzie 1994 — MacKenzie D. Imperial Dreams—Harsh Realities: Tsarist Russian Foreign Policy, 1815–1917. Fort Worth: Harcourt Brace College, 1994.

Madol 1933 — Madol H. R. Ferdinand of Bulgaria: The Dream of Byzantium / Transl. by K. Kirkness. London: Hurst and Blackett, 1933.

Malone 1963 — Malone G. D. War Aims toward Germany // Dallin A. et al. Russian Diplomacy and Eastern Europe, 1914–1917. New York: King's Crown, 1963. P. 124–161.

Mandelstam 1934 — Mandelstam A. N. La Politique russe d'accès à la Méditerrannée au XXe siècle // Recueil des cours de l'Academie de Droit international de la Haye. 1934. T. 47, № 1. P. 603–802.

Manning 1982 — Manning R. The Crisis of the Old Regime in Russia. Princeton: Princeton University Press, 1982.

Mansel 1995 — Mansel P. Constantinople: City of the World's Desire, 1453–1924. New York: St. Martin's, 1995.

Matthei 1979 — Matthei D. Russia's Struggle for Maritime Prestige during the Era of Navalism // Naval War College Review. 1979. Vol. 32, № 5. P. 18–28.

May 1984a — May E. R. Cabinet, Tsar, Kaiser: Three Approaches to Assessment // Knowing One's Enemies: Intelligence Assessment before the Two World Wars / Ed. by E. R. May. Princeton: Princeton University Press, 1984. P. 11–36.

May 1984b — Knowing One's Enemies: Intelligence Assessment before the Two World Wars / Ed. by E. R. May. Princeton: Princeton University Press, 1984.

McDonald 1992a — McDonald D. M. A. P. Izvolskii and Russian Foreign Policy under «United Government», 1906–1910 // New Perspectives in Modern Russian History / Ed. by R. B. McKean. New York: St. Martin's, 1992. P. 174–202.

McDonald 1992b — McDonald D. M. United Government and Foreign Policy in Russia, 1900–1914. Cambridge: Harvard University Press, 1992.

McDonald 1993 — McDonald D. M. A Level without a Fulcrum: Domestic Factors and Russian Foreign Policy, 1905–1914 // Imperial Russian Foreign Policy / Ed. by H. Ragsdale. Cambridge University Press, 1993. P. 268–311.

McKercher 1989 — McKercher B. J. C. Diplomatic Equipoise: The Lansdowne Foreign Office, the Russo-Japanese War of 1904–1905, and the Global Balance of Power // Canadian Journal of History. 1989. Vol. 24. P. 299–339.

McLean 1979 — McLean D. Britain and Her Buffer State: The Collapse of the Persian Empire, 1891–1914. London: Royal Historical Society, 1979.

McLean 2001 — McLean R. R. Royalty and Diplomacy in Europe, 1890–1914. Cambridge: Cambridge University Press, 2001.

McReynolds 1991 — McReynolds L. The News under Russia's Old Regime: The Development of a Mass-circulation Press. Princeton: Princeton University Press, 1991.

Mendelsohn, Shatz 1988 — Imperial Russia, 1700–1917: State, Society, Opposition: Essays in Honor of Marc Raeff / Ed. by E. Mendelsohn, M. S. Shatz. DeKalb: Northern Illinois University Press, 1988.

Menning 1993 — Menning B. Bayonets before Bullets: The Imperial Russian Army, 1861–1914. Bloomington: Indiana University Press, 1993.

Miller 1996 — Miller G. Superior Force: The Conspiracy behind the Escape of the Goeben and Breslau. Hull: University of Hull Press,1996.

Miller 1997 — Miller G. Straits: British Policy towards the Ottoman Empire and the Origins of the Dardanelles Campaign. Hull: University of Hull Press, 1997.

Miller et al. 1991 — Miller S. E. et al. Military Strategy and the Origins of the First World War. Rev. and expd. ed. Princeton: Princeton University Press, 1991.

Modernization 1992 — Modernization and Revolution: Dilemmas of Progress in Late Imperial Russia: Essays in Honor of Arthur P. Mendel. New York: East European, 1992.

Mombauer 2002 — Mombauer A. The Origins of the First World War: Controversies and Consensus. London: Longman, 2002.

Mommsen 1973 — Mommsen W. J. Domestic Factors in German Foreign Policy before 1914 // Central European History. 1973. Vol. 6, № 1. P. 3–43.

Mommsen 1991 — Mommsen W. J. Public Opinion and Foreign Policy in Wilhelmian Germany, 1897–1914 // Central European History. 1991. Vol. 24, № 4. P. 381–401.

Monger 1963 — Monger G. The End of Isolation: British Foreign Policy, 1900–1907. London: Thomas Nelson and Sons, 1963.

Mortimer 1967 — Mortimer J. S. Commercial Interests and German Diplomacy in the Agadir Crisis // Historical Journal. 1967. Vol. 10, № 4. P. 440–456.

Mosely 1940 — Mosely P. E. Russia's Policy in 1911–1912 // Journal of Modern History. 1940. Vol. 12. P. 68–86.

Neilson 1984a — Neilson K. Strategy and Supply: The Anglo-Russian Alliance, 1914–1917. London: Allen and Unwin, 1984.

Neilson 1984b — Neilson K. Wishful Thinking: The Foreign Office and Russia, 1907–1917 // Shadow and Substance in British Foreign Policy, 1895–1935. Essays Honouring C. J. Lowe / Ed. by B. J. C. McKercher, D. J. Moss. Edmonton: University of Alberta Press, 1984. P. 151–180.

Neilson 1995a — Neilson K. Britain and the Last Tsar: British Policy and Russia, 1894–1917. Oxford: Oxford University Press, 1995.

Neilson 1995b — Neilson K. Russia // Decisions for War, 1914 / Ed. by K. Wilson. New York: St. Martin's, 1995. P. 97–120.

Neilson 1996 — Neilson K. Managing the War: Britain, Russia and Ad Hoc Government // Strategy and Intelligence: British Policy during the First World War / Ed. by M. Dockrill, D. French. London: Hambledon, 1996. P. 96–118.

Neumann 1996 — Neumann I. B. Russia and the Idea of Europe: A Study in Identity and International Relations. London: Routledge, 1996.

Nol'de 1928 — Nol'de B. E. Russia in the Economic War. New Haven: Yale University Press, 1928.

Nolde 1931 — Nolde B. E. Les desseins politiques de la Russie pendant la Grande Guerre // Le Monde Slave (Paris). 1931. № 2. P. 161–177.

Orlovsky 1976 — Orlovsky D. T. Recent Studies on the Russian Bureaucracy // Russian Review. 1976. Vol. 35, № 4. P. 448–467.

Orlovsky 1981 — Orlovsky D. The Limits of Reform: The Ministry of Internal Affairs in Imperial Russia, 1802–1881. Cambridge: Harvard University Press, 1981.

Palmer 1992 — Palmer A. The Decline and Fall of the Ottoman Empire. London: John Murray, 1992.

Pamuk 1987 — Pamuk S. The Ottoman Empire and European Capitalism, 1820–1913: Trade, Investment, and Production. Cambridge: Cambridge University Press, 1987.

Papayoanou 1999 — Papayoanou P. A. Power Ties: Economic Interdependence, Balancing, and War. Ann Arbor: Michigan University Press, 1999.

Pearson 1977 — Pearson R. The Russian Moderates and the Crisis of Tsarism, 1914–1917. London: Macmillan, 1977.

Petrovich 1963 — Petrovich M. B. The Italo-Yugoslav Boundary Question, 1914–1915 // Dallin A. et al. Russian Diplomacy and Eastern Europe, 1914–1917. New York: King's Crown, 1963. P. 162–193.

Pintner, Rowney 1980 — Russian Officialdom: the Bureaucratization of Russian Society from the Seventeenth — the Twentieth Century / Ed. by W. M. Pintner, D. K. Rowney. Chapel Hill: University of North Carolina Press, 1980.

Potts 1963 — Potts J. M. The Loss of Bulgaria // Russian Diplomacy and Eastern Europe, 1914–1917 / Ed. by A. Dallin et al. New York: King's Crown, 1963. P. 194–234.

Ragsdale 1993 — Imperial Russian Foreign Policy / Ed. by H. Ragsdale. Cambridge: Cambridge University Press, 1993.

Remak 1971 — Remak J. 1914 — The Third Balkan War: Origins Reconsidered // Journal of Modern History. 1971. Vol. 43. P. 353–366.

Renzi 1970 — Renzi W. A. Great Britain, Russia, and the Straits, 1914–1915 // Journal of Modern History. 1970. Vol. 42, № 1. P. 1–20.

Renzi 1983 — Who Composed «Sazonov's Thirteen Points»? A Re-examination of Russia's War Aims of 1914 // American Historical Review. 1983. Vol. 88, № 2. P. 347–357.

Rich 2003 — Rich D. A. Russia // The Origins of World War I. Cambridge: Cambridge University Press, 2003. P. 188–226.

Rieber 1963 — Rieber A. J. Russian Diplomacy and Rumania // Russian Diplomacy and Eastern Europe, 1914–1917 / Ed. by A. Dallin et al. New York: King's Crown, 1963. P. 1–77.

Rieber 1993 — Rieber A. J. The Historiography of Imperial Russian Foreign Policy: A Critical Survey // Imperial Russian Foreign Policy / Ed. by H. Ragsdale. Cambridge: Cambridge University Press, 1993. P. 360–443.

Riha 1968 — Riha T. A Russian European. Paul Miliukov in Russian Politics. Notre Dame: University of Notre Dame Press, 1968.

Ritter 1969–1973 — Ritter G. Sword and Scepter: The Problem of Militarism in Germany: In 3 vols. Coral Gables, FL: University of Miami Press, 1969–1973.

Robbins 1977a — Robbins K. G. Foreign Policy, Government Structure and Public Opinion // British Foreign Policy under Sir Edward Grey / Ed. by F. H. Hinsley. Cambridge: Cambridge University Press, 1977. P. 532–546.

Robbins 1977b — Robbins K. G. The Foreign Secretary, the Cabinet, Parliament and the Parties // British Foreign Policy under Sir Edward Grey / Ed. by F. H. Hinsley. Cambridge: Cambridge University Press, 1977. P. 3–21.

Robbins 1977c — Robbins K. G. Public Opinion, the Press and Pressure Groups // British Foreign Policy under Sir Edward Grey / Ed. by F. H. Hinsley. Cambridge: Cambridge University Press, 1977. P. 70–88.

Rogger 1966 — Rogger H. Russia in 1914 // 1914: The Coming of the First World War. New York: Harper and Row, 1966. P. 229–253.

Rogger 1975 — Rogger H. Russian Ministers and the Jewish Question, 1881–1917 // California Slavic Studies. 1975. Vol. 8. P. 15–76.

Röhl 1966 — Röhl J. C. G. Admiral von Mueller and the Approach — War // Historical Journal. 1966. Vol. 12. P. 651–673.

Rossos 1981 — Rossos A. Russia and the Balkans, 1908–1914: Inter-Balkan Rivalries and Russian Foreign Policy. Toronto: Toronto University Press, 1981.

Russian Public Finance 1928 — Russian Public Finance during the War. New Haven: Yale University Press, 1928.

Rutherford 1992 — Rutherford W. The Tsar's War, 1914–1917: The Story of the Imperial Russian Army in the First World War. Cambridge: Faulkner, 1992.

Salewski 1995 — Salewski M. Navy and Politics in Germany and France in the Twentieth Century // The Military in Politics and Society in France and Germany in the Twentieth Century / Ed. by K.-J. Müller. Oxford: Berg, 1995. P. 73–88.

Schmitt 1930 — Schmitt B. E. The Coming of the War: In 2 vols. New York: Charles Scribner's Sons, 1930.

Schmitt 1961 — Schmitt B. E. The Relation of Public Opinion and Foreign Affairs before and during the First World War // Studies in Diplomatic and

Historiography in Honour of G. P. Gooch / Ed. by A. O. Sarkissian. London: Longmans, 1961. P. 322–330.

Siegel 2002 — Siegel J. Endgame: Britain, Russia and the Final Struggle for Central Asia. London: I. B. Tauris, 2002.

Smith 1956 — Smith C. J. The Russian Struggle for Power: A Study of Russian Foreign Policy during the First World War. New York: Philosophical Society, 1956.

Smith 1965 — Smith C. J. Great Britain and the 1914–1915 Straits Agreement with Russia: The British Promise of November 1914 // American Historical Review. 1965. Vol. 70, № 4. P. 1015–1034.

Snyder 1984 — Snyder J. The Ideology of the Offensive: Military Decision Making and the Disasters of 1914. Ithaca: Cornell University Press, 1984.

Snyder 1997 — Snyder G. H. Alliance Politics. Ithaca: Cornell University Press, 1997.

Sondhaus 2001 — Sondhaus L. Naval Warfare, 1815–1914. London: Routledge, 2001.

Soutou 1989 — Soutou G.-H. L'or et le sang. Paris: Fayard, 1989.

Spring 1977 — European Landed Elites in the Nineteenth Century / Ed. by D. Spring. Baltimore: Johns Hopkins University Press, 1977.

Spring 1988a — Spring D. W. Russia and the Coming of War // The Coming of the First World War / Ed. by H. Pogge von Strandmann. Oxford: Oxford University Press, 1988. P. 57–86.

Spring 1988b — Spring D. W. Russia and the Franco-Russian Alliance, 1905–1914: Dependence or Interdependence? // Slavonic and East European Review. 1988. Vol. 66, № 4. P. 564–592.

Spring 1992 — Spring D. W. Russian Foreign Policy, Economic Interests, and the Straits Question, 1905–1914 // New Perspectives in Modern Russian History / Ed. by R. B. McKean. New York: St. Martin's, 1992. P. 203–221.

Stavrou 1963 — Stavrou T. G. Russian Interests in Palestine, 1882–1914. A Study of Religious and Educational Enterprise. Thessaloniki: Institute for Balkan Studies, 1963.

Steiner 1969 — Steiner Z. The Foreign Office and Foreign Policy, 1898–1914. Cambridge: Cambridge University Press, 1969.

Steiner 1977 — Steiner Z. Britain and the Origins of the First World War. New York: St. Martin's, 1977.

Steiner 1984 — Steiner Z. Elitism and Foreign Policy: The Foreign Office before the Great War // Shadow and Substance in British Foreign Policy 1895–1935. Essays Honouring C. J. Lowe / Ed. by B. J. C. McKercher, D. J. Moss. Edmonton: University of Alberta Press, 1984. P. 19–55.

Steiner, Neilson 2003 — Steiner Z., Neilson K. Britain and the Origins of the First World War. 2d ed. New York: Palgrave Macmillan, 2003.

Stengers 1987 — Stengers J. 1914: The Safety of Ciphers and the Outbreak of the First World War // Intelligence and International Relations / Ed. by C. Andrew, J. Noakes. Exeter: University of Exeter Press, 1987. P. 29–48.

Stevenson 1982 — Stevenson D. French War Aims against Germany, 1914–1919. Oxford: Oxford University Press, 1982.

Stevenson 1988 — Stevenson D. The First World War and International Politics. Oxford: Oxford University Press, 1988.

Stevenson 1996 — Stevenson D. Armaments and the Coming of War, Europe, 1904–1914. Oxford: Clarendon, 1996.

Stevenson 1997 — Stevenson D. The Outbreak of the First World War: 1914 in Perspective. Basingstoke: Macmillan, 1997.

Stevenson 1998 — Stevenson D. War Aims and Peace Negotiations // The Oxford Illustrated History of the First World War / Ed. by H. Strachan. Oxford: 1998. C. 204–216.

Stevenson 2004 — Stevenson D. Cataclysm: The First World War as Political Tragedy. New York: Basic, 2004.

Stone 1966a — Stone N. Army and Society in the Habsburg Monarchy // Past and Present. 1966. Vol. 33. P. 95–111.

Stone 1966b — Stone N. Hungary and the Crisis of July 1914 // Journal of Contemporary History. 1966. Vol. 1, № 3. P. 153–170.

Stone 1975 — Stone N. The Eastern Front, 1914–1917. London: Charles Scribner's Sons, 1975.

Taylor 1969 — Taylor A. J. P. War by Timetable: How the First World War Began. London: Macdonald and Co., 1969.

Taylor 1981 — Taylor P. Publicity and Diplomacy: The Impact of the First World War upon Foreign Office Attitudes towards the Press // Retreat from Power: in 2 vols. Vol. 1, 1906–1939 / Ed. by D. Dilks. London: Macmillan, 1981. P. 42–63.

Tcharykow 1928 — Tcharykow N. V. Sazonoff // Contemporary Review. 1928. Vol. 133. P. 285–288.

Thaden 1956 — Thaden E. Charykov and Russian Foreign Policy at Constantinople in 1911 // Journal of Central European Affairs. 1956. Vol. 16. P. 25–44.

Thaden 1965 — Thaden E. C. Russia and the Balkan Alliance of 1912. University Park: Pennsylvania State University Press, 1965.

Thaden 1976 — Thaden E. C. Public Opinion and Russian Foreign Policy towards Serbia, 1908–1914 // Velike sile i Srbia pred prvi svetskii rat. Belgrade: np, 1976. C. 217–232.

Thaden 1990 — Thaden E. C. Interpreting History: Collective Essays on Russia's Relations with Europe. Boulder: Social Science Monographs, 1990.

Theodoulou 1971 — Theodoulou C. Greece and the Entente, August 1, 1914 — September 15, 1916. Thessaloniki: Institute for Balkan Studies, 1971.

Torrey 1993 — Torrey G. Indifference and Mistrust: Russian-Romanian Collaboration in the Campaign of 1916 // Journal of Military History. 1993. Vol. 57. P. 279–300.

Trachtenberg 1991 — Trachtenberg M. The Meaning of Mobilization in 1914 // Military Strategy and the Origins of the First World War / Ed. by S. E. Miller, S. M. Lynn-Jones, S. Van Evera. Rev. and expanded ed. Princeton: Princeton University Press, 1991. P. 195–225.

Traylor 1965 — Traylor I. R. The Double-Eagle and the Fox: The Dual Monarchy and Bulgaria, 1911–1913. Ph. D. diss. Duke University, 1965.

Treadway 1983 — Treadway J. The Falcon and the Eagle: Montenegro and Austria-Hungary, 1908–1914. West Fayette, IN: Purdue University Press, 1983.

Trumpener 1962 — Trumpener U. Turkey's Entry into World War I: An Assessment of Responsibilities // Journal of Modern History. 1962. Vol. 34. P. 369–380.

Trumpener 1966 — Trumpener U. Liman von Sanders and the German-Ottoman Alliance // Journal of Contemporary History. 1966. Vol. 1, № 4. P. 179–192.

Trumpener 1968 — Trumpener U. Germany and the Ottoman Empire, 1914–1918. Princeton: Princeton University Press, 1968.

Trumpener 1974 — Trumpener U. War Premeditated? German Intelligence Operations in July 1914 // Central European History. 1974. Vol. 7. P. 58–85.

Trumpener 1984 — Trumpener U. Germany and the End of the Ottoman Empire // The Great Powers and the End of the Ottoman Empire / Ed. by M. Kent. London: Allen and Unwin, 1984. P. 111–140.

Tucker 1998 — Tucker S. C. The Great War, 1914–1918. Bloomington: Indiana University Press, 1998.

Turner 1965a — Turner L. C. F. The Role of the General Staffs in July 1914 // Australian Journal of Politics and History. 1965. Vol. 11, № 3. P. 305–323.

Turner 1965b — Turner L. C. F. The Russian Mobilisation in 1914 // The War Plans of the Great Powers 1880–1914 / Ed. by P. M. Kennedy. Boston: Allen and Unwin, 1979. P. 252–268.

Turner 1970 — Turner L. C. F. Origins of the First World War. London: Norton, 1970.

Vego 1996 — Vego M. N. Austro-Hungarian Naval Policy, 1904–1914. London: Cass, 1996.

Verner 1990 — Verner A. The Crisis of Russian Autocracy: Nicholas II and the 1905 Revolution. Princeton: Princeton University Press, 1990.

Vojvodic 1986 — Vojvodic M. Serbia and the First Balkan War: Political and Diplomatic Aspects // East Central European Society and the Balkan Wars / Ed. by B. K. Király, D. Djordjevic. Highland Lakes, NJ: Atlantic Research, 1986. P. 240–259.

Walicki 1979 — Walicki A. A History of Russian Thought: From the Enlightenment to Marxism. Stanford: Stanford University Press, 1979.

Wallace, Askew 1959 — Power, Public Opinion and Diplomacy: Essays in Honor of Eber Malcolm Carroll by His Former Students / Ed. by L. P. Wallace, W. C. Askew. Durham: Duke University Press, 1959.

Weber 1980 — Weber F. G. Eagles on the Crescent. Germany, Austria and the Diplomacy of the Turkish Alliance, 1914–1918. Ithaca: Cornell University Press, 1980.

Weeks 1996 — Weeks T. R. Nation and State in Late Imperial Russia: Nationalism and Russification on the Western Frontier. DeKalb: Northern Illinois University Press, 1996.

Williamson 1969 — Williamson S. R., Jr. The Politics of Grand Strategy: Britain and France Prepare for War, 1904–1914. Cambridge: Cambridge University Press, 1969.

Williamson 1974 — Williamson S. R., Jr. Influence, Power, and the Policy Process: The Case of Franz Ferdinand, 1906–1914 // Historical Journal. 1974. Vol. 17, № 2. P. 417–434.

Williamson 1986 — Williamson S. R., Jr. Military Dimensions of the Habsburg-Romanov Relations during the Balkan Wars // East Central European Society and the Balkan Wars / Ed. by B. K. Király, D. Djordjevic. Highland Lakes, NJ: Atlantic Research, 1986. P. 317–337.

Williamson 1991 — Williamson S. R., Jr. Austria-Hungary and the Origins of the First World War. New York: St. Martin's, 1991.

Williamson, Pastor 1983 — Essays on World War I: Origins and Prisoners of War / Ed. by S. R. Williamson, Jr., P. Pastor. New York: Social Science Monographs, 1983.

Wilson 1972 — Wilson K. M. The Agadir Crisis, the Mansion House Speech, and the Double-Edgedness of Agreements // Historical Journal. 1972. Vol. 15, № 3. P. 513–532.

Wilson 1975 — Wilson K. M. The British Cabinet's Decision for War, 2 August 1914 // British Journal of International Studies. 1975. Vol. 1, № 2. P. 148–159.

Wilson 1981 — Wilson K. M. British Power in the European Balance // Retreat from Power: in 2 vols. Vol. 1: 1906–1939 / Ed. by D. Dilks. London: Macmillan, 1981. P. 64–77.

Wilson 1984 — Wilson K. M. Imperial Interests in the British Decision for War: The Defence of India in Central Asia // Review of International Studies. 1984. Vol. 10. P. 189–203.

Wilson 1985 — Wilson K. M. The Policy of the Entente, 1904–1914: The Determination of British Foreign Policy, 1904–1914. Cambridge: Cambridge University Press, 1985.

Wilson 1995 — Decisions for War, 1914 / Ed. by K. M. Wilson. New York: St. Martin's, 1995.

Wilson T. 1979 — Wilson T. Britain's «Moral Commitment» — France in August 1914 // History. 1979. Vol. 64, № 212. P. 380–390.

Wohlforth 1987 — Wohlforth W. C. The Perception of Power: Russia in the Pre-1914 Balance // World Politics. 1987. Vol. 39, № 3. P. 353–381.

Wolf 1936 — Wolf J. B. The Diplomatic History of the Baghdad Railway. Columbia: The University of Missouri, 1936.

Wortman 1976 — Wortman R. The Development of a Russian Legal Consciousness. Chicago: Chicago University Press, 1976.

Yaney 1973 — Yaney G. The Systematization of Russian Government. Champaign-Urbana: University of Indiana Press, 1973.

Yasamee 1995 — Yasamee F. A. K. The Ottoman Empire // In Decisions for War, 1914 / Ed. by K. Wilson. New York: St. Martin's, 1995. P. 229–268.

Yergin 1991 — Yergin D. The Prize: The Epic Quest for Money, Oil and Power. New York: Simon & Schuster, 1991.

Zeman 1971 — Zeman Z. A. B. A Diplomatic History of the First World War. London: Wiedenfeld and Nicolson, 1971.

Zotiades 1970 — Zotiades G. B. Russia and the Question of Constantinople and the Turkish Straits during the Balkan Wars // Balkan Studies (Thessaloniki). 1970. Vol. 2. P. 285–298.

Предметно-именной указатель

Абиссиния 48
Австро-Венгрия 52, 64, 113,
150, 162
и Балканы 12, 15, 111, 179
и Балканские войны 101, 102,
108, 110, 114, 116, 125,
и Боснийский кризис 33–34, 64
и Италия 49, 58, 62, 64, 70,
и Османская империя 19, 135,
175,177
и Первая мировая война 251,
252, 258, 259, 272
см. Центральные державы; Флоты,
Австрийские; Россия, Отношения с Австро-Венгрией
Аврех Арон Яковлевич 22
Агадирский кризис 56
Адамов Е. А. 21
Адмиралтейство, Великобритания 18, 174, 221
Адрианополь 87, 94, 96, 97,
99–102, 116, 118, 119, 129, 133,
137, 140, 141, 216, 261
наступление на 88, 96, 99, 116,
117, 119, 125, 128, 129
взятие 100, 118
Адуа 48
Албания 113
Алексеев Михаил Васильевич
231, 261, 262

Александра Федоровна, импера-
трица (Российская) 263–265, 267
Александретта 249
Ананьич Борис Васильевич 18,
26, 34, 44
Англо-русская конвенция 16
Андерсен Ханс Нильс 263
Аргентина 172–174
Армения 19, 134–136, 138
Асквит Герберт Генри 124, 199
ассирийская община 206
Базили Николай Александрович
158–160, 199–201, 216, 217,
223, 226, 227, 231, 232, 235, 238
Балканы 15, 82, 109–111, 127, 129,
154, 160, 161, 182, 190, 203
военные опасения 50, 58,
62–65, 74, 76, 81, 84, 88
Балканские войны (1912–1913)
66, 74, 75, 93, 127, 142–144,
153–156, 163, 171, 172, 189, 225,
231, 270
Болгарская кампания во
Фракии 94, 117, 125
Балканский союз (лига) 25, 40,
64, 73, 75, 76, 86, 89, 100
Балморал, встреча в замке (1912)
85, 93
Балтийское море 145, 147, 149,
151, 172, 176

российская торговля 17
Баррер Камиль 55, 65
Баттенберг Людвиг фон, принц 169
Бейрут 60
Бельгия 217, 276
Бенкендорф Александр Констан-
тинович 52, 55, 59, 61, 62, 69, 77,
91, 93, 95–98, 115, 116, 121–125,
128, 157, 168, 169, 171, 183, 186,
188, 192, 194, 195, 198, 204,
217–219, 231, 235, 236, 238, 239,
241, 242, 244, 253–255, 257, 258
Берлинский конгресс (1878) 86, 117
Берлинский трактат 34
Берти, сэр Фрэнсис 55, 240, 242
Бестужев Игорь Васильевич 22
Бетман-Гольвег, Теобальд фон
77, 84
Бобчев Стефан Савов 96, 100, 102
Бовыкин Валерий Иванович 22
Болгария 61, 75, 86–89, 92, 95–97,
99, 100, 102, 109, 113, 117, 119,
120, 123, 124, 127–129,
135–137, 139, 141, 157, 162, 182,
189, 191, 200, 220, 224, 261, 276
желает Константинополь
86–88, 98, 101, 142
желает побережье проливов 116
спор с балканскими союзниками 127
См. Балканские войны
Бомпар Морис 53, 92, 197
Бонар Лоу Артур 124
Босния и Герцеговина 34
Боснийский кризис 34, 35, 37, 43, 64
Босфор 12, 13, 15, 46, 51, 68, 89,
188, 209, 213, 221, 224, 227, 236,
237, 270, 272, 276, 279
и немецкие военные корабли
185, 200, 258

обсуждение русского нападения 229, 230, 232–234, 239, 258
планы минирования 187, 200
Российские планы по разме-
щению сил 48, 65, 111, 118,
121, 154, 161, 166, 196, 216
См. Черноморские проливы
Боткин Петр Сергеевич 37
Бразилия 159, 170
Бреслау, крейсер 184–188,
190–192, 199–201, 203
Бухлау 33
Бьюкенен, сэр Джордж 31, 38, 53,
54, 59, 85, 89, 94, 97, 99, 102,
129, 134, 137, 138, 169, 174, 194,
209, 243–245, 249, 254, 257, 258
трактует действия России 65,
140, 207, 208, 230
и Итало-турецкая война 61, 64
и вопрос о проливах 207, 208,
218, 219, 231, 232, 237,
239–241
Васильчикова Мария Алексан-
дровна 263–265
Васюков В. С. 23, 31
Ватикан 35, 37
Великие визири 36, 47, 184, 191,
199–201, 204
Великобритания 10, 12, 15, 19, 23,
31, 35, 37, 39, 49, 55, 60, 77, 123,
150, 153, 155, 167, 170, 174, 177,
198, 264, 267, 274, 277, 279
в Балканских войнах 96,
97,100, 140,
военно-морская миссия
в Турции 183, 185, 192, 204,
восточный вопрос 12, 25
Дарданелльская операция 61,
228, 234, 239, 240, 241, 243,
252, 253

МИД 16, 26, 56, 81, 85, 174, 186
немецкие военные корабли
в Турции 183, 184, 188
о наращивании военно-мор-
ского флота России 152, 175
отношение к режиму проли-
вов 18, 31, 51, 56, 68, 92, 204,
205, 213, 214, 219, 221, 222, 228,
241, 242, 249, 253, 257
Венизелос Элефтериос 254, 255
Вильгельм II, император Германии 81, 84, 195, 254
свидание в Балтийском порту
38, 76, 80, 83, 84
Витте Сергей Юльевич 36, 263
Воеводский Степан Аркадьевич
41–43
Воронцов-Дашков Илларион
Иванович, князь 206, 211
восточный вопрос 12, 25, 82, 170
Вторая мировая война 23, 269
Гаагская конвенция (1907) 72
Гайер Дитрих 24, 25
Гартвиг Николай Генрихович 37,
54, 55, 98, 99
Генеральный штаб, Армия
(Россия) 48, 50, 100, 104,
106–110, 117, 146, 154–156,
183, 200, 227
Генеральный штаб, Военно-мор-
ской (Россия) 43, 50, 114, 115,
149, 154–156, 158, 169, 170, 186,
196, 200, 202, 203, 223
Георг V, король Соединенного
Королевства 199, 217, 237
Германия 12, 20, 24, 25, 28, 34, 38,
39, 49, 52, 56, 58, 77, 81, 133,
150, 180, 190, 212, 267, 275, 279
Балканские войны 101, 111,
113, 135, 136

военная миссия в Османской
империи 143, 144, 152, 164,
167, 168, 176–179, 183
немецкие концессии в Османской империи 193–195, 197
немецкие корабли в Турции
184–185, 188, 190–192,
199–201, 203, 258
османские финансы 19, 120,
131, 132, 143, 172
Первая мировая война 186,
189–192, 195, 197, 201,
210–214, 217, 228, 230, 233, 235,
241, 242, 252, 258, 259, 261–263,
265–268, 271, 272, 276
побуждает Османскую
империю вступить в войну
180, 211
развязывание войны 20, 24
союз с Османской империей
180, 189–191, 201, 212
Тройственный союз 46, 49, 58,
91, 124, 125, 135, 176, 189, 270
См. Центральные державы; Флот,
немецкий;
Гешов, Иван 100, 120
Гебен, линейный крейсер
184–188, 190–192, 199–201, 203
Гирс Александр Александрович
47, 48
Гирс Михаил Николаевич 68, 69,
71, 88, 90, 92, 101, 104–106, 118,
119, 140, 141, 160, 161, 176, 177,
183, 184, 187, 188, 190–201, 203,
204, 206, 209–211, 232
Гирс Николай Николаевич 59, 62
Гольц Кольмар фон дер 163
Говард Гарри 21, 190
Горемыкин Иван Логгинович
218, 230, 231, 233, 235, 280

Государственная дума 23, 24, 273
решение о финансировании
морской программы 22, 27,
146–149, 152, 155, 159, 174, 175,
278, 279
системные перемены 35, 215,
232, 266, 277
цели войны 14, 17, 18, 231,
Готлиб Вольфрам Вильгельм 190,
247, 262
Греция 171, 172
в Балканских войнах 61, 75, 86,
89–91, 114, 115, 127, 128, 139, 142
в Первой мировой войне 182,
189, 191, 195, 196, 200, 251–256
Грей, сэр Эдуард 79–81, 91, 168, 171
Балканские войны 93, 94, 97,
99, 100, 102, 115, 122, 123, 125,
126, 129, 130, 137
Дарданелльская операция
228, 237
Итало-турецкая война 60, 64
о проливах и Константинополе 31, 56, 91, 214, 217–219,
240–243, 249, 250, 252, 253, 257
свидание в Балтийском порту
77, 78
Григорович Иван Константинович 43, 170–175, 178, 187, 196
Балканские войны 100,
104–106, 114, 115,
Итало-турецкая война 50, 62, 154
отношения с Думой 145–148,
154–158,
см. Флот, Россия
Давос 46, 47
Далмация 58
Данев Стоян Петров 87
Данилов Юрий Никифорович
154, 155, 226, 234, 235

Дарданеллы 12, 13, 15, 46, 51, 157,
161, 166, 186, 204, 208, 209, 213,
264, 265, 272,
англо-французское нападение
(1915) 61, 227–229, 232, 233,
236, 241, 246, 252–255,
257–259, 279
итальянцы атакуют и закрытие
17, 57, 60–63, 65–69, 89, 138
немецкие военные корабли
184, 188
планы России 109, 111, 196, 216,
221, 224, 235, 236, 239, 270, 276
См. Черноморские проливы
Делькассе Теофиль
посол в России 125, 138, 209
министр иностранных дел
Франции 240, 242, 244–247,
250, 251, 253, 257
Демидов Елим Павлович 91,
253, 255
Джавид-бей 197, 259, 260
Джемаль-бей Ахмед 198, 260, 261
Джолитти Джованни 49, 63
Дмитриев Радко Русков (Радко-
Дмитриев Радко Дмитриевич)
116, 117, 119
Добровольный флот (Россия)
105, см. флот
Долгоруков Николай Сергеевич,
князь 59, 62, 65, 69, 70
дредноут 16, 41, 43, 47–49,
149–153, 155, 159, 167,
170–175, 178, 181, 184, 222, 229
Дума, государственная 14, 17, 22,
23, 27, 35, 146–149, 152, 155,
159, 174, 175, 215, 231, 232, 266,
273, 277–279, см. Государственная дума
Думерг Гастон 192

Дякин Валентин Семенович 18, 22, 27
Египет 18, 218, 219, 265
Екатерина II, императрица 14
Емец В. А. 22, 190, 219, 227, 232, 234, 235, 237
железнодорожное сообщение 140, 167, 181, 276
Жилинский Яков Григорьевич 100, 104, 105, 110, 154–156
Жорж-Пико Франсуа 250
Захер Яков Михайлович 21, 104, 114, 115, 118, 157, 158, 160
Игнатьев А.В. 20, 22, 23, 32, 124
Извольский Александр Петро- вич 33–37, 39, 41, 47, 54–56, 59, 60, 62, 63, 76–81, 83, 91, 92, 94–96, 98, 101, 103, 108, 113, 116, 124–128, 130–133, 136, 157, 168, 183, 188, 192–194, 197, 198, 231, 236, 238–242, 253, 255, 257–260, 278
Боснийский кризис 33, 34
в Балканских войнах 78–81, 95, 101, 103, 124, 127, 128, 131–133, 135, 143
Итало-турецкая война 65, 69, 70, 73,
Первая мировая война 192, 235, 239, 240, 242, 244–246, 250, 251
свидание в Балтийском порту и 78
уход с поста министра 33, 37
Чарыков 52, 54
Имброс 114, 216, 236, 239
Индия 18
Итало-турецкая война 17, 45, 48, 57, 58, 63, 66, 73, 76, 78, 84, 90, 144, 153, 154, 273

Италия 45, 46, 48–50, 58, 60–67, 69, 70, 71, 73, 75, 77, 80, 90, 91, 141, 150, 182, 211, 270, см. флот, итальянский; Итало-турецкая война;
Йани Джордж 26
Кавказ 39, 194, 199, 206, 227, 229, 237, 268, 273
Дарданелльская операция 61, 227–239, 241, 247, 251–253
необходимость укрепления флота 42, 167
переброска русских войск на Западный фронт 182, 187, 258, 261, 271–273
слабость Черноморского флота 170, 181
Камбон Жюль 136
Камбон Поль 79, 81, 122–125, 130, 168, 246
Карлотти Андреа ди Рипарбел- ла 211
Кернер Роберт Дж. 21, 166
Кидерлен-Вехтер Альфред фон 113
Киликия 247
Китай 57, 84
Кладо Николай Лаврентьевич 149
Коковцов Владимир Николаевич, граф 26, 35, 36, 40, 47, 52, 59, 62, 63, 72, 77, 84, 85, 118, 154, 156, 277
Балканские войны 89, 90, 92, 100, 103, 105, 106, 138
вооруженные силы 146–148, 156, 270, 277, 278
Итало-турецкая война 67, 68, 71
Константин, король (Греции) 254
Константинополь 13, 14, 18, 28, 41, 47, 49, 51, 53, 54, 66, 72, 75,

84, 86–90, 93, 94, 96–109, 112,
113, 116–128, 131, 133, 135, 138,
140–142, 157, 163, 164, 171,
176–178, 180, 185, 186,
188–192, 194, 196, 197, 200, 204,
208–210, 212, 213, 215–225,
227, 229, 230, 232–234,
236–240, 242–249, 251–258,
260–262, 264–269, 271, 274, 275
болгарское желание 86–89, 98,
120, 142, 157
волнения, беспорядки 96, 98,
101, 103, 106, 107, 117, 118
иностранные войска 66,
107, 245
разменная монета 99, 102
русское стремление 17, 100,
109, 213, 216, 222–224, 239, 269
турецкая/османская столица
61, 66, 86, 88, 96, 98, 99, 102,
104, 112, 113, 117–119, 121, 123,
124, 129, 143, 144, 164, 203, 216,
218, 225, 232, 233, 246, 262
Царьград 93, 223, 236
См. Балканские войны,
Болгарская кампания
конференция послов (Лондон,
1912–1913) 113, 120, 128, 138
Королевский флот 145, 152, 172,
176, 184, 204, 221, см. флот
Кривошеин Александр Васильевич 199, 207–209
Кризис Лимана фон Сандерса
144, 165, 179, 277
Кристиан X, король (Дании) 263
Крымская война 15, 248
Кудашев Николай Александрович, князь 211, 227, 229, 230,
233–236, 261, 262
курдская община 206

Куропаткин Алексей Николаевич
232, 234
Лангер Уильям 21, 51
Лемнос 114, 195, 196, 216
ленинизм 22
Леонтьев Максим Николае-
вич183, 188–191, 199
Ливан 18
Ливен Александр Александро-
вич, князь 114, 115, 154–156,
159, 166, 196
Ливен Доминик 25
Ливия 45, 49, 50, 58, 60, 63
Лиман фон Сандерс Отто 144,
163–167, 171, 177, 179, 277
Линия Энос — Мидия 117, 119,
120, 128, 129, 137, 138, 216, 220,
232, 235, 239
Луи Жорж 81, 83, 85, 125
  Балканские войны 97, 100,
  103, 113
  свидание в Балтийском порту
  79, 81, 83
  Итало-турецкая война 62, 64, 65
Лоутер Джерард, сэр 68
Маджаров Михаил 100
Маллет Луи 204
Макдональд Дэвид М. 9, 25, 26,
34, 35, 37, 51, 277
Македония 127
Мандельштам Андрей Николае-
вич 260
манифест 17 октября (1905) 34, 35
Марица, река 94, 96, 97, 129,
139–141
Марокко 49, 56, 58
Мехмед V, султан (Османской
империи) 50, 94, 96, 99, 164,
165, 176, 185
Миллер Джеффри 190, 197, 214, 228

Милюков Павел Николаевич
146, 277
младотурки 16, 51, 133, 176
Монкевиц 265, 266
морские демонстрации 98,
121–123, 129, 130, 228
Мунк Эдвард 251
Мэннинг Роберта 26
Мэхэн Альфред 149
Наполеон (Бонапарт) I, император (Франции) 14
Нейдгардт Дмитрий Борисович 36
Неклюдов Анатолий Васильевич
47, 55, 87, 88, 96, 117, 265, 266
Немитц Александр Васильевич
158, 160, 223–226, 233, 234, 238
Нератов Анатолий Анатольевич
47, 52–56, 66, 73, 115, 141
Николай II, император (России)
36–38, 46, 48, 82, 84, 160–163,
166, 169, 244, 245, 247–249,
263–265, 278
Балканские войны 95, 96, 104,
118, 129, 136–140
властные полномочия 35, 38,
163, 275–277
военный флот 41, 50, 147, 148,
162, 173
Дума 148
Первая мировая война 231, 233,
236–240, 258, 259, 261, 266, 274
цели войны 219, 220, 245, 248
Николай Николаевич, великий
князь 226–228, 230, 233, 236,
248, 258, 259
Николсон Артур, сэр 68, 91, 93,
102, 123, 124
Новое Время, газета 96
Нольде Борис Эммануилович,
барон 220, 221, 231

О'Берн, Хью 70–72, 78–82, 149
общественное мнение
в Британии 26
в Германии 266
в России 14, 15, 17, 25–27, 68,
69, 95, 127, 129, 143, 208, 215,
230–232, 237, 238, 257, 276
в Османской империи 185,
189, 194, 195
Одесса 104, 105, 117, 137, 155, 268
Османский долг (Оттоманский
долг) 121, 172
Османская империя (Турция)
12–16, 19, 24, 28, 29, 40–42, 144,
150, 153–157, 159–161, 163–167,
170–172, 174, 175, 177, 178
Балканские войны 75–77, 80,
83, 86, 87, 89, 90, 92, 93, 97, 98,
100, 102, 107, 112, 114, 116, 117,
119, 127–131, 133–142
война с Италией 46–50, 56, 57,
60–64, 66, 68–73
раздел 19, 165, 210, 222, 240,
243, 244, 249
Первая мировая война
180–202, 204–216, 219, 220,
224, 225, 227, 229, 233, 235,
239–244, 246, 248–250, 252,
253, 255–262, 265, 267, 271, 274,
277, 279
соглашение с Россией 50, 51,
187–193, 211, 212
союз с Германией 180,
183–185, 189–192
финансовая ситуация 18, 29,
121, 130–133, 156, 164
этнические меньшинства 106,
193, 205
См. флот Османской империи;
Германия, военная миссия;

Великобритания, военно-морская миссия; Первая мировая война
Оттоманский Имперский банк 29
Палеолог Морис 55, 81, 207–209, 215, 216, 219, 220, 222, 231, 237–241, 246–251, 258
Палестина 222, 247–250
Панафье Эктор де 43
панславизм 15, 19
Папаяну Пол 28, 29
Патриарх Вселенский 107
Первая мировая война 12–15, 18–25, 31, 32, 38, 172, 178–184, 195, 207–216, 218–221, 225, 231, 232, 238, 241, 245, 247, 253–256, 258–263, 266–274, 276–280
борьба за нейтральные государства 182, 200, 251–256
начало войны 177
попытки Сазонова не допустить вступления Турции в войну 181, 184, 187–195, 198, 200, 201, 209, 211
причины 15, 20, 21, 24, 107, 179
см. Константинополь; Германия; Османская империя; Россия; Тройственная Антанта; Черноморские проливы
Персия 16, 38, 55, 56, 168, 206, 222, 243, 244
в связи с интересами России в проливах 18
Петр I, император (России) 14
Пико Франсуа, см. Жорж-Пико Франсуа
Пинтнер Уолтер 26
Писарев Юрий Алексеевич 22, 103
Пишон Стефан 122, 125, 131–136

Покровский Михаил Николаевич 21
Поливанов Алексей Андреевич 50
политические партии
Консервативная партия (Великобритания) 27
Конституционно-демократическая партия (Россия) 146
Либеральная партия (Великобритания) 27
Партия октябристов (Россия) 148
Польша 248, 266
Потсдам 39
Пуанкаре Раймон 59, 60, 77–85
свидание в Балтийском порту 77, 80, 83, 84
Балканские войны 97, 98, 101, 126
Итало-турецкая война 78
цели войны 222
Раккониджи 58, 64, 270
Родосто 116
Россия 11, passim
внешняя политика и вооруженные силы России 15, 20, 23–27, 34, 37, 43–45, 47, 63, 70, 94, 142, 212, 267, 268, 275–277
военное министерство 27, 100
готовность к силовым мерам до Первой мировой войны 129, 135
демарш Чарыкова 51
защитник всех славян и христиан 14, 15
интересы 13, 15, 17, 18, 20, 33, 38, 40, 43, 46, 56, 57, 62, 65, 72–75, 82, 83, 87, 90, 92, 94, 95, 97, 107–111, 114, 116–119, 121, 142, 144, 147, 161, 162, 166, 170, 178, 179, 181, 192, 205, 225, 232,

233, 238, 242, 253, 256, 261, 265, 267, 270–273, 276, 280
кабинет общественного доверия 215
Министерство иностранных дел 10, 22, 33, 46, 48, 104, 158, 216, 220, 223
Министерство торговли и промышленности 162
Министерство финансов 27
Морское министерство 22, 27, 41, 103, 114, 115, 146, 153, 159, 165, 174, 179, 181, 187, 234
напряженность 15
общественность: интерес к проливам и Константинополю 14, 17, 230, 231, 233, 237, 238, 257
общественность: роль в формировании внешней политики 25, 27, 95, 126, 215, 273, 276
основные законы (1905) 26, 27, 35
престиж 34, 40, 140, 162, 178
революция (1905) 17, 26, 35
революция (1917)158, 269, 273, 275
религиозные факторы 217, 252
роль Черноморских проливов в формировании политики 12–16, 18, 19, 23, 40, 158, 179–181, 151, 267, 268, 276, 279
техническая отсталость 149
торговля 17, 61, 64, 90, 109, 205, 235
цели войны 115, 212, 214, 218, 219
См. Балканские войны; общественное мнение, в России; Сазонов; сепаратный мир; Государственная дума; Тройственная Антанта.

Русская армия 57, 117, 194, 227
распределение военных сил между фронтами Первой мировой войны 182, 194, 199, 262, 267, 268, 271, 273
модернизация 16
планирование 154, 156
боеготовность 183
См. Сазонов, несогласие с армейским руководством
Флот
увеличение 41, 104, 105, 145, 159, 172, 176, 271
планирование 154, 156
боеготовность 182
См. Флот, России; Григорович; Сазонов, сдерживание морского командования
Россос Эндрю 25, 63, 76, 115, 116
Роуни Дон Карл 26
Румыния 128, 139, 142
Русин Александр Иванович 169, 202, 203
Русско-турецкая война 34
Русско-японская война 16, 22, 27, 35, 146, 232
Сазонов Сергей Дмитриевич
биография, карьерный путь 33, 34, 46, 47, 52, 266
Балканские войны 66, 74–144, 154, 156, 163, 171, 172, 225, 231, 270
балканские народы 81, 82, 110, 128, 129
досада на Францию 77–79, 80, 97, 102, 121, 124, 130–138, 172, 197, 247–249, 253, 274, 275
здоровье 43–47, 55, 58, 93, 166
и пресса 68, 95, 100, 122, 168, 215, 276

многосторонний подход 13, 96, 117, 132, 177

морская экспансия 144–180, 271

недоверие к международным соглашениям и документам 73, 117, 131, 229, 230

несогласие с армейским руководством 225–227, 230, 237, 259

о необходимых преобразованиях в государственном устройстве 215, 232, 268

о судьбе Константинополя 13, 65, 66, 72, 75, 86–89, 93, 94, 96–104, 106–109, 111–113, 116–118, 120–125, 127, 131, 142, 157, 164, 165, 177, 197, 208, 212, 215, 216, 218, 220, 221, 225, 229, 232, 234, 236, 239, 242, 243, 245, 247, 251–253, 255, 261, 267

о судьбе проливов 13, 46, 65, 67, 69, 71, 75, 76, 79, 80, 83–87, 90, 91, 93, 99, 107–113, 121, 140, 142, 154, 156–158, 161, 164, 166, 177–181, 184, 195, 208, 212, 215, 216, 219–221, 225, 229, 231–235, 239, 242, 243, 247, 251–253, 261

ограничение флота во время Первой мировой войны 178, 181, 187, 188, 202, 203, 212

откладывание обсуждения проливов 13, 56, 57, 74, 76, 79, 83, 85, 86, 110–112, 169, 272, 276

отношения с Думой 14, 147, 148, 175, 215, 231, 232, 266, 273, 276, 277

отставка 13, 46, 266

рост военных опасений 38, 44, 62, 73

свидание в Балтийском порту (1912) 77, 84

Столыпин 26, 34–39, 43–45, 51, 52, 163, 277

стремление не допустить вооруженные силы третьих держав к Константинополю и проливам 61, 87–89, 91, 93, 96, 98, 101, 103–107, 121, 251, 254

турецкий нейтралитет 187, 188, 190–195, 198, 200–202, 209–212

финансовые вопросы и дипломатия 55–59, 71, 120, 131–134, 137, 164, 173, 274, 275

Чарыков 51–56, 59, 79, 153, 177

См. Балканские войны; общественное мнение, в России; Россия; Первая мировая война

Сайкс Марк, сэр 243, 250

Самофракия 114, 216

Свидание в Балтийском порту (1912) 38, 76, 80, 83, 84

Святая земля 249, см. Палестина

сепаратный мир 14, 207, 222, 240, 256, 259–262, 267, 271, 277, 279

Сербия 25, 54, 55, 86, 89, 108, 110, 112, 127, 128, 134, 135, 137–139, 142, 179, 200, 236, 237, 276

Сикорский Игорь Иванович 174

Сирия 18, 222, 247, 249

славянофильство 15

Смирна 252, 254

Смит Кларенс Джей 190, 193, 214

Собор Святой Софии 17, 98, 107, 252

Совет министров (Россия) 26, 34–36, 45, 67, 89, 90, 134, 147, 163, 175, 199, 207, 218, 232, 233, 250, 266, 277, 280

Соглашение о проливах (март 1915) 13, 23, 214

Соединенные Штаты (Америки) 10, 23, 37, 149, 150

София, королева (Греции) 195

Союз трех императоров 39, 136,

Спринг Д. У. 273

Средиземное море 11, 16, 17, 109, 161, 169, 171, 172, 186, 192, 196, 217, 222, 225, 275

Ставка 199, 200, 226, 227, 229, 232, 233, 235, 236, 238, 259, 261

Сталин Иосиф Виссарионович 269

Столыпин Петр Аркадьевич 26, 33–40, 42–45, 279

  внешняя политика 35, 38–41, 43, 44

  роль в назначении Сазонова 34–36

  убийство 44, 45, 51, 52, 163

  централизация власти 25, 25, 34, 277

судоверфи, заказы

американские 173

британские 170, 172, 174

немецкие 42

русские 16, 158, 169, 171, 173–177

Сухомлинов Владимир Александрович 48, 50, 62, 105, 106, 118, 154–157, 205, 206, 235

Тайден Эдуард 25, 51, 54

Таймс, лондонская газета 99

Талаат-бей Мехмет 176

Тенедос 114, 216, 236, 239

Тимашев Сергей Иванович 67, 68, 105

Теодоров Теодор Иванов 87

Трактаты (договоры)

  Адрианопольский (1829) 261

  Бухарестский (1913) 139, 142

Лондонский (1871) 71, 117

Лондонский (1913) 128, 137

Сан-Стефанский (1878) 34

Ункяр-Искелесийский (1833) 261

Версальский (1919) 20, 275

Триест 58

Тройственная Антанта 24, 30

во время Первой мировой войны 182, 184–186, 188, 190, 191, 194–201, 203, 204, 207, 209, 211, 212, 213, 230, 233, 244–246, 251, 254, 256, 259, 262, 267, 272

гарантии Турции 193–198

до Первой мировой войны 39, 46, 52, 55, 57, 60, 77, 78, 84, 97, 98, 101, 129–131, 134–136, 140, 164, 168, 177

решение о передаче России проливов 13, 213, 251, 267, 269, 276

Сазонов стремится к более тесному союзному сотрудничеству 136, 167, 168, 267

Тройственный союз 46, 49, 58, 91, 124, 125, 135, 176, 189, 270

Трубецкой Григорий Николаевич, князь 182, 187, 196, 197, 209–211, 253, 254

Трумпенер Ульрих 190

Турхан-паша 90, 101, 139

Уортман Ричард 26

Фахреддин 193, 210

Фердинанд, король (Болгарии) 88, 98, 101, 102, 120, 125

Фишер Фриц 24

флот:

  австрийский 150, 175, 181, 183, 184

  греческий 92, 195, 252

  испанский 150

итальянский 67, 68, 150
Королевский флот 145, 150, 152,
172, 176, 184, 192, 204, 221, 222
немецкий 150, 181, 185, 228
русский 19, 22, 27, 34, 39–41,
66, 112, 114, 118, 121, 122, 127,
137, 145, 147–152, 156, 162,
168–170, 173–179, 186, 196,
200, 202, 203, 222, 223, 226, 233,
271, 278
   Балтийский 41, 146,
   149–151, 153, 154, 155, 172
   Черноморский 16, 41, 42–44,
   50, 101, 103–105, 111, 121, 137,
   146, 149–151, 153, 154, 157,
   158, 161, 162, 167, 170–172,
   175, 178, 181, 184, 187, 202,
   203, 228, 230, 233, 273
   Средиземноморская
   эскадра 159
   Тихоокеанская флотилия
   41, 151
   Добровольный флот 105
Соединенные Штаты 149, 150
турецкий 42, 63, 67, 71, 90, 91,
143, 145, 150, 153, 155, 160, 162,
165–167, 169–172, 175, 176,
178, 180, 184–186, 202, 203, 211,
228, 279
французский 18, 150, 192
японский 150
См. дредноут, о наращивании
русского флота, судоверфи
Фокс Мартина 20, 25
Franco-Russian Alliance, 4, 10, 18,
26, 42, 88, 122, 153, 183n. 19
Germany seeks to divide, 16, 68–69,
71, 153, 179n. 177
Франко-русский союз 18, 19, 28,
30, 56, 84, 125, 131–133, 151, 168

Германия желает посеять
раздор 39, 77, 131–133, 265
Франция 15, 18, 23, 28, 37–39, 49,
52, 55, 56, 58, 60, 65, 77, 80, 82,
96, 97, 100, 101, 112, 115, 125,
126, 135, 140, 143, 151, 152, 167,
177, 182, 183, 205, 210, 213, 228,
234, 272, 277, 279
военные цели 219–221,
239–243, 246–250, 252, 253, 255
качество послов в России
55, 125
набережная Орсе (Министерство иностранных дел) 33, 79,
81, 125, 192, 208, 209
о наращивании русского
флота 152, 175
озабоченность по поводу
баланса сил в Средиземноморье 19, 214, 222, 275
Первая мировая война 229,
260, 264, 267
сопротивление финансовому
бойкоту Турции 120, 121,
130–133, 136, 137
финансовые интересы,
в Османской империи 12, 18,
19, 29, 120, 121, 136, 137, 172,
197, 198, 214, 222, 238, 239, 246,
274, 275
См. Делькассе; французский
флот
Фуллер Уильям К. мл. 27
Фей Сидни 20
халифат 249, 250
холодная война 23
Хьюз Майкл 37
Хэнки Морис 228
Центральные державы 13, 14, 32,
57, 59, 73, 133, 177, 179, 182,

187, 189, 191, 207, 210, 212, 222, 224, 226, 228, 240, 251, 261–264, 267, 270–275

Цусима 34, 35, 41

Чайлдс Тимоти У. 59

Чарыков Николай Васильевич 47, 50–56, 59, 79, 134, 153, 177

Чаталджинская (укрепленная) линия 94, 96, 103, 104, 112, 119

Чаталджа 97, 106, 120

Чаталджинское сражение 106

Черногория 86, 89, 139

Черноморские проливы 13–25, 40–44, 46, 48, 144, 158, 179, 180, 251, 267–269, 276, 279

близлежащие острова 114–116, 171, 189, 191, 195, 196, 216, 236, 239

в качестве причины Первой мировой войны 20

закрытие 17–19, 61, 66–68, 70–72, 74, 75, 89–92, 137, 138, 204, 205, 228, 273

«режим» 15, 16, 34, 46, 56, 76, 113, 212, 221, 238, 247, 267, 270

роль в истории 12

Россия поднимет вопрос лишь во время континентального кризиса 161, 167, 179, 261, 272

см. Босфор; Дарданеллы; Россия, роль Черноморских проливов; соглашение о проливах.

Черное море 12, 41, 48, 94, 97, 111, 140, 152, 158, 165, 174, 181, 187, 188, 196, 265, 278

баланс сил 14, 19, 41–43, 47, 48, 75, 143, 145, 153–155, 157, 159, 160, 162, 164, 167, 171–173, 177, 178, 271, 278

военно-морские операции 16, 90, 112, 180, 181, 183, 200–203, 217, 234, 235, 270

торговля 16, 17, 64, 71

см. русский флот

Черноморский флот 16, 41, 42–44, 50, 101, 103–105, 111, 121, 137, 146, 149–151, 153, 154, 157, 158, 161, 162, 167, 170–172, 175, 178, 181, 184, 187, 202, 203, 228, 230, 233, 273

Черчилль Уинстон С. 228

Чили 170, 172, 173

Шацилло Корнелий Фёдорович 22, 39–41, 43, 119, 141, 146–148, 151, 153, 158, 175

Шиллинг Маврикий Фабианович, барон 115, 158, 166, 170

Шмит Бернадотт 21

Штайнер Зара 26

Штюрмер Борис Владимирович 45

Эбергард Андрей Августович 105, 183, 184, 187, 188, 200–203, 211

Энвер-паша Исмаил 189–191, 193, 197, 199, 210, 212

Эргене, река 117, 119

Эренталь Алоиз Лекса фон 32

Эрнст Людвиг, великий герцог Гессенский 265

Ягов Готлиб фон 130, 132, 134, 136, 264

Янушкевич Николай Николаевич 200, 201, 225, 226, 259

Le Matin, газета 53

Regie des tabacs, табачный монополист в Турции 131

Yasamee F. A. K. (Ясами Ф.) 19

Содержание

Предварительные замечания 7
Слова благодарности 8

Введение 12

1. Столыпин и политика избегания осложнений.
   1908 год — март 1911 года 33

2. Политический дрейф и Итало-турецкая война.
   Март 1911 года — октябрь 1912 года 45

3. Балканские войны: меж балканскими государствами
   и проливами. 1912–1913 годы 75

4. Турецкая морская экспансия и кризис
   Лимана фон Сандерса.
   Март 1912 года — июль 1914 года 144

5. Война отложенная: доминирование дипломатии
   в период турецкого нейтралитета.
   Июль 1914 года — октябрь 1914 года 180

6. Война развязанная: международная
   и внутриполитическая дискуссия о судьбе
   Константинополя и проливов.
   Ноябрь 1914 года — июль 1916 года 213

Заключение. Русская трагедия 269

Источники 281
Библиография 290
Предметно-именной указатель 314

Научное издание

Рональд Боброфф
ПУТИ К СЛАВЕ
Российская империя и Черноморские проливы
в начале XX века

Директор издательства *И. В. Немировский*
Заведующая редакцией *М. Вальдеррама*

Ответственный редактор *И. Белецкий*
Дизайн *И. Граве*
Редактор *Р. Рудницкий*
Корректоры *М. Левина, А. Филимонова*
Верстка *Е. Падалки*

Подписано в печать 15.02.2022.
Формат издания 60 × 90 $^1/_{16}$. Усл. печ. л. 20,5.
Тираж 500 экз.

Academic Studies Press
1577 Beacon Street, Brookline, MA 02446 USA
https://www.academicstudiespress.com

ООО «Библиороссика».
190005, Санкт-Петербург, 7-я Красноармейская ул., д. 25а

Эксклюзивные дистрибьюторы:
ООО «Караван»
ООО «КНИЖНЫЙ КЛУБ 36.6»
http://www.club366.ru
Тел./факс: 8(495)9264544
e-mail: club366@club366.ru

Книги издательства можно купить
в интернет-магазине: www.bibliorossicapress.com
e-mail: sales@bibliorossicapress.ru

12+

Знак информационной продукции согласно
Федеральному закону от 29.12.2010 № 436-ФЗ

www.ingramcontent.com/pod-product-compliance
Lightning Source LLC
Chambersburg PA
CBHW070812300326
41914CB00054B/840